MEIN GROSSES
KATZEN
BUCH

David Taylor

MEIN GROSSES
KATZEN
BUCH

Fotos

Dave King · Jane Burton

coventgarden

coventgarden

BEI DORLING KINDERSLEY

Die Deutsche Bibliothek – CIP-Einheitsaufnahme

Ein Titeldatensatz für diese Publikation ist bei
Der Deutschen Bibliothek erhältlich.

Titel der englischen Originalausgabe:
The Ultimate Cat Book

© Dorling Kindersley Limited, London
Ein Unternehmen der Penguin-Gruppe
© Text: David Taylor

© der deutschsprachigen Ausgabe by Dorling Kindersley Verlag GmbH,
München, 2002
Alle deutschsprachigen Rechte vorbehalten

Übersetzung: Gisela Bulla

ISBN 3-8310-9023-8

Printed and bound in Hongkong by L. Rex Printing Co., Ltd.

Besuchen Sie uns im Internet
www.dk.com

Hinweis
Die Informationen und Ratschläge in diesem Buch sind von
den Autoren und vom Verlag sorgfältig erwogen und geprüft,
dennoch kann eine Garantie nicht übernommen werden.
Eine Haftung der Autoren bzw. des Verlags und seiner Beauftragten
für Personen-, Sach- und Vermögensschäden ist ausgeschlossen.

Inhalt

Das Wesen der Katze

Die Katze, eines der vollendetsten fleischfressenden Raubtiere, hat viele Jahrtausende gebraucht, um sich zu dem Geschöpf zu entwickeln, das wir heute kennen. Im Gegensatz zu den in Rudeln lebenden hundeartigen Raubtieren führt die Katze ein unabhängiges Einzelgängerdasein. Sie jagt allein und geht dabei äußerst geschickt vor, indem sie ihrem Opfer geduldig aus dem Hinterhalt auflauert, um es im geeigneten Moment blitzschnell anzugreifen. Die domestizierte Katze unterscheidet sich in ihrem Jagdverhalten kaum von ihren wildlebenden Verwandten — und so treffen wir bei unserer Hausgenossin die gleichen Charaktereigenschaften an wie bei den Wildkatzen der schottischen Wälder und den Tigern, die die Mangrovenwälder von Bangladesh durchstreifen.

In ihrer herablassenden, würdevollen und hochmütigen Art gleicht die Katze den Rittern oder den Samurai und ist wie diese ein hervorragender Vertreter der Kampfsport-Kunst. Dabei ist sie in all ihren Bewegungen stets elegant und anmutig. Während es in der Natur des Hundes liegt, sich dem menschlichen Freund unterzuordnen, ist die Katze im Verteilen ihrer Gunstbeweise vorsichtiger und tut dies nur auf einer Basis der Gleichberechtigung. Ihre Achtung und Zuneigung muß man sich verdienen. Die Freundschaft einer Katze ist nicht weniger zuverlässig als die eines Hundes, nur wohlüberlegter.

Hinter dem hübschen Gesicht und dem durchdringenden Blick der Katze verbirgt sich immer etwas Aufreizendes und Unergründliches, ein exotisches und geheimnisvolles Moment, das auf eine uralte Verbindung mit heiligen Kulten und schwarzen Künsten zurückgeht. Katzen, so kann man wohl sagen, sind wahrhaft magische Wesen.

Herkunft und Domestizierung

Die frühen Säugetiere

Vor etwa 65 bis 70 Millionen Jahren trat gegen Ende des großen Zeitalters der Dinosaurier eine neue, ziemlich unbedeutende Tierart in Erscheinung, der zu jener Zeit von jedem Beobachter nur wenig Chancen im evolutionären Wettkampf eingeräumt worden wären. Diese ersten Säugetiere waren klein, kletterten auf Bäume, hatten lange Nasen, fraßen Insekten und waren nicht besonders intelligent. Im Lauf der Jahrtausende schlugen diese primitiven Säugetiere verschiedene Wege in der Entwicklung ein. Einige wurden zu Pflanzenfressern, andere hingegen bevorzugten ausschließlich Fleischnahrung in Form anderer Tiere. Die letzteren, die fleischfressenden Säugetiere, sind die ältesten Vorläufer der Katze.

Die Evolution der Creodonten

Die ersten fleischfressenden Säugetiere, die sogenannten Creodonten, hatten langgestreckte Körper, kurze Beine und mit Krallen bewehrte Füße. Trotz ihres vergleichsweise sehr kleinen Gehirns besaßen sie bereits 44 Zähne zum Töten und Kauen. Die Creodonten entwickelten sich weiter zu einem ganzen Spektrum von Raubtieren, von denen einige die Größe eines Wolfes oder sogar eines Löwen erreichten. Allerdings führte ihre relativ geringe Intelligenz zu ihrem allmählichen Niedergang, so daß sie schließlich vor zehn Millionen Jahren ganz ausstarben. Zuvor aber war aus einer ihrer Arten eine neue Spezies hervorgegangen, das Miacis. Obwohl es nur ein kleiner, scheuer Waldbewohner war, besaß es die wichtigste Trumpfkarte zum Überleben, nämlich ein viel größeres Gehirn. Im Laufe

der Zeit entwickelten sich alle modernen Carnivoren (Fleischfresser), einschließlich der hundeartigen wie Hunde, Wölfe und Füchse und der Schleichkatzen wie Mungos, Ginsterkatzen und Zibetkatzen, aus dem Miacis. Die Familie der Katzen stammt wahrscheinlich von der alten Zibetkatzenart ab.

Vor 40 Millionen Jahren trat ein Tier, halb Zibetkatze, halb Katze, namens *Proailurus* auf den Plan. Es hatte lange Beine und einen Schwanz, war aber im Gegensatz zu unseren heutigen Katzen ein Sohlengänger, das heißt, es trat beim Gehen mit der ganzen Sohle auf. Vor 25 Millionen Jahren tauchte die erste, schon fast echte Katze auf, die beinahe wie ein Zehengänger, das heißt mit den Zehen auftrat. Dieses Tier mit dem Namen *Pseudoailurus* besaß bereits das Gebiß einer echten Katze, mit dolchartigen Eckzähnen.

Der Stammbaum der Katze zeigt, wie die moderne Katzenfamilie sich in drei Zweige aufgliedert. Unsere Hauskatze gehört zu der Gruppe der Feliden.

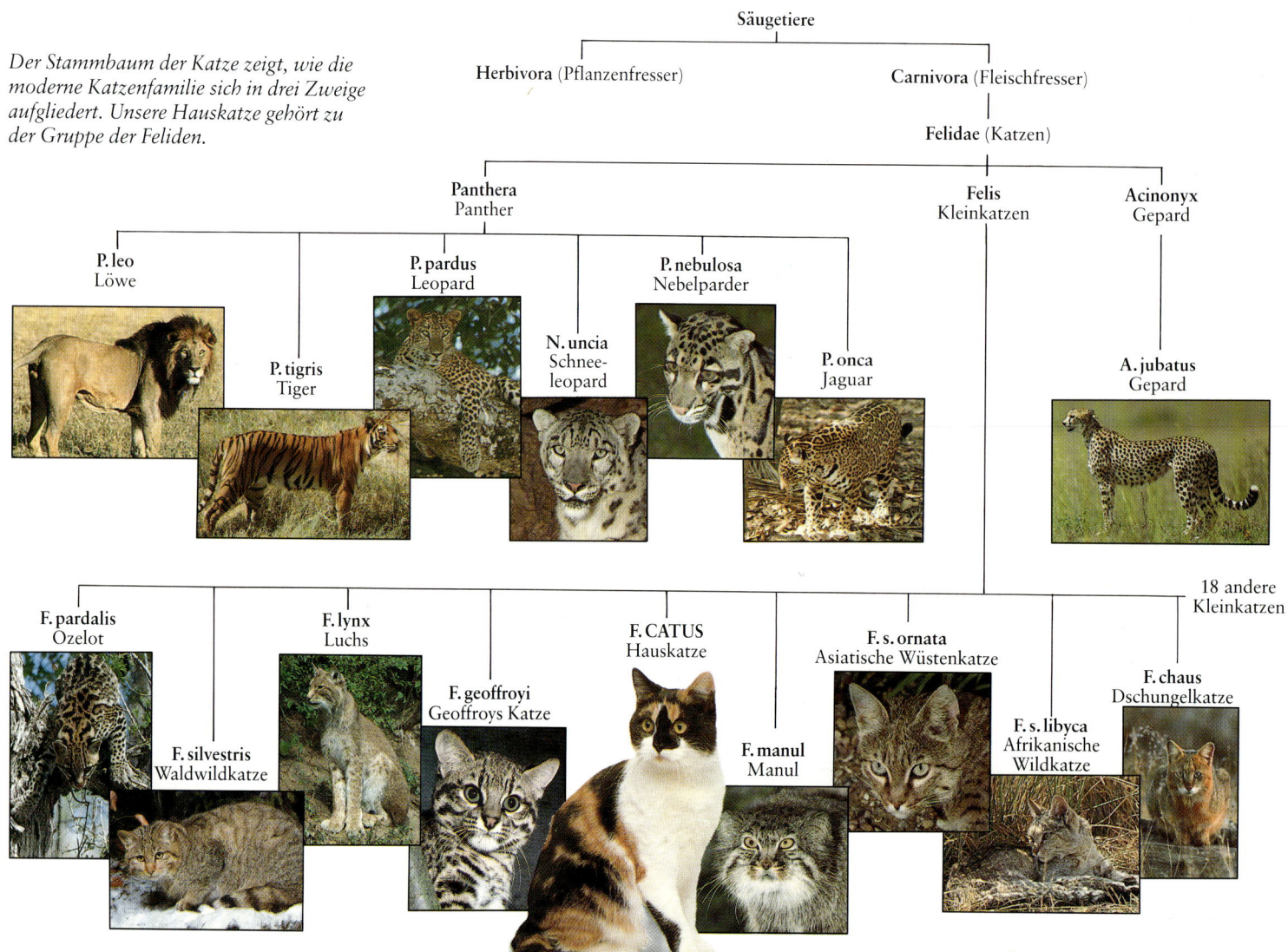

Säugetiere

Herbivora (Pflanzenfresser) — Carnivora (Fleischfresser)

Felidae (Katzen)

Panthera
Panther

Felis
Kleinkatzen

Acinonyx
Gepard

P. leo
Löwe

P. tigris
Tiger

P. pardus
Leopard

N. uncia
Schneeleopard

P. nebulosa
Nebelparder

P. onca
Jaguar

A. jubatus
Gepard

18 andere
Kleinkatzen

F. pardalis
Ozelot

F. lynx
Luchs

F. silvestris
Waldwildkatze

F. geoffroyi
Geoffroys Katze

F. CATUS
Hauskatze

F. manul
Manul

F. s. ornata
Asiatische Wüstenkatze

F. s. libyca
Afrikanische
Wildkatze

F. chaus
Dschungelkatze

Die Verbreitung der Hauskatze

Um 1970 wurde die Japanese Bobtail aus Japan in die USA eingeführt.

Im späten 19. Jh. wurden Langhaarkatzen aus England in die USA eingeführt.

Im 17. Jh. kamen mit den ersten Siedlern Kurzhaarkatzen in die USA.

Ende des 19. Jhs. kam die Russisch Blau aus dem russischen Archangelsk nach England.

In der Mitte des 19. Jhs. kamen Langhaarkatzen aus der Türkei nach England.

Um 1950 kamen Türkische Katzen aus der Türkei nach England.

Ende des 19. Jhs. kamen Siamesische Katzen aus Spanien nach England.

Um 1920 kamen die Birmesen aus Burma nach Frankreich.

Kurzhaar-Hauskatzen
Langhaar-Hauskatzen
Kurzhaar-Rassekatzen
Langhaar-Rassekatzen

Um 1970 wurde die Angorakatze aus der Türkei in die USA eingeführt.

Um 1950 wurde die Ägyptische Mau aus Ägypten in die USA eingeführt.

Im 16. Jh. kamen Langhaarkatzen aus der Türkei nach Italien.

Um 1930 wurde die Burmakatze aus Burma in die USA eingeführt.

Etwa 900 v. Chr. kamen Kurzhaarkatzen aus Ägypten nach Italien.

Um 1950 wurde die Koratkatze aus Thailand in die USA eingeführt.

Im Jahre 4 n. Chr. verbreiteten sich die Kurzhaarkatzen von Italien aus über ganz Europa; in England tauchten sie um 900 n. Chr. auf.

Um 1970 wurde die Singapura aus Singapur in die USA eingeführt.

Ende des 19. Jhs. kamen Abessinier aus Abessinien nach England.

Im 16. Jh. kamen die Manxkatzen auf spanischen Schiffen aus dem Fernen Osten auf die Insel Man.

Diese Karte zeigt, wie sich die domestizierten Kurzhaarkatzen lange vor Christi Geburt von Ägypten aus über ganz Europa verbreiteten. Die Langhaarkatzen dagegen stammen aus dem Iran und aus Afghanistan.

Die ersten »richtigen« Katzen

Vor etwa 12 Millionen Jahren begannen schließlich die ersten echten Katzen die Erde zu bevölkern. Ihre fossilen Überreste zeigen, daß es bald eine große Anzahl von Feliden gab. Der tuskische Löwe, kleiner als der heutige Löwe und vielleicht näher verwandt mit dem Leoparden, sowie Luchse und große Geparde durchstreiften Norditalien und Mitteleuropa. In China lebten gewaltige Tiger, und durch die Wälder Nordamerikas strichen riesige Leoparden. Aber es gab auch kleinere Arten von Wildkatzen wie etwa den Manul und Martellis Wildkatze. Die letztere ist heute völlig ausgestorben, doch den Manul findet man noch in manchen Gegenden Asiens.

Martellis Wildkatze war über ganz Europa und in einigen Gegenden des Mittleren Ostens verbreitet. Sie starb vor etwa knapp einer Million Jahren aus, war aber vermutlich der direkte Vorläufer der neuzeitlichen kleinen Wildkatzen, aus denen dann später unsere Hauskatzen hervorgehen sollten. Zu ihren Nachkommen gehörte die *Felis silvestris*, die vor sechs- bis neunhunderttausend Jahren auf der Bildfläche erschien. Sie verbreitete sich in ganz Europa, Asien und Afrika. Aus ihr entwickelten sich drei Haupttypen, die Waldwildkatze (*Felis silvestris*), die Afrikanische Wildkatze (*Felis silvestris libyca*) und die Asiatische Wüstenkatze (*Felis silvestris ornata*). Man nimmt an, daß die domestizierte Katze hauptsächlich von der Afrikanischen Wildkatze und zu einem kleinen Teil vielleicht auch von der Asiatischen Wüstenkatze abstammt.

Domestizierung

Wie so viele andere Grundfesten der menschlichen Zivilisation scheint auch die Domestizierung der Katze ihren Ursprung im Mittleren Osten zu haben. Knochen der Afrikanischen Wildkatze wurden in den Abfallhaufen der Höhlen prähistorischer Menschen gefunden. Wurden die Katzen von ihnen als Nahrung gejagt, oder hat man damals vielleicht schon wilde Kätzchen gezähmt und sie als Gefährten und zur Bekämpfung der Schädlinge großgezogen, die ihre mühsam angelegten Getreidevorräte bedrohten? Es gibt Anzeichen dafür, daß der Jäger Mensch die Wildkatzen wegen ihrer Geschicklichkeit bei der Jagd bewunderte und beneidete und vielleicht sogar diese Geschöpfe zu verehren begann, deren Jagdkünste er nur allzu gern nachgeahmt hätte.

Sicher ist, daß die alten Ägypter Katzen sowohl zum Schutz ihrer Getreidelager hielten als auch als Gottheiten verehrten. Die Herkunft der Hauskatze ohne Stammbaum, wie wir sie kennen, läßt sich bis nach Ägypten zurückverfolgen.

Die alten Ägypter verehrten ihre Katzen und betrauerten ihren Tod. Die Katzen wurden dann mumifiziert und zum Tempel der Katzengöttin Bastet gebracht. Viele dieser Mumien sind erhalten geblieben, so daß die modernen Wissenschaftler in der Lage waren, die erste Spezies zahmer Katzen als *Felis libyca* zu identifizieren.

Aus Ägypten brachten phönizische Händler Katzen nach Italien, und von dort verbreiteten sie sich langsam über ganz Europa. Im 10. Jahrhundert waren die Hauskatzen zwar bis nach England gekommen, waren dort jedoch noch recht selten. Die ersten Siedler wiederum nahmen die Katzen in die Neue Welt mit.

Die Vorfahren der Langhaarkatzen kommen vermutlich aus noch östlicher gelegenen Ländern. Es ist anzunehmen, daß unsere Langhaarkatze von Wildkatzen im Iran und in Afghanistan abstammt, die sich vielleicht ihrerseits wiederum aus dem langhaarigen Manul Mittelasiens entwickelt haben.

Obwohl Katzen bereits seit mindestens 5000 Jahren domestiziert sind, ist das Konzept einer selektiven Zucht und der Produktion von Rassekatzen erst Mitte des 19. Jahrhunderts realisiert worden. Domestizierte Hunde sind, ganz im Gegensatz dazu, seit Jahrhunderten selektiv gezüchtet worden, um eine Vielfalt spezifischer und unterschiedlicher Aufgaben zu erfüllen.

Der Körperbau der Katze

Katzen sind wie Menschen, Hunde und Pandabären Säugetiere und haben die allen Säugetieren eigenen anatomischen Merkmale wie Behaarung und Milch produzierende Brustdrüsen für die Aufzucht der Jungen. Alle Säugetiere besitzen ein gemeinsames körperliches Grundmuster; deshalb unterscheiden sich Gewebe und Organe der Katzen in Struktur und Funktion im wesentlichen nicht von denen des Menschen. Aber so wie Menschen aufrechtgehende, allesfressende Primaten mit eindeutigen Spezialisierungen sind, ist der Aufbau des Katzenkörpers seiner Rolle eines vierbeinigen und fleischfressenden Raubtieres angepaßt.

Eine erwachsene Katze wiegt zwischen zwei und fünf Kilogramm. Die bisher schwerste Katze war eine dreizehn Jahre alte weibliche Tabbykatze aus Cumbria in England, die es auf achtzehn Kilogramm brachte. Die kleinste Wildkatze, die rostfarben Getupfte (Rusty Spotted) aus Indien und Sri Lanka, erreicht selten ein höheres Gewicht als eineinhalb Kilogramm.

Die Beweglichkeit

Die Katze besitzt einen höchst elastischen Körper. Das Rückgrat wird eher von Muskeln als von Bändern, wie es beim Menschen der Fall ist, gestützt, und dadurch ist der Rücken außerordentlich beweglich. Durch die besondere Konstruktion des Schultergelenks kann die Katze ihre Vorderbeine in fast jede Richtung drehen. In der Terminologie des Autosports ausgedrückt, garantiert die »Aufhängung« des Modells Katze ein nahezu perfektes »Fahrverhalten«.

Ein weiterer Faktor, der die Beweglichkeit der Katze steigert, liegt darin, daß ihr Rückgrat aus bis zu 26 Wirbeln mehr besteht als die menschliche Wirbel-

säule. Auch fehlt ihr, im Gegensatz zum Menschen, das Schlüsselbein, statt dessen besitzt sie nur einen kleinen Rest von Schlüsselbeingewebe, eingebettet in der Schultergürtelmuskulatur. Ein voll ausgeprägtes Schlüsselbein würde die Brust verbreitern und sowohl die Fähigkeit der Katze verringern, sich durch enge Zwischenräume zu zwängen, als auch ihre Schrittlänge vermindern. Das Schlüsselbein erlaubt es dem Menschen, seinen Arm nach auswärts anzuheben. Da diese Bewegung für die Katze nicht erforderlich ist, ist dieser Knochen für sie entbehrlich.

Der Katzenkörper ist zu einer unvergleichlich fließenden Bewegung fähig.

Löwen und Tiger strecken und räkeln sich ganz genauso wie unsere Hauskatzen.

Das geschmeidige und wohlige Sichdehnen einer Katze könnte eine Art konzentrierter Übung sein, die dem Tier in ähnlicher Weise Entspannung bringt wie dem Menschen das isometrische Training.

Klettern mit gekreuzten Pfoten einer typisch athletisch geschickten und erfindungsreichen Katze.

Das Gehirn

Wie man sich denken kann, sind die den Sinnesorganen zugeordneten Teile des Katzengehirns gut entwickelt, wie es sich für einen geschickten Jäger gehört, der von seinen Wahrnehmungsmechanismen abhängt. Dagegen sind die für die »Intelligenz« zuständigen Hirnregionen viel einfacher konstruiert, als es etwa bei den Primaten wie dem Affen oder Menschen oder anderen hochintelligenten Tieren wie dem Delphin der Fall ist.

Die Eingeweide

Die Katze ist als Fleischfresser höher spezialisiert als der Hund. Sie besitzt einen Verdauungstrakt, der ausschließlich auf Fleischnahrung ausgerichtet ist. Deshalb sind die Gedärme der Katze im Verhältnis kürzer als die der Allesfresser Mensch oder Hund. Interessant ist, daß der Darm zahmer Katzen etwas länger ist als der von Wildkatzen, wahrscheinlich weil sich unsere Hauskatzen an abwechslungsreicheres Futter mit etwas weniger Fleisch gewöhnt haben und es auch gern annehmen.

Das auffallendste Merkmal des Raubtiermauls sind im allgemeinen die Eck- oder Fangzähne — das gilt auch für die Katze.

Kiefer der Katze verleihen ihrem Biß die nötige Kraft. Sie werden von starken Muskeln bewegt, die in strategisch günstig plazierten verstärkten Knochengewölben im Schädel verankert sind.

Bemerkenswert an ihrem Schädel ist zudem die gutentwickelte Knochenstruktur, zu der auch große Hörkammern gehören. Diese tragen dazu bei, daß die Katze in der Lage ist, so feine Laute wie das Trippeln einer Maus und das Rascheln eines Vogels im Laub zu hören.

Körperformen

Obwohl es domestizierte Hunde in allen Formen und Größen gibt, wurden noch keine Katzen gezüchtet, die besondere anatomische Extreme aufweisen. Wir kennen nur drei wichtige Körperbautypen: den stämmigen, den muskulösen und den schlanken. Der stämmige Typus ist kräftig gebaut, mit kurzen, dicken Beinen, breiten Schultern, einem massiven Rumpf und einem kurzen, runden Kopf mit abgeflachtem Gesicht. Der muskulöse Typus besitzt mittellange Beine, Schultern und Rumpf sind weder ausgesprochen breit noch schmal, der Kopf ist mittelgroß und sanft gerundet. Die schlanke Katze ist leicht gebaut, hat lange, elegante, schlanke Beine, Schultern und Rumpf sind schmal, der Kopf ist lang, schmal und keilförmig geschnitten.

Gebiß und Schädel

Die Katze hat 26 Milchzähne und 30 bleibende Zähne, davon 16 im Oberkiefer und 14 im Unterkiefer. Dazu gehören auch die Eck- oder Fangzähne zum Zubeißen und besonders entwickelte klingenartige Bakkenreißzähne, um das Fleisch in Brocken zu zerlegen. Bei den wilden Tieren sind die Fangzähne das wichtigste Tötungsinstrument. Die kurzen und robusten

Balanceakte

Katzen besitzen, wie jeder weiß, der einmal Nachbars Kater dabei beobachtet hat, wie er mühelos auf dem Gartenzaun entlang spazierte, einen ausgezeichneten Gleichgewichtssinn. Der Hauptgrund dafür liegt in der Geschwindigkeit der Muskelreaktionen auf außerordentlich schnelle Botschaften, die von den Augen und den Gleichgewichtsorganen im Innenohr über das Gehirn ausgesendet werden. Die Katze reagiert extrem empfindlich auf jeden Wechsel ihrer Körperlage und teilt den Muskeln und Gelenken jede Änderung viel schneller mit als ein Mensch.

Die Hauskatze ist ein ebenso guter Balancekünstler wie ihr wilder Vetter, der Leopard.

Die Aufgabe des Schwanzes

Man nimmt an, daß der Schwanz der Katze, etwa so wie dem Seiltänzer die lange Stange, dazu dient, die Balance zu halten. Das Prinzip ist einfach: Wenn eine Katze z. B. auf einer schmalen Mauer oder auf einem Zaun entlanggeht und beschließt, auf der einen Seite hinunterzuspähen, wobei sie ihren Schwerpunkt verlagert, bewegt sie automatisch den Schwanz in die entgegengesetzte Richtung, wodurch der Schwerpunkt ihres Körpers wieder stabilisiert wird, so daß sie nicht hinunterfällt.

Auch wenn die Katze im schnellen Lauf plötzlich die Richtung ändert, dient der Schwanz als Gleichgewicht. Man braucht nur einen Gepard zu beobachten, der hinter einer im Zickzackkurs laufenden Gazelle her ist. Bei jeder Wendung wird der Schwanz entgegengesetzt zur Körperrichtung herumgeschwungen, um so im Bruchteil einer Sekunde am »Wendepunkt« wieder Stabilität zu erlangen. Es erscheint logisch, daß gerade der Gepard, der beste Sprinter unter den Katzen, einen so langen Schwanz hat. Es heißt oft, daß der Schwanz der Katze beim Springen als eine Art Steuer fungiert, aber dennoch können, wie man weiß, auch Katzen mit sehr kurzem Schwanz — wie Luchse und Manxkatzen — außerordentlich gut springen.

Die Kunst des Fallens

Wenn eine Katze durch die Luft fällt, übermitteln ihre Augen und spezielle Strukturen im Innenohr dem Gehirn Informationen über die Lage des Kopfes in Relation zum Boden. Wenn der Kopf seine Lage verändert oder eine Veränderung der Fallgeschwindigkeit eintritt, werden Kristalle und eine Flüssigkeit im Innenohr davon beeinflußt, und diese Bewegung wird von sensiblen Härchen wahrgenommen. In Tausendstelsekunden empfängt das Gehirn das Signal und entsendet über die Nervenleitungen blitzschnell Befehle an den Kopf, einen rechten Winkel zum Boden einzunehmen. Der übrige Körper richtet sich nach der Lage des Kopfes aus, und die Katze nimmt die perfekte Haltung für eine sichere Landung ein.

Selbst auf kleinster Standfläche fühlt sich die Katze vollkommen wohl und entspannt. Wenn sie sich dann wieder nach vorne beugt, benützt sie ihren Schwanz zum Ausbalancieren.

Der Innenohrmechanismus eines neugeborenen Kätzchens ist bereits bei der Geburt voll ausgebildet, es kann jedoch nicht sehen, weil sich seine Augen noch nicht geöffnet haben. Da für ein perfektes Gleichgewicht eine Kombination von Botschaften, die über das Auge und das Innenohr vermittelt werden, erforderlich ist, funktioniert bei einem Kätzchen der Korrekturreflex erst, wenn sich die Augen öffnen.

Kürzlich fand man heraus, daß Katzen, die von hohen Gebäuden herunterfallen, dabei nicht so schwere Verletzungen erleiden, wie man es erwarten sollte. Entsprechend der »Wahrscheinlichkeitsrechnung« müßte die Verletzungsrate bei Katzen mit der Höhe des Stockwerks ansteigen, aus dem das Tier fällt. Doch das stimmt nur bis zum 7. Stockwerk. Bei Stürzen aus größerer Höhe sinkt die Rate der Knochenbrüche deutlich ab. Der Grund dafür scheint darin zu liegen, daß eine durchschnittlich große Katze nach einer Fallstrecke von etwa fünf Stockwerken ihre Höchstgeschwindigkeit, die sogenannte Endgeschwindigkeit eines fallenden Körpers erreicht. An diesem Punkt wird das Innenohrsystem der Katze nicht mehr durch die Beschleunigung stimuliert, und die Geschwindigkeit bleibt konstant. Deshalb entspannt sich die Katze und spreizt die Beine, so daß der Körper und die Gliedmaßen sich den höchsten Luftwiderstand zunutze machen — ähnlich wie ein Fallschirmspringer seinen freien Fall stabilisiert.

Entspannte Gliedmaßen brechen nicht so leicht, deshalb kann es, so seltsam es auch klingen mag, einer Katze, die von einem Fensterbrett im 10. Stockwerk fällt, besser ergehen als einer, die nur aus dem 3. Stockwerk stürzt. (Bitte überprüfen Sie meine Aussage nicht durch Experimente mit Ihrer Hauskatze!)

Ich erinnere mich gut an solche Vorfälle, die während meiner Studienzeit in Glasgow passierten. Im Sommer pflegten die Katzen sich auf den schmalen Fenstersimsen der alten Mietshäuser zu sonnen, bis die Besitzer die Fenster schlossen und dabei, ohne es zu wissen, die Katzen hinunterstießen. Sie fielen in der Regel aus einer Höhe von zwei bis fünf Stockwerken, und viele überlebten

Der Korrekturreflex:
Serienaufnahmen von einer Katze, die aus geringer Höhe auf ein weiches Kissen fällt, zeigen die Veränderungen der Körperhaltung und die von Augen und Innenohr gesteuerten Vorbereitungen für die Landung.

Ein etwas älteres Kätzchen zeigt bereits die typischen und faszinierenden Bewegungen seiner Spezies.

Dieses fünfzehn Tage alte Kätzchen ist noch etwas wackelig auf den Beinen und hat die Balancefähigkeit seiner Eltern noch nicht erlangt.

den Sturz und landeten in der richtigen Position. Weil aber Katzen relativ schwache Nackenmuskeln besitzen, konnten sie den Kopf nicht nach hinten halten, so daß das Kinn ziemlich heftig auf dem Boden aufschlug. Zu den häufigsten Verletzungsarten, die ich in diesen Sommertagen zu behandeln hatte, gehörten deshalb die dabei auftretenden Mittellinienfrakturen des Unterkiefers.

Bewegungen der Katze

Die Bewegungen einer Katze müssen ihrer Rolle als Jäger einer sich zumeist schnell und gewandt bewegenden Beute entsprechen. Ihr Körper muß ihr eine rasche Beschleunigung und das blitzschnelle Erreichen einer hohen Geschwindigkeit ermöglichen und die Behendigkeit geben, reibungslos den Kurs zu wechseln und mit Veränderungen im Terrain fertig zu werden. Er muß sich leise fortbewegen und Angriffe mit den Pfoten sowie Bisse erlauben, während die Katze immer noch in Bewegung ist. Er muß ihr außerdem athletische Sprünge und Sätze gestatten. Der Körper der Katze ist so konstruiert, daß er allen diesen Anforderungen bestens gewachsen ist.

Der Gang

Weil das Raubtier Katze seine Kraft für den entscheidenden Sprung in der Endphase der Jagd aufsparen muß, hat es gelernt,

wie es zu anderer Zeit Energie einsparen kann.

Deshalb geht die Katze mit minimalem Kraftaufwand. Sie setzt ihre Füße in einem diagonalen Muster auf, dem linken Hinterfuß folgt der rechte Vorderfuß, dann der rechte Hinterfuß und zuletzt der linke Vorderfuß. Die Vorder- und Hinterfüße bewegen sich nicht gleichzeitig, sondern mit leichter Phasenverschiebung, wobei der Hinterfuß immer kurz vor dem Vorderfuß auftritt.

Der Schwerpunkt des Körpers ist zum Kopf hin verlagert, wobei die Vordergliedmaßen das Skelett tragen und dadurch sogar ein leichter Verzögerungseffekt ausgeübt wird. Der Anstoß nach vorn geht von den Hinterfüßen aus.

Wie bereits erwähnt, sind Katzen Zehengänger, sie treten nur mit den Zehen auf. Das ist — vergleichbar den Athleten, die auf den Zehen sprinten — zum Laufen ideal.

Das Laufen

Die Katze ist ein Spezialist im Sprinten, eher ein Carl Lewis als ein Sebastian Coe. Wenn sie läuft, sind ihre Gliedmaßen in der Luft total gestreckt. Während die Vorderfüße den Boden berühren, biegt sich die äußerst flexible Wirbelsäule wie ein Bogen, so daß das Hinterteil ohne Unterbrechung seine fließende Vorwärtsbewegung fortsetzen kann. Dieses System befähigt die Katze, ihr Tempo — statt durch eine vermehrte Anzahl von Bodenberührungen mit den Füßen — dadurch zu steigern, daß sie den Rumpf vollkommen streckt und die Schrittweite verlängert. Beim Galopp verschwinden die Verzögerungsmomente, die durch den Kontakt mit dem Boden entstehen, völlig.

Ein vollendeter Springer: Die Katze kauert sich zuerst zusammen, nimmt das Becken zurück und beugt das Hüftgelenk, die Knie und die Fußgelenke.

Diese Gelenke besitzen wenig oder gar keine Beweglichkeit zur Seite. Sie sind so konstruiert, daß sie die starken Kräfte, die im Körper in nur einer Richtung — nach unten — ausgeübt werden, aushalten.

Wenn sich die Muskeln zusammenziehen, werden die Gelenke der Hüften, Knie und Fußknöchel rasch gestreckt, wodurch sie den Körper blitzartig vorantreiben.

Alle Katzen sind für das Finale in athletischen Wettkämpfen qualifiziert, besonders was das Springen betrifft. Die Goldmedaille geht an den wilden Caracal oder Wüstenluchs, der oft Vögel fängt, indem er ein bis zwei Meter hoch springt und sie mit den Pfoten herunterschlägt. Diese Kätzchen verfügen, obwohl sie nicht der gleichen Wettbewerbsklasse angehören, grundsätzlich über ähnliche Fähigkeiten.

Während Hauskatzen in vollem Lauf mit jedem Satz das Dreifache ihrer Körperlänge »überspringen« können (bei einer Geschwindigkeit von 50 Stundenkilometern), erreicht der Gepard sogar 112 Stundenkilometer und vielleicht sogar noch etwas mehr. Es ist interessant, daß der Gepard einzigartige Einkerbungen auf den Zehenballen besitzt, die wie das Profil eines Autoreifens wirken und dem Tier beim Sprinten die notwendige Trittfestigkeit verleihen, insbesondere beim Wechseln der Laufrichtung bei hoher Geschwindigkeit. Andere Katzen, einschließlich unserer Hauskatzen, besitzen zwar robuste, aber »profillose« Pfoten.

Die Struktur der Gliedmaßen der Katze mit den langen Fußknochen und den verhältnismäßig kurzen Knochen in der Brustgegend ist speziell dem Laufen angepaßt. Das Fehlen des Schlüsselbeins und die schmale Brust erleichtern es der Katze, sich zu biegen und zu drehen, und verleiht ihr eine größere Schrittweite.

Das Klettern

Die starken Rücken- und Hinterbeinmuskeln der Katze machen sie zu einem erfolgreichen Kletterkünstler. Die vorderen Gliedmaßen wirken, vorgestreckt mit den hakenförmigen, ausgefahrenen Krallen, wie die Steigeisen eines Bergsteigers. Wenn sie Halt finden, wird der Körper mit der Kraft der von Krallen bewehrten Hinterbeine schnell nach oben geschoben, zum nächsten Halt. Die meisten Kletterpartien beginnen mit einem Initialsprung, um rasch an Höhe zu gewinnen.

So gut auch Katzen in die Höhe klettern können, beim Abstieg sind sie keine Weltmeister. Die Muskeln der Hinterbeine können nicht dafür eingesetzt werden, das Gewicht des Körpers aufzuhalten, und die Krallen biegen sich jetzt in die falsche Richtung. Deshalb passiert es häufig, daß Katzen auf Bäumen festsitzen oder auf ziemlich unbeholfene Art und Weise mit dem Hinterteil voran aufs Geratewohl herunterrutschen. Nur ihre Krallen bewahren sie dabei vor einer allzu würdelosen Landung.

Das Training

Katzen bleiben merkwürdigerweise immer in Form, ohne dafür ins Fitnesstraining gehen oder im Park joggen zu müssen. Das genüßliche und ausgiebige Strecken, das sich alle Katzen gönnen, scheint für sie Gymnastik genug zu sein, um in Höchstform zu bleiben.

Das vollkommene Fehlen eines konventionellen Trainings kann, wenn es mit starker Überfütterung durch unvernünftige Menschen einhergeht, zu Fettleibigkeit führen, aber auch das bringt im allgemeinen kein Kränkeln und keine Lebensverkürzung mit sich, wie man es von Hunden und ihren Besitzern kennt. Katzen scheinen den Schlüssel zu einem mußevollen Leben gefunden zu haben.

Hinauf geht es leicht und elegant, aber der Abstieg kann ausgesprochen linkisch wirken.

Die schwammartigen Ballen der Füße, die mit fester Haut bedeckt sind, wirken auch als Stoßdämpfer, wenn die Katze landet.

Der Aufprall bei der Landung wird von den Gelenkknöcheln der Vorder- und Hinterfüße aufgefangen, da sie so angelegt sind, daß es kaum zu einem »Schwanken« nach der Seite kommen kann.

Die Sinne

Raubtiere sind auf ihre scharfen Sinne zum Aufspüren der Beute angewiesen, und die Hauskatze verfügt noch über die gleichen Wahrnehmungsfähigkeiten wie ein Tiger, der nachts durch den Dschungel streift.

DER GESICHTSSINN

Das Auge der Katze ist in vieler Hinsicht ebenso konstruiert wie das menschliche, doch es gibt einige wichtige Unterschiede, die es dem Tier ermöglichen, Dinge zu tun, die wir nicht tun können.

Sehen in der Nacht

Man sagt oft, daß »Katzen im Dunkeln sehen können«. Das stimmt nicht. In einem absolut finsteren Raum kann eine Katze nicht besser sehen als Sie oder ich. Sie kann aber auch noch die winzigsten Lichtmengen in ihrer Umgebung aufnehmen. Auch in einer mondlosen Nacht ist der Himmel nie völlig dunkel. Es gibt immer noch schwaches Sternenlicht oder den matten Widerschein in großer Höhe dahinziehender Wolken, und das Katzenauge ist darauf angelegt, solche winzigen Lichtstrahlen zu sammeln und zu nutzen.

Es bedient sich dazu eines ebenso genialen wie logischen Systems, einer Art »Spiegel«, der hinter der lichtempfindlichen Netzhaut liegt. Dieser »Spiegel«, das *tapetum lucidum*, besteht aus bis zu fünfzehn Schichten lichtreflektierender Zellen. Schwache Lichtstrahlen fallen ins Auge, gehen hindurch und stimulieren die licht-

Das typische Aufblitzen des Spezialspiegels (tapetum lucidum) im Katzenauge zur Verbesserung der Nachtsicht. Die unterschiedlich getönten Augen der rechten Katze leuchten bei Nacht in zweierlei Farben auf.

empfindlichen Zellen der Netzhaut (Zapfen und Stäbchen). Dann gelangen sie auf den Augenhintergrund und werden von dem »Spiegel« reflektiert, so daß sie ein zweites Mal einen Reiz auf Zapfen und Stäbchen ausüben. Diese »doppelte Dosis« vervielfacht die Lichtwirkung und erhöht die Nachtsicht der Feliden außerordentlich.

Wir wissen, daß Hauskatzen noch bei einem Sechstel der Lichtmenge, die der Mensch benötigen würde, deutlich sehen können. Es liegt jedoch auf der Hand, daß auch dieser »Spiegel«, wie ich bereits erwähnt habe, seine Aufgabe nicht erfüllen kann, wenn überhaupt kein Licht vorhanden ist.

Das Glänzen des Spiegels ist übrigens auch die Ursache für das charakteristische goldene oder grüne Aufleuchten der Katzenaugen in der Nacht. (»Tiger! Tiger! Brennendes Licht in den nächtlichen Wäldern!«, diese berühmten Zeilen von William Blake wurden vielleicht von diesem Phänomen inspiriert.) Das menschliche Auge leuchtet in der Nacht nicht: Das rötliche Glühen unserer Pupillen, das man gelegentlich auf Blitzlichtaufnahmen sieht, wird durch die Blutgefäße hinter der Netzhaut hervorgerufen.

Das Gesichtsfeld

Ein weiterer Vorteil für die Katze besteht darin, daß sie einen weiteren Gesichtswinkel hat als wir. Unser Gesichtsfeld beträgt etwa 210 Grad, wobei wir 120 Grad mit beiden Augen erfassen können. Katzen besitzen ein Gesichtsfeld von 285 Grad, wovon 130 Grad mit beiden Augen erfaßt werden können.

Das beidäugige Sehvermögen der Katze von 130 Grad ist eine weitere Folge ihrer Anpassung an die Jagd und erlaubt es ihr, Raumtiefe und Entfernung genau zu beurteilen. In der Praxis ist es allerdings so, daß Katzen trotz allem bei der Beurteilung des Abstandes nicht ganz so gut sind wie wir Menschen. Der Mensch gleicht sein etwas begrenzteres Gesichtsfeld durch sehr viel umfassendere Augenbewegungen aus, die ihm durch die größere Weißfläche, die Hornhaut und Auge umschließt, ermöglicht werden.

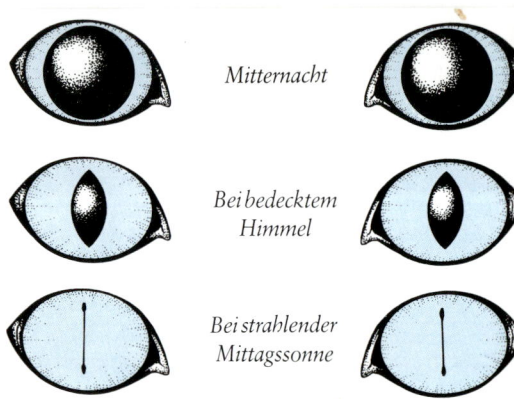

Bei sehr hellem Licht ist die Pupille der Katze ein vertikaler Spalt mit einer winzigen Öffnung an jedem Ende. Wenn es dunkler wird, erweitert sich die Pupille, bis sie bei voller Größe jeden noch so geringen Lichtschimmer aufnehmen kann.

Mitternacht

Bei bedecktem Himmel

Bei strahlender Mittagssonne

Die Pupille einer Katze in drei Stadien der Erweiterung bei unterschiedlichen Lichtbedingungen.

Wie das Katzenauge arbeitet

Die Pupille des Katzenauges verengt sich, wie die von anderen Säugetieren auch, bei hellem Licht und erweitert sich bei zunehmender Dunkelheit, aber auch die eigentliche Pupillenform variiert bei den verschiedenen Katzenarten. Größere Wildkatzen besitzen im allgemeinen ovale Pupillen, der Puma hat eine runde Pupille, und nur Mitglieder der Gattung Felis (zu der auch die Hauskatze gehört) weisen eine vertikale Spalt-Pupille auf. Der Vorteil einer Spalt-Pupille liegt in ihrer Fähigkeit, sich wirksamer und vollständiger schließen zu können als eine runde Pupille. Das dient dem Schutz der extrem empfindlichen Netzhaut. Zu einem totalen Schließen der Pupille kommt es jedoch nie — an beiden Enden des Spaltes bleibt immer ein winziges Loch geöffnet. Die Stäbchen auf der Netzhaut der Katze verleihen ihr eine gute Nachtsicht und reagieren empfindlich auf geringe Lichtmengen. Die Zäpfchen sorgen für das Auflösungsvermögen. Das Katzenauge enthält relativ mehr Stäbchen und weniger Zäpfchen als das menschliche Auge. Deshalb kann

Eine Katze, die in einem Bett von Katzenminze schwelgt, genießt den Geruch, der (überraschenderweise) eine sexuelle Reaktion hervorruft.

es bei schwachem Licht besser sehen, ist aber nicht in der Lage, Details so gut wahrzunehmen wie wir.

Das Katzenauge stellt sich wie das menschliche Auge dadurch auf den Brennpunkt ein, daß es die Form der Linse durch eine unwillkürliche Betätigung winziger Muskeln verändert. Dieser Prozeß, bekannt als »Akkomodation«, kann die Linse entweder wölben, um naheliegende Gegenstände in den Brennpunkt zu bringen, oder abflachen, um sich auf entferntere Objekte zu konzentrieren. Menschen und Katzen sind in gleicher Weise fähig, ihre Augen gut auf den Brennpunkt einzustellen.

Das Farbensehen

Bewundert Ihre Katze wirklich die neuen Vorhänge in Lavendeltönen, oder knirscht sie mit den Zähnen, wenn sie das neue schockfarbene T-Shirt Ihres Jüngsten zum erstenmal sieht? Kurz, kann eine Katze Farben sehen? Sie besitzt tatsächlich mindestens zwei, ja möglicherweise sogar drei verschiedene Arten von Zäpfchenzellen, und beim Menschen spielen die Zäpfchen zweifellos eine wichtige Rolle beim Farbensehen.

Wissenschaftler glauben, daß Farben den Katzen absolut nichts bedeuten, obwohl sie sie sehen können! Die Augen unterscheiden zwar Farben, aber das Gehirn wertet sie nicht aus. Diese fast philosophische Unterscheidung zwischen Sehen und Wahrnehmen ist wichtig, denn es ist bewiesen, daß Katzen, mit viel Mühe zwar, darauf trainiert werden können, Farben zu »verstehen«. Im allgemeinen aber nehmen Katzen Farben nicht bewußt wahr — das ist für ihr normales Dasein nicht wesentlich und spielt keine Rolle beim Jagen einer Maus oder zum

Erkennen einer mit ihrem Lieblingsfutter gefüllten Schale.

DER GERUCHSSINN

Ein weiterer sehr wichtiger Sinn bei Katzen ist der Geruch. Katzen besitzen ungefähr 19 Millionen spezialisierte Endfasern von »Riech«-Nerven in der Membran, mit der ihre Nase ausgekleidet ist; Menschen hingegen haben nur fünf Millionen (ein Hund mit langer Nase, wie z.B. ein Foxterrier, besitzt allerdings sogar 147 Millionen). Andererseits nimmt man an, daß Tiger einen nur gering entwickelten oder gar keinen Geruchssinn besitzen — was bei einem Tier, das für seine Jagdfähigkeiten bekannt ist, überrascht.

Die Nase einer Katze reagiert besonders empfindlich auf Gerüche, die Stickstoffverbindungen enthalten. Dadurch ist das Tier in der Lage, Futter abzulehnen, das bereits verdirbt oder ranzig wird und dabei stickstoffreiche Chemikalien abgibt.

Ein besonderer Riechgenuß für Katzen ist natürlich die echte Katzenminze (*Nepeta cataria*). Ihre Katze ist deshalb so begeistert von dieser Gartenpflanze, in der sie sich vielleicht sogar gern herumrollt und ekstatisch wälzt, weil sie ein essentielles Öl enthält, das chemisch eng verwandt ist mit einer Substanz, die von rolligen Katzenweibchen mit dem Urin ausgeschieden wird. Wie man sich denken kann, werden Kater von dieser Katzenminze mehr »angetörnt« als Weibchen oder kastrierte Kater. Katzenminze wirkt auf einen Kater sehr sexy! Eine andere Pflanze, der Baldrian, kann eine ähnliche Reaktion hervorrufen.

Die Wiedererkennung durch den Geruch ist bei Katzen von wesentlich größerer Bedeutung als bei Menschen.

Das Flehmen

Viele Fleischfresser, darunter auch einige Katzenarten, ziehen eine seltsame Grimasse mit gekräuselten Lippen und gerümpfter Nase, die als »Flehmen« bekannt ist. Man nimmt an, daß dadurch einige Gerüche mit einem wenig bekannten, am vorderen Gaumendach liegenden Organ in Verbindung gebracht werden, das aus einer winzigen Tasche besteht, die mit Rezeptorenzellen, ähnlich den Geruchsaufnahmezellen der Nase, ausgekleidet ist.

Dieses Gebilde, das sogenannte Jacobson'sche Organ, scheint sowohl für den Geruch als auch für den Geschmack zuständig zu sein. Beim Menschen existiert es in rudimentärer Form ohne jede Funktion, bei Katzen jedoch hat es durchaus eine, bei domestizierten Tieren allerdings nur schwach ausgeprägte Funktion. Am besten kann man es im Maul einer Schlange beobachten, wo es »Geschmacksmoleküle« analysiert, die von der schnellenden,

Die charakteristische »Flehm«-Grimasse der Katze bewirkt wahrscheinlich eine Steigerung der Geruchs- und Geschmackssinne.

gespaltenen Zunge transportiert werden. Bei Katzen scheint das Jacobson-Organ nur in Verbindung mit sexuellen Gerüchen ins Spiel zu kommen.

DER GESCHMACK

Katzen sind, wie wir wissen, oft heikle Esser und eher mit einem Feinschmecker als mit einem Vielfraß zu vergleichen. Während Hunde sich ganz bereitwillig mit menschlicher Kost füttern lassen und oft große Vorliebe für einen Keks oder Schokoriegel zwischendurch zeigen, halten Katzen im allgemeinen nicht viel davon, was bei einem reinen Fleischfresser ja auch nicht weiter verwunderlich ist. Viele Katzen können Zucker nicht verdauen und bekommen Durchfall, wenn sie viel davon fressen. Daß sie sich nichts aus Süßigkeiten machen, ist vielleicht einfach eine natürliche Bremse, um die Aufnahme von Zucker zu vermeiden. Das unterschiedliche Verhalten von Hunden und Katzen scheint dadurch bedingt zu sein, daß Hunde in den Geschmacksknospen in ihrem Maul Rezeptoren für »Süßes« besitzen, Katzen aber nicht. Früher glaubte man, daß bei Hunden zwar Nervenverbindungen zwischen Zunge und Gehirn bestünden, die »süße« Botschaften übermitteln, bei Katzen dagegen nicht. Heute wissen wir, daß bei domestizierten Katzen doch einige auf »Süßes« ansprechende Nerven existieren, und ihre Zahl scheint im Steigen zu sein! Ich nehme an, daß durch das Züchten von Katzen, die Wohnung und Gewohnheiten ihrer menschlichen Gefährten teilen, der Bestand solcher Strukturen verstärkt wird und daß vielleicht eines Tages alle Hauskatzen nach Sahnebonbons süchtig sein werden!

Die Flachkopfkatze *(Felis planiceps)* hat — um von der Theorie zur Praxis dessen zu kommen, was für ungewöhnliche Dinge Katzen fressen (was später in dem Kapitel über Ernährung noch näher erörtert wird) — eine Vorliebe für Süßkartoffeln. Man nimmt an, daß sie in der Lage ist, die Süße zu schmecken. Mir ist bekannt, daß die Tiger in der Mandschurei im Herbst gern süße Nüsse (mitsamt der Schale) und Beeren und Früchte naschen und daß sie in Malaysia ganz wild auf die Frucht des Zibetbaums sind. Viele mir bekannte Hauskatzen, besonders Siamesen und Burmesen, sind ausgesprochene Leckermäuler. Eine meiner eigenen Katzen liebte Rosinen, und eine andere war richtiggehend verrückt nach saftigen Mandarinenscheiben.

Ein neugeborenes Kätzchen ist blind und fast taub. In diesem Stadium ist es vor allem auf seinen Tastsinn angewiesen.

Neugeborene Kätzchen besitzen einen gutentwickelten Geschmackssinn, aber wie beim Menschen wird er mit zunehmendem Alter allmählich schwächer. Ein vorübergehender Geschmacksverlust mit gleichzeitiger Appetitlosigkeit kann bei Katzen mit Erkrankungen der Atmungswege einhergehen, so wie auch unsere Geschmacksknospen durch eine Erkältung beeinträchtigt werden.

Als heikle Esser besitzen Katzen einen gut entwickelten Geschmackssinn, der allerdings nicht so weit gefächert ist wie der unsere.

DAS GEHÖR

Der zweitwichtigste Sinn der Katze ist das Gehör. Da sie für die Beweglichkeit der Ohrmuschel dreißig Muskeln besitzt, während der Mensch nur sechs hat, kann sie zur Lokalisierung eines Geräusches die Ohren genau in die gewünschte Richtung drehen. Diese Drehung des Ohrs geht bei der Katze wesentlich schneller vor sich als beim Hund.

Das äußere Ohr erfüllt aber weit mehr Aufgaben, als nur wie ein Trichter Schallwellen zu sammeln und sie zum Trommelfell weiterzuleiten. Es besitzt nicht etwa die einfache Form eines runden viktorianischen Hörrohrs, sondern ist unregelmäßig und asymmetrisch. Diese Form bewirkt in Verbindung mit den Ohrbewegungen, daß die Geräusche in unterschiedlicher Qualität empfangen werden, so daß die Katze deren Quelle genau orten kann. Eine Katze besitzt die Fähigkeit, zwischen zwei in einem 5°-Winkel voneinander entfernten Lauten mit einer Sicherheit von etwa 75 Prozent scharf zu unterscheiden.

Der Hörbereich

Sowohl die Katze als auch der Hund haben bei hohen Frequenzen ein viel feineres Ge-

hör als wir. Eine Katze kann Töne wahrnehmen, die bis zu zwei Oktaven über der höchsten Note liegen, die wir hören können, und das ist eine halbe Oktave über der optimalen Aufnahmekapazität eines Hundes! Innerhalb des Hochfrequenzbereiches, in dem man erwartungsgemäß die von kleinen Beutetieren erzeugten hohen Töne antrifft, weist die Katze eine ganz besondere Sensibilität auf. Ihre Fähigkeit, zwischen Noten in diesen Frequenzen scharf zu unterscheiden, ist ausgezeichnet. Sie ist in der Lage, den Unterschied von einem Fünftel- bis zu einem Zehntelton zwischen zwei Noten herauszuhören. Zur genauen Auswertung der Geräusche durch das Ohr und das Gehirn werden sie verstärkt. Dabei spielen die im Katzenschädel gelegenen großen Paukenhöhlen eine wesentliche Rolle.

Die meisten Katzen lernen es ohne jedes Training, bestimmte, von menschlicher Stimme gesprochene Worte zu erkennen. Sie reagieren auf ihren Namen, den Ruf zum Füttern usw., aber ihr Vokabular wird nie so umfangreich, wie das bei Hunden der Fall sein kann.

Der aufmerksame Blick und die gespitzten Ohren eines Jägers, der auf seine scharfen Sinne angewiesen ist.

Gehörverlust

Wie bei den Menschen fordert das Alter auch bei den Katzen seinen Tribut. Ihre Sensibilität für hohe Töne verringert sich im Laufe der Jahre ziemlich rasch. Oft beginnt sie schon mit drei Jahren nachzulassen, und gewöhnlich zeigt sich im Alter von viereinhalb Jahren bereits ein deutlicher Gehörverlust.

Senilität und manche Krankheiten können zur völligen Taubheit einer Katze führen. Infektionen des Ohres und Verstopfungen durch Ohrenschmalz können im allgemeinen durch eine unverzügliche tierärztliche Behandlung schnell beseitigt werden. Weiße Katzen, besonders solche mit blauen Augen, besitzen eine Veranlagung zur Taubheit, die durch eine Genmißbildung in ihrer Erbsubstanz ausgelöst wird, die zu einer Verkümmerung des Innenohrs führt. Diese Art von Taubheit ist keiner Therapie zugänglich. Im allgemeinen kommen Katzen mit ihrer Taubheit außerordentlich gut zurecht.

DAS TASTGEFÜHL

Der Tastsinn ist bei unseren kleinen Hausgenossen hochentwickelt. Über die Funktion ihrer Schnurrhaare ist man sich allerdings noch nicht ganz im klaren. Offensichtlich haben sie etwas mit dem Tastsinn zu tun, und wenn man sie entfernt, ist die Katze für einige Zeit deutlich beeinträchtigt. Es gibt keinen Beweis für die Annahme, daß die Schnurrhaare der Kat-

Da die Haut der Katze mit sehr vielen, auf Berührung empfindlich reagierenden Nerven ausgerüstet ist, ist ihr Tastsinn außergewöhnlich gut ausgeprägt.

ze an jeder Seite so weit herausragen, wie es der maximalen Breite des Tieres entspricht, so daß es in der Lage ist, abzuschätzen, ob es durch eine Öffnung hindurchschlüpfen kann, ohne irgend etwas zu berühren oder ein verräterisches Geräusch zu verursachen, wenn es sich an seine Beute heranschleicht.

Aber in der Dunkelheit wirken die Schnurrhaare mit Sicherheit als ungeheuer sensible und schnell reagierende Antennen. Die Katze benutzt sie zur Erkennung von Dingen, die sie nicht deutlich sehen kann. Nach Ansicht einiger Wissenschaftler reagiert eine Katze mit der Geschwindigkeit und Präzision einer Mausefalle, wenn ihre Schnurrhaare im Dunkeln eine Maus berühren. Andere Wissenschaftler vermuten, daß die Katze einige oder sogar sämtliche Schnurrhaare nach unten stellt, wenn sie nachts im Gelände herumstreift. Sicher ist, daß die kleine Wüsten-

springmaus zwei ihrer Schnurrhaare auf diese Weise einsetzt — ihre nach unten gerichteten Schnurrhaare dienen dazu, Steine, Löcher oder andere Unebenheiten auf ihrem Weg auszukundschaften. Selbst bei hoher Geschwindigkeit kann die Wüstenspringmaus, ob sie nun gerade in der Luft oder auf dem Boden ist, Hindernissen aus dem Weg gehen, indem sie im Bruchteil einer Sekunde die Richtung wechselt. Es kann durchaus sein, daß unsere Katzen ihre Schnurrhaare in ähnlicher Weise benutzen.

Das Verhalten bei Erdbeben

Nicht nur ihr Tastsinn ist hochentwickelt, Katzen reagieren auch sehr sensibel auf Vibrationen. Wie einige andere Tierarten können sie vor einem bevorstehenden Erdbeben warnen. Es gibt weitverbreitete Berichte über das seltsame Verhalten von Hauskatzen zehn bis fünfzehn Minuten vor den Katastrophen in Agadir, Skopje, Chile und Alaska in den 60er Jahren. Anscheinend können die Tiere schon die allerersten Beben feststellen, die für den Menschen noch nicht wahrzunehmen sind. Die Bauern, die an den Hängen des Ätna leben, halten Katzen als eine Art Frühwarnsystem. Wenn dort ein dösender Kater plötzlich aufspringt und ohne ersichtlichen Grund wie von der Tarantel gestochen zur Tür rast, folgen die menschlichen Hausbewohner ihm Hals über Kopf.

Diese Übersensibilität gegenüber Vibrationen hängt wahrscheinlich auch mit dem weitverbreiteten Glauben zusammen, daß Katzen außersinnliche Wahrnehmungen haben und »Schwingungen« aufnehmen können, die mit den üblichen fünf Sinnen nicht zu erfassen sind. Tatsächlich ist es unmöglich zu entscheiden, ob Katzen in dieser Weise »übersinnlich« veranlagt sind oder nicht, obwohl es andererseits leicht zu erraten ist, wie sie zu diesem Ruf gelangt sind.

Ihre besonders scharfen Sinne machen es der Katze möglich, auf Vorkommnisse zu reagieren, die das relativ schwerfällige Gehirn des Menschen nicht wahrnimmt. Diese Tatsache spielte, zusammen mit dem unergründlich »wissenden« Blick der Katze, zweifellos eine große Rolle bei der Entstehung des Glaubens, daß sie über übernatürliche Fähigkeiten verfüge und mit fremden Mächten in Kontakt stehe, was viele noch heute glauben.

Ragdoll

Devon Rex

*Zweifarbige Langhaarkatze
in Schwarz und Weiß*

Einfarbige rote Langhaarkatze

Die Schnurrhaare von Rassekatzen sind ein reines Zugeständnis an die Eitelkeit. Diese spezialisierten Haare haben dennoch auch eine Funktion. Sie steigern den Tastsinn der Katze, obwohl wir nicht genau wissen, auf welche Weise das vor sich geht.

Das Verhalten

»Die Katze ging ihre eigenen Wege,
und alle Orte waren für sie gleich.
RUDYARD KIPLING

Die Katze ist nicht so gesellig wie ein Hund, und unter den wilden Katzen zeigt nur der Löwe eine größere Neigung, im Verband mit anderen Artgenossen zu leben. Dennoch sind Katzen keine völlig auf sich selbst bezogenen oder gar unsozialen Geschöpfe. Wohl sind sie stolz und zurückhaltend, aber sie besitzen auch die Fähigkeit, mit dem Menschen enge Freundschaft zu schließen. Das gilt nicht nur für die Hauskatze, sondern ebenso für einige ihrer wilden Verwandten wie etwa die Afrikanische Wildkatze. Tiger, Löwen, Leoparden und Panther, die im Zirkus aufgezogen wurden, hängen oft an ihren Trainern und Betreuern mit so viel offensichtlicher Zuneigung wie eine Siamesische Rassekatze. Katzen empfinden füreinander oft große Zuneigung und, allem Anschein nach, so etwas wie Liebe.

Katzen zeigen oft große Zuneigung zueinander.

DER SCHLAF

Der Alltag einer Katze ist mit den unterschiedlichsten Tätigkeiten ausgefüllt. Doch wie es sich für einen richtigen Jäger gehört, der seine Energie für kurze, plötzlich einsetzende Hochleistungen aufsparen muß, lieben Katzen Ruhe und Entspannung. Mit ihren nur wenige Minuten dauernden »Katzenschläfchen«, die sie immer wieder zwischendurch halten, kommen sie innerhalb von vierundzwanzig Stunden auf etwa sechzehn Stunden Schlaf. Katzen sind die größten Schläfer unter den Säugetieren. Sie übertreffen sogar den ziemlich schläfrigen Großen Pandabären, der immerhin etwa vierzehn Stunden am Tag aktiv ist. Wodurch das große Schlafbedürfnis der Katze bedingt ist, weiß man nicht.

Man muß nicht besonders betonen, daß Katzen ihr Schläfchen genießen und Meister darin sind, den wärmsten und geschütztesten Platz im Garten oder den kuscheligsten Winkel im Haus ausfindig zu machen.

Während sie schlafen, arbeitet ihr Gehirn weiter und registriert und analysiert Reize aus seiner Umgebung. Im Tiefschlaf bleibt das Gehirn überraschenderweise ebenso aktiv wie im Wachzustand, und die Sinne forschen weiter nach den ersten Anzeichen von Gefahr. Beim ersten Warnsignal weckt das stets alarmbereite Nervensystem der Katze augenblicklich die Muskeln des Körpers. Man hat Versuche angestellt, bei denen jeder äußere Reiz völlig ausgeschaltet und die Katze in einen verdunkelten, schalldichten und geruchsfreien Raum gesteckt wurde. Bei der Aufzeichnung ihrer Hirnstromwellen stellte man dann fest, daß die geistige Tätigkeit allmählich nachließ und bis auf ein Minimum zur reinen Erhaltung der Körperfunktionen absank. Spontane Denkprozesse laufen offensichtlich nicht ab. Wenn die Katze so daliegt, verfaßt sie also keine Gedichte, schwelgt nicht in der Erinnerung an vergangene Festmahlzeiten und denkt auch nicht an das junge Katzenweibchen aus dem Nebenhaus. Beim Menschen hingegen lassen sich unter den gleichen Bedingungen völlig andere Resultate nachweisen. Nach zunächst spontanen Gedankengängen beginnt er schließlich an Halluzinationen und anderen geistigen Verirrungen zu leiden.

Das Schlafmuster der Katzen umfaßt, wie das unsere auch, Tiefschlaf- und Leichtschlafperioden, wobei der Anteil des Leicht-

Obwohl sie nicht so gesellig ist wie der Hund, entwickelt die Katze enge und liebevolle Beziehungen zu Menschen.

schlafes siebzig und der des Tiefschlafes dreißig Prozent beträgt. Die Phasen wechseln sich ab. Die Traumfähigkeit findet nachweislich während der Tiefschlafphasen statt. Ihre Katze träumt dann, wenn sich, wie bei Hunden auch, Pfoten und Krallen bewegen, wenn Schnurrhaare und Ohren zucken. Manchmal gibt sie dabei auch deutliche Geräusche von sich.

DER JAGDINSTINKT

Die Katze ist zwar ihrer Natur nach ein fleischfressendes Raubtier, aber nicht unbedingt ein geborener Jäger. Ihr Jagdtrieb wird erst durch Wettbewerb und praktische Beispiele geweckt und geschärft, die Geschicklichkeit wird durch Beobachtung und wiederholte Versuche erworben. Katzen sind nicht etwa von Geburt an gute Vogelfänger, tatsächlich sind sie, bevor sie sich nicht gründlich immer wieder in dieser

Natürlich sind Katzen Experten in »Katzenschläfchen«.

Genau wie ein Tiger führt die domestizierte Katze die einzelnen Phasen der felinen Jagd aus: Schleichlauf, Frontalangriff und Sprung.

Kunst geübt haben, ausgesprochene Stümper.

Der Unterricht durch die Mutter und durch andere Katzen ist von großer Bedeutung — ein guter Lehrer hat auch einen guten Schüler. Der Nachwuchs einer nichtjagenden Katze wird sich selten zu guten Jägern entwickeln. Da mag auch ein genetischer Faktor mitspielen. Ursprünglich hat die Katze ihre Jagdtechnik von ihren im Wald lebenden Vorfahren ererbt, für die das Lauern im Hinterhalt lohnender war als die aktive Jagd.

Jagdtechnik

Wenn die Katze mit Hilfe ihrer Sinne ein geeignetes Opfer ausgemacht hat, beginnt sie, sich ihm langsam und vorsichtig

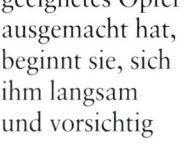

zu nähern, wobei sie jede noch so winzige Deckung ausnutzt. Wenn sie eine ungeschützte, offene Fläche überqueren muß, rast sie schnell vorwärts, im sogenannten »Schleichlauf«, wobei sie den Körper tief am Boden hält, um seinen Umriß zu verkleinern. Der Schleichlauf wird durch Pausen unterbrochen, in denen die Katze innehält und aufmerksam das Opfer beobachtet.

Nach mehreren Anläufen und Pausen erreicht die Katze dann eine gedeckte Stelle in unmittelbarer Nähe der Beute, von der aus der letzte Angriff über eine relativ geringe Entfernung gestartet werden kann. Hier liegt sie dann auf der Lauer: zusammengekauert, die Augen auf die Beute gerichtet, vollführt sie mit den Hinterfüßen tretende Bewegungen im Leerlauf, als ob sie schon Anlauf nähme, und die Schwanzspitze zuckt in fieberhafter Erwartung.

Plötzlich wird der Frontalangriff gestartet. Die Katze durchbricht die Deckung und schießt vorwärts, wobei sie den Körper immer noch ziemlich nah am Boden hält. Sobald sie nahe genug herangekommen ist, richtet sie sich auf und springt auf das Beutetier. Während die Vorderpfoten das Opfer festhalten, steht sie wie verankert mit den Hinterbeinen fest auf dem Boden.

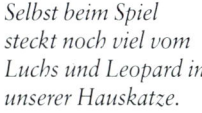

Selbst beim Spiel steckt noch viel vom Luchs und Leopard in unserer Hauskatze.

Das Töten

Jetzt wird das Opfer getötet. Wenn es anfängt, Widerstand zu leisten, läßt die Katze es manchmal kurz los und wiederholt dann den Frontalangriff, um es besser in den Griff zu bekommen. Sie kann sich aber auch auf die Seite werfen, wobei sie das Beutetier mit den Vorderpfoten festhält, die Hinterpfoten aber vom Boden löst, damit sie sich mit ausgefahrenen Krallen heftig in das Opfer schlagen können.

Der Tötungsbiß einer Katze ist gekonnt — bei der gestreiften Hauskatze ebenso wie bei dem Tiger im Dschungel. Alle Katzenarten töten ihre Beute meist durch einen Nackenbiß, wobei das Rückenmark durch eine Verrenkung der Halswirbel durchtrennt wird.

Faszinierend ist, daß der Abstand zwischen dem rechten und linken Fangzahn der Katze genauso groß ist wie der Abstand zwischen den Halswirbeln ihrer üblichen Beutetiere. Die Fangzähne einer Hauskatze sind so angeordnet, daß sie einer Maus das Genick mit einem Biß durchtrennen kann, wie auch das Gebiß des Tigers so konstruiert ist, daß er mit seiner Lieblingsbeute Hirsch und Wildschwein genauso verfahren kann.

Die Fangzähne der Katze sind mit speziellen Nerven verbunden, die in Sekundenbruchteilen spüren, ob die Zahnspitzen die perfekte Position über dem Nacken der Beute erreicht haben. Diese Nerven senden dann extrem schnelle Botschaften an das Gehirn, das umgehend antwortet und den Kiefermuskeln den Befehl zum blitzschnellen Schließen gibt, wodurch das Genick durchtrennt wird. Der Nackenbiß einer Katze läuft wie ein brillanter »computergesteuerter« Prozeß ab.

Das Erlernen der Jagd

Hauskatzenmütter, ebenso wie die Weibchen anderer Katzenarten, bringen ihren Jungen in mehreren Unterrichtsschritten bei, wie sie ihre Tötungstechnik vervollkommnen können. Zuerst bringt das Weib-

Dieses heranwachsende Kätzchen fängt an, seine Geschicklichkeit als Jäger an einem Spielzeug zu erproben.

chen Beutetiere nach Hause, die es bereits getötet hat, und verspeist sie in Gegenwart ihres Nachwuchs. Etwas später dürfen dann die Kätzchen die schon getötete Beute auffressen, und schließlich, wenn sie zweieinhalb Monate alt sind, schleppt sie lebende Beute heran, zeigt sie ihren Jungen und überläßt es ihnen, sie zu töten. Dabei hilft sie ihnen nicht, doch wenn das Beutetier ihnen wieder entkommt, fängt sie es ein und bringt es zurück, damit die Jungen es noch einmal versuchen können. Ein ähnliches Verhalten wurde auch bei Geparden und Tigern beobachtet.

Die Kätzchen werden durch den Wettbewerb, der unter den Wurfgeschwistern herrscht und der ihre Erregung und ihren Enthusiasmus steigert, zu dem ersten tödlichen Nackenbiß angeregt. Der Lernprozeß ist schwierig, und wenn die Katze während der Entwicklungszeit keine praktischen Erfahrungen im Beutemachen gesammelt hat, ist es später für sie schwer, wenn nicht unmöglich, das nachzuholen. Ein mit der Hand aufgezogenes Kätzchen, das während seiner Entwicklung nicht rechtzeitig Gelegenheit zum Töten bekommt, wird niemals ein richtiger Killer werden und wenig Interesse an Mäusen oder anderen kleinen Beutetieren zeigen.

Hauskatzen schlagen nach allem, was sich bewegt, die Jagd selbst aber gilt kleinen Lebewesen wie Mäusen, Vögeln und — nicht zu vergessen — Haustieren wie Hamstern.

Ich weiß nicht, ob die Geschichte von dem rötlichgelben Kater, der einen winzigen Chihuahua, der im Nebenhaus lebte, jagte, tötete und auffraß, frei erfunden ist oder nicht. Es stimmt jedoch sicher nicht, wenn behauptet wird, Katzen seien bessere Jäger, wenn man sie hungern läßt, oder kastrierte Tiere wären schlechtere Mäusefänger als unkastrierte. Kräftige, wohlgenährte Katzen sind oft die besten Wächter für Kornspeicher und Lebens-

mittelgeschäfte. Was Katzen zu einem guten oder eher mittelmäßigen Mäusefänger, oder einen Menschen zu einem Spitzensportler macht, ist ein angeborenes und wahrscheinlich ererbtes Talent. Die Hauskatze jagt aus Instinkt, nur um des Jagens willen, im Gegensatz zu den größeren Wildkatzen, die nur jagen, um ihren Magen zu füllen.

Der Umgang mit einer jagenden Katze

Der erfolgreiche Jäger trägt seine Beute stolz nach Hause, und Katzen bilden da oft keine Ausnahme. Überfließend vor Zufriedenheit, legt sie uns eine tote Maus oder ein junges Kaninchen vor die Tür oder deponiert sie zu unseren Füßen auf den Teppich. Schelten Sie nicht und versuchen Sie nicht, Ihre Katze zu bestrafen, sie zeigt nur ihre Zuneigung gegenüber einem »Familienmitglied«, indem sie ihm ein Geschenk bringt. Bei Wildkatzen ist das eine soziale Handlung, und Sie sollten sich durch diese große Anerkennung geehrt fühlen. Versuchen Sie, sich des Geschenks so rasch und hygienisch wie möglich zu entledigen — obwohl es für Ihre Katze nur schwer zu verstehen sein wird, weshalb Sie, den Mäuseschwanz zwischen Zeigefinger und Daumen, zur Mülltonne eilen, anstatt sich hinzusetzen und das Tier zu essen!

Katzen, die durch Übung lernen, Wildvögel zu fangen, können unter den gefiederten Gästen des Gartens schrecklich wüten. Füttern Sie die Vögel an freien Stellen, wo die Katze keine Deckung findet, um sich anzupirschen. Es kann sinnvoll sein, am Halsband der Katze ein Glöckchen zu befestigen, als Warnung für die Vögel, aber ich kenne Katzen, die es fertigbringen, trotzdem weiter Vögel zu fangen. Es gab da eine, die auf drei Beinen losrannte und mit einer Vorderpfote das Glöckchen fest gegen ihre Kehle preßte, damit es nicht anschlug.

Es besteht kein Grund zur Beunruhigung, wenn Ihre Katze darauf besteht, Fliegen zu fangen und zu fressen. Das ist nur eine andere Form der Jagd und führt nicht dazu, wie manchmal behauptet wird, daß »Ihre Katze abmagert«. Fliegen können zwar Krankheitserreger und Parasiteneier übertragen, aber die Gefahr ist gering, und man braucht sich deshalb nicht zu beunruhigen.

Hauskatzen entwickeln eine große Geschicklichkeit darin, Fische aus flachen Becken zu angeln, wie ich und mein Goldfisch aus eigener bitterer Erfahrung wissen. Einige wildere Arten wie die Fischkatze, die Flachkopfkatze und der Jaguar sind sogar noch weit bessere Fischräuber. Großkatzen wie Löwe und Tiger neigen dazu, ihre Mahlzeit im Liegen zu verzehren, wobei sie sich über die Beute werfen, wahrscheinlich um das Futter vor anderen Räubern zu verstecken, während die domestizierte Katze es vorzieht, dabei manierlich auf dem Hinterteil zu sitzen oder zu stehen.

Freilebende Hauskatzen, die wieder verwildert sind, bevorzugen eine Nahrung, die derjenigen ihrer Verwandten, der kleinen Wildkatzen, ähnlich ist: kleine Nagetiere, andere Säugetiere bis zur Größe eines Hasen, Vögel bis zur Größe einer Henne, Insekten und, falls erreichbar, Eidechsen.

DAS SPIELEN

Das Spiel ist eine sehr wichtige Betätigung der Katze, und Wildkatzen spielen mit ebenso großer Begeisterung wie ihre zahmen Verwandten. Da der Spieltrieb im allgemeinen besonders ausgeprägt bei Tierarten ist, deren Junge eine relativ lange Periode der »Kindheit« durchlaufen, gehören Fleischfresser, einschließlich der Katzen, zu den spielfreudigsten Säugetieren. Natürlich spielen die jungen Tiere mehr als die erwachsenen.

Es ist unmöglich, die *rein* spielerische Aktivität, eine Verhaltensform, die einzig und allein der Erholung dient, genau abzugrenzen. Denn zum Katzenspiel gehören natürlich alle Elemente der Generalprobe

Diese Katze, die mit ihrer Trophäe heimkommt, liebt die Jagd um der Jagd willen.

für die ernstzunehmenden Fertigkeiten und Verhaltensmuster der Jagd, des Tötens, Kämpfens und Fliehens. Wenn Kätzchen einander jagen, wechseln die Rollen des Verfolgers und des Verfolgten häufig, wobei die Jungen alles Wesentliche für das Leben eines Räubers lernen. Wenn keine Beute erreichbar ist, muß irgend jemand die Rolle der Maus spielen — ebenso wie es bei Kinderspielen wie Räuber und Gendarm oder Cowboy und Indianer geschieht.

Obwohl es beim Spielen sehr heftig und erregt zugehen kann, geht der entscheidende Charakter als Spiel nie verloren — Bisse und Kratzer werden niemals mit voller Kraft ausgeführt, und es kommt nur sehr selten zu Verletzungen. Da die Endstufe der richtigen Jagd, das Töten, beim Spiel der Kätzchen nicht erreicht wird, werden die verschiedenen Vorphasen des Tötens, das Jagen und Kämpfen, meist endlos wiederholt, wobei ein Tier in rascher Folge die Rolle des Angreifers oder Verteidigers, des Konkurrenten oder der Beute übernimmt.

Niemals jedoch sind bei einem der Mitspieler irgendwelche Anzeichen von Furcht oder Beunruhigung zu erkennen. Tatsächlich ist das ausgelassene Übertreiben vieler Bewegungen ein wichtiges Merkmal des Katzenspiels. Man kann einfach nicht umhin, nicht zu dem Schluß zu kommen, daß die Tiere dabei nicht nur etwas lernen, sondern auch wirklich Freude und Spaß an ihrem »Sport« haben.

Das Spiel dient sozusagen als Ausgleich, wenn die Katze aus dem einen oder anderen Grund nicht jagen kann. Deshalb spielt sie manchmal einige Zeit lang »grausam« mit einem lebenden Beutetier, bevor sie es tötet. In der freien Natur jagen Katzen häufig und töten nur manchmal, während für Haustiere das Futter (die erlegte Beute) stets gesichert ist, Gelegenheiten zur Jagd aber Sel-

Diese Hauskätzchen, die ihre uralten »Kunststücke« üben, erinnern an zwei junge Löwen beim Ritualkampf.

tenheitswert haben. Deshalb zieht die Katze, wenn ihr doch einmal ein geeignetes Opfer in den Weg kommt, die Jagdphase in die Länge, um einen uralten Trieb und ein angeborenes Jagdverhalten zu befriedigen.

Die Jungen einiger Katzenarten erproben im Spiel gewisse Besonderheiten des Verhaltens im Erwachsenenalter, die für ihre Art typisch sind. Der Nachwuchs der Schwarzfußkatze und des Leoparden z. B. schlägt beim Spielen gerne Purzelbäume. Auf diese Weise erlernen sie die für relativ leichtgewichtige Raubtiere wichtige Technik, ihre wesentlich schwerere Beute mit den Vorderpranken zu umklammern, sie mit den Hinterfüßen zu bearbeiten und

Dieses Kätzchen vollführt einen Scheinangriff — ganz ähnlich wie ein ausgewachsener Tiger in Wirklichkeit.

sich mit ihrem Opfer zu überschlagen, ohne es loszulassen. Noch treffender (im wahrsten Sinne des Wortes) ist die Art und Weise, wie Gepardenjungen den typischen Prankenschlag aneinander erproben, mit dem sie später eine Thomsonsche Gazelle schlagen werden.

Der Nutzen des Spiels

Im Spiel erfahren die Jungkatzen durch Übung, Übung und nochmals Übung ihre Außenwelt und deren physikalische Gesetze. Spielerisch lernen sie, wie sie einen Schlag rechtzeitig ansetzen, wie weit sie springen müssen, um auf einem Objekt zu landen, das sich bewegt, wie schnell sie laufen müssen, um ihre Beute zu fangen, und andere nützliche Lektionen dieser Art.

Selbst vollkommen ausgewachsene ältere Katzen spielen noch ab und zu.

Erwachsenen Hauskatzen — und im Zoo gehaltenen Wildkatzen — dient das Spiel als Ausgleich für fehlende Jagdmöglichkeiten und kann ihre Zufriedenheit und ihr Interesse am Leben steigern. Da diesen Katzentieren regelmäßig Futter zur Verfügung steht, ohne daß für sie die Notwendigkeit einer aufregenden (und in der freien Natur oft erfolglosen) Jagd besteht, äußert sich ihr starker Jagdinstinkt statt dessen in Form des Spiels. Dieses Spielen steigert mit Sicherheit den Appetit des Tieres, und ein sonst eher einförmiges und langweiliges Mahl macht ihm mehr Spaß.

Das heißt, Sie sollten regelmäßig mit Ihrer Katze spielen. Denn das Spiel der Hauskatze ist nicht nur eine Demonstration von Jagdritualen, sondern dient auch dem körperlichen Training und der Ertüchtigung der heranwachsenden Katze.

Intelligenz und Verständigung

Eine Katze ist ein sehr intelligentes Geschöpf — wie es für einen einsamen, auf sich selbst gestellten Jäger auch erforderlich ist. Sie muß lernen zu planen, Probleme zu lösen und flexibel zu sein. Es ist reine Zeitvergeudung, den Intelligenzgrad der verschiedenen Tierarten im Vergleich zu diskutieren. Zwar wird es oft versucht, aber wel-

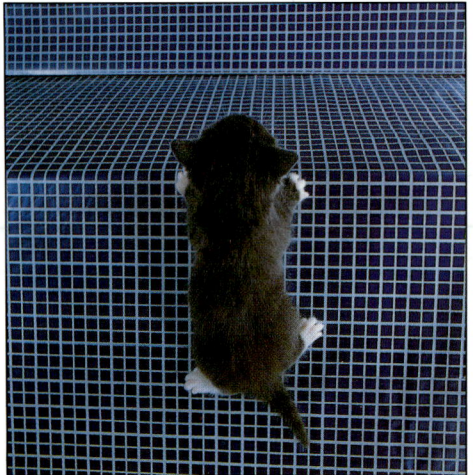

Ebenso wie das menschliche Auge und Gehirn kann auch das der Katze durch perspektivische Tricks getäuscht werden. Dieses kleine Kätzchen sitzt auf einer Glasscheibe, die aufgrund einer Zeichnung, die darunter liegt, wie eine Tischecke wirkt. Es schaut nach unten und bleibt vorsichtig zögernd an der scheinbaren Kante stehen.

chen Maßstab sollte man an das, was wir »Intelligenz« nennen, anlegen? Es ist bekannt, daß kulturelle Unterschiede sogar die Ergebnisse von »Intelligenztests« zwischen den verschiedenen Gruppen oder Rassen einer einzigen Spezies, dem *homo sapiens*, verzerren. Und nur mit dieser Spezies können wir uns wirklich mit Hilfe der uns gemeinsamen Sprache verständigen!

Eine unvollkommene, aber zumindest objektive Methode besteht darin, das Gewicht des Gehirns mit der Länge der Nervenstränge des Rückenmarks in Relation zu setzen. Damit erfährt man das Verhältnis, in dem die Gehirnmasse zur Körpermasse steht. Beim Menschen beträgt die Relation 50:1, beim kleineren Affen 18:1 und bei der Katze 4:1. Aber gibt uns das die Berechtigung zu sagen, daß ein Mensch mehr als zehnmal so intelligent ist wie eine Katze?

Lernen und Gedächtnis

Katzen lernen gut, und für viele Aktivitäten des Lebens ist das Lernen wichtiger als der

Instinkt. Das Jagen z.B. ist keine Instinkthandlung, sondern wird bei einem Wurf Jungkatzen durch Beobachtung erlernt. Dabei fungiert entweder die Katzenmutter oder ein menschlicher Gefährte als Lehrer.

Diese Lernfähigkeit ermöglicht es z.B. auch, Katzen zu dressieren. Man kann ihnen Kunststückchen beibringen, obwohl sie auf Zwang nicht gut reagieren (auch wenn die Großkatzen im Zirkus früher durch unverantwortlich grausame Methoden »gezähmt« wurden). Leichter lassen sie sich mit Hilfe von Belohnungen dressieren, aber selbst dann zeigen Katzen nicht die gleiche Bereitwilligkeit wie Hunde. Auch wenn man sie noch so reichlich in Form von wohlschmeckenden Leckerbissen belohnt, werden sie nur dann mitarbeiten, wenn sie Lust dazu haben. Katzen sind nicht bestechlich, das gehört zu ihrem eigenwilligen Charakter.

Das Gedächtnis der Katze ist gut entwickelt, und die meisten Hauskatzen lernen so nützliche Dinge wie etwa an die Fensterscheibe zu klopfen, um eingelassen zu werden, eine Tür durch einen Sprung auf die Klinke zu öffnen, den Weg nach Hause zu finden oder zu kommen, wenn eine vertrau-

Diese Katze hat bereits so viel gelernt, daß sie weiß, wo Beute zu finden und wie sie zu fangen ist.

te Stimme nach ihnen ruft.

Im wesentlichen leben Katzen nur für sich. Sie besitzen keine »Arbeitsmoral« wie einige Hunde, Nagetiere und Vögel, und sie strengen sich nur an, um ein bestimmtes Ziel erreichen, z.B. um an Futter zu gelangen. Ansonsten haben sie eine eher aristokratische Einstellung zum Leben und lernen es früh, nur dann Energie aufzuwenden, wenn es nötig ist.

Der sechste Sinn

Besitzen Katzen wirklich einen sechsten Sinn? Das ist oft behauptet worden. Gewiß, es liegt etwas Geheimnisvolles in der Persönlichkeit und im Verhalten der Katzen. Wissen Katzen vielleicht Dinge, die uns verborgen sind, spüren sie Dinge, die wir nicht wahrnehmen?

Ich glaube, daß die natürlichen Sinne der Katze besonders gut funktionieren und Dinge feststellen können, die uns entgehen. Wenn eine Katze plötzlich das Fell sträubt, wenn Sie allein mit ihr im Haus sind, bedeutet das nicht, daß sie ein Gespenst gesehen hat, sondern sie reagiert auf Geräusche und Vibrationen, die wir nicht wahrnehmen. Diese Fähigkeit entwickelte sich in erster Linie als Mittel zum Überleben und diente als Frühwarnsystem. Die Umwelt teilt der hochsensiblen Katze infolgedessen weit mehr mit als weniger gut ausgestatteten Geschöpfen, wie wir es sind.

Sozialverhalten

Obwohl Katzen allein auf die Jagd gehen, sind sie nicht ungesellig. Tatsächlich unterhalten sie vielschichtige soziale Beziehungen zu ihresgleichen. Ferner gibt es eine komplexe Katzengesellschaft, die — im Falle der Hauskatze — zur Infrastruktur der menschlichen Zivilisation gehört.

Es mag zwar unglaublich klingen, aber die Katze kann sich mit ihren Gefährten auf mehrere Arten verständigen, wie auf der gegenüberliegenden Seite zu sehen ist. Die vier wichtigsten Kommunikationsweisen sind:

● Lautäußerungen: Das Repertoire der Katze besteht aus kläglichem Maunzen, verführerischem Schnurren, zornigem Schreien und wütendem Fauchen.

● Körpersprache: Die verschiedenen Ausdrucksmöglichkeiten des Gesichtes werden verstärkt durch die Fellzeichnung. Körperhaltung und Schwanzstellung werden gleichfalls durch die Fellzeichnung unterstrichen.

● Berührungen: Katzen verständigen sich untereinander durch Nasenkontakt, Aneinanderreiben der Körper und gegenseitige Fellpflege.

● Geruch: Mit ihren empfindlichen Nasen können sie andere Katzen an ihrem Geruch identifizieren, indem sie am Kopf oder unter dem Schwanz schnuppern, wo sich Duftdrüsen befinden. Sie markieren auch ihr Revier mit Duftmarken.

Lautäußerungen: Dieses kleine Kätzchen will sagen, daß ihm zu wenig Beachtung geschenkt wird. Manche Katzen bringen ihr Verlangen »höflicher« zum Ausdruck als andere.

Körpersprache: Eine Pose, die deutlicher als Worte das Verlangen der Katze nach Essen zum Ausdruck bringt.

Aneinanderreiben: Eine der reizvollsten Methoden der Katzenverständigung ist das sinnliche Aneinanderreiben der Körper, das Liebe und Zuneigung anzeigt.

Freund oder Feind? Der Geruchssinn ist nur einer der Sinne, die angesprochen werden, wenn sich zwei Katzen begegnen. Bei der schwierigen Entscheidung, ob eine neue Bekanntschaft freundlich gesinnt ist oder nicht, benutzt die Katze alle Methoden, die ihr zur Beurteilung zur Verfügung stehen.

Eine Katze in Verteidigungshaltung: Die Katze steht mit gekrümmtem Rücken da und dreht ihren Körper mit der Breitseite meistens dem Angreifer zu. Die Pupillen sind weit geöffnet, die Ohren flach an den Kopf angelegt, der Mund steht offen und läßt die Zähne sehen, das Rückenfell ist gesträubt und der ebenfalls gesträubte Schwanz nach unten gebogen. Die Katze gibt fauchende, zischende Laute von sich.

Eine aggressive Katze: Das Tier ist kampfbereit; das signalisieren die gespitzten Ohren, der nach unten gekrümmte Rücken, die zum Schlitz zusammengezogenen Pupillen, die nach vorn gesträubten Schnurrhaare, der aufgerissene Mund mit den zurückgezogenen Lippen und enthlößten Zähnen und der leicht aufgeplusterte, nach unten gesenkte und hin und her peitschende Schwanz. Das Fell liegt glatt an, und die Katze gibt knurrende und fauchende Laute von sich.

Eine unterwürfige Katze: Dieses Tier, das mit Sicherheit nicht kampfeslustig ist, zeigt seine Ergebenheit und seine friedlichen Absichten durch seine Haltung an. Es duckt sich eng an den Boden, die Pupillen sind erweitert, die Schnurrhaare und Ohren angelegt. Der Mund kann geöffnet und stumm sein, oder er ist halb geöffnet, und die Katze gibt mitleiderregende Angstlaute von sich. Das Körperfell ist flach angelegt, und der Schwanz pocht auf den Boden.

Bei dieser spannungs-geladenen Begegnung geht es um den Baumstamm, der ganz eindeutig zum Territorium der beiden Katzen gehört.

Schauen Sie auf Ihren Stadtplan. Er zeigt das Gefüge unserer zivilisierten Gesellschaft — einfache Häuser, große Gebäude, Versammlungsorte, öffentliche Plätze und ein Netzwerk von Straßen. Dieses System hat auch Geltung für die Gesellschaft der Katzen in der Stadt, die unauffällig die von Menschen geschaffenen geographischen Gegebenheiten mitbenutzen. Auch die »Katzenbürger« haben das Gebiet nach verschiedenen Zwecken aufgeteilt, und ihre Gesellschaft besteht ebenso wie unsere aus verschiedenen Schichten: Topkatzen wohnen in den vornehmen Katzengegenden, proletarische Miezen in anderen.

Wenn Sie Ihre Katze nicht ausschließlich

Er mag zwar ein »Topkater« sein, aber sein übel zugerichteter Kopf trägt die Spuren seiner ständigen Kämpfe um die Vorherrschaft.

im Haus halten, gehört auch sie zu der Katzengemeinschaft in Ihrer Nachbarschaft und nimmt in der Hierarchie einen bestimmten, wenn auch nicht unbedingt unveränderlichen Rang ein. Sie muß sich, wie alle anderen Mitglieder der Gemeinschaft, an Regeln und Rituale halten, die genau festgelegt sind. Alle Katzen in der Nachbarschaft kennen sich und ihre Rangordnung in der Gemeinschaft. Einem Neuling werden nur dann eine Position und ein Territorium zugestanden, wenn er sich diese erkämpft hat.

Die Hierarchie der Katzen

Die Katzengesellschaft ist im wesentlichen auf der Basis des Matriarchats organisiert. Das unkastrierte Katzenweibchen mit den meisten Jungen rangiert an der Spitze der Hackordnung. Wird es kastriert, sinkt sein sozialer Status. Männchen nehmen

nach Machomanier ihren Platz ein — Muskelkraft ersetzt den Verstand. Die bissigsten, rauflustigsten Kater streiten um Macht und Ansehen. Der Kampferfolg bestimmt die gesellschaftliche Stellung eines Katers. Die Organisation ist festgefügt, und nur gelegentlich verliert eine Katze ihren Platz in der Rangordnung an einen Emporkömmling. Im Gegensatz zu Affen, Hirschen oder Robben legen sich dominante Kater nicht unbedingt einen großen Harem zu. Die Weibchen scheinen sehr »kultiviert« zu sein und erhören nicht automatisch den alle anderen aus dem Felde schlagenden Rowdy. Oft ziehen sie Kater vor, die in der Pyramide der Macht eine niedrige Stellung einnehmen — nach Art der Lady Chatterley! Interessant ist, daß Topkater immer das größte Territorium beherrschen, und es sieht so aus, als ob in der Katzengesellschaft eher »Grundbesitz« als Sex der Schlüssel zu einem hohen sozialen Ansehen ist — so wie früher beim Landadel.

Kastrierte Kater rangieren immer am untersten Ende der sozialen Stufenleiter. Ein intakter Kater verliert seine Stellung innerhalb der Hierarchie, sobald er kastriert worden ist. Nach der Operation sinkt der Hormonspiegel des Testosterons im Blut, und der scharfe männliche Geruch seines Urins schwindet. Im Laufe dieses Prozesses sinkt er Stufe für Stufe im Sozialgefüge.

Nicht, daß kastrierte Kater nicht kämpfen könnten, doch sie büßen oft ihre Kampflust ein. Für seine Artgenossen ist der schwächer werdende Geruch des kastrierten Katers ein deutliches Signal, das vermutlich als Weichlichkeit interpretiert wird. In einer Welt von *Mafiosi*-Katern muß man den richtigen Geruch haben, wenn man dazugehören will.

Revieransprüche

Katzen sind revierbewußt — sie »besitzen« Territorien. Selbst eine Katze, die nur im Haus lebt, hat ihr Revier — eine bestimmte Ecke im Zimmer oder einen Lieblingsstuhl.

Wenn mehrere Katzen in einem Haushalt leben, nehmen die territorialen Rechte allmählich ab, bis alle Katzen gemeinsam das Haus oder die Wohnung besitzen und abwechselnd gegen andere Katzen verteidigen.

Draußen besitzen alle Katzen, gleichgültig wie niedrig ihr Rang in der Gemeinschaft auch sein mag, ein eigenes Territorium. Weibchen und kastrierte Kater haben nur ziemlich kleine Gebiete, die sie aber energischer verteidigen als irgendein Kater-Grande mit ausgedehntem Revier. Das Problem für Topkater besteht darin, daß die großen Reviere, die sie besitzen, nur schwer rund um die Uhr zu verteidigen sind, besonders wenn sie gerade ein Nickerchen machen. Ein dominanter Kater auf dem Lande, mit geringer Katzenpopulation, kann zwanzig oder mehr Hektar beherrschen, während sein Territorium in der Großstadt vielleicht nicht größer ist, als ein Hinterhof wäre. Innerhalb ihres »Besitzes« hat die Katze, wie ein menschlicher Grundeigentümer, bestimmte Lieb-

Dieser Schlag gegen den Unterkiefer ist der Eröffnungszug in einem Kampf um die Entscheidung, welche Katze in der »Hackordnung« überlegen ist.

Diese Katze markiert einen Baumstamm mit Urin. Solch eine »Visitenkarte« kann gelegentlich auch an Möbeln oder (zu seiner großen Verlegenheit) selbst am Bein des Besitzers hinterlassen werden.

Viele Katzenarten, einschließlich der Hauskatze und des Tigers, markieren ihr Territorium auch durch Kratzen.

Eine andere Art der Markierung ist das Sichreiben an einem festen Gegenstand, um seine Duftnote zu hinterlassen und damit sein Revier abzugrenzen.

lingsplätze zum Sonnenbaden, zum Schlafen oder zum Ausschauhalten.

Das Territorium wird im wesentlichen auf dreierlei Art als Besitz gekennzeichnet. Die Katze kann die Grenzen mit Urin bespritzen (manchmal bespritzt ein Kater vielleicht sogar Sie — in diesem Fall sollten Sie sich geschmeichelt fühlen, daß er Sie als lebendes Inventar seines Gebietes betrachtet). Mit der zweiten Methode, dem Kratzen, hinterläßt die Katze sichtbare und süß duftende Markierungen. Eine dritte Möglichkeit, das Territorium zu markieren, besteht darin, den Kopf an einem festen Gegenstand zu reiben, wobei der Duft der in der Haut sitzenden Talgdrüsen übertragen wird.

Wenn Sie umziehen, können Sie Ihrer Katze helfen, sich in ihrem neuen Gebiet zu etablieren, indem Sie andere Katzen verjagen und Kämpfe unterbrechen. Die »Einheimischen« werden dann bald das Terrain aufgeben, das nach Meinung der Katzengesellschaft dem sozialen Rang ihrer Katze entspricht.

Öffentliche Territorien

Außerhalb der privaten Territorien wird das Gebiet wie eine »Kommune« verwaltet und eingeteilt. Es gibt Jagdgebiete, Treffpunkte und Niemandsland; das letztere betrifft häufig Plätze, die gern von Hunden benutzt werden. Außerdem existiert ein Netzwerk von Fußwegen und Straßen, die alle diese Gebiete miteinander verbinden und an privaten Revieren entlangführen. Einige davon sind Gemeinschaftseigentum, andere

Fußpfade sind besonderen Katzen vorbehalten. Manche dürfen zu bestimmten Tagesstunden von der Katze A benutzt werden und zu anderen Zeiten von den Katzen B, C usw. Dieses System hilft, Konflikte zu vermeiden. Auf »Hauptstraßen« herrschen eigene Verkehrsregeln. So besitzt z. B. jede Katze, die auf so einem Weg entlanggeht, automatisch und ohne Widerspruch das »Vorfahrtsrecht« vor jeder anderen Katze, die von einem Seitenweg kommt, und zwar unabhängig vom sozialen Rang.

Treffpunkte werden von den »Katzenklubs« benutzt, es gibt kein passenderes Wort dafür. Dort versammeln sich Kater und Weibchen von Zeit zu Zeit und hocken, ein bis sechs Meter voneinander entfernt, friedlich beisammen. Bei diesen Treffen kann es zwar auch zur Paarung mit einem Weibchen kommen, das gerade rollig ist, normalerweise haben diese Versammlungen aber keine sexuelle Komponente. Warum sich Katzen auf diese Weise versammeln, wissen wir nicht. Es scheint sich jedoch um einen wichtigen Teil ihres gesellschaftlichen Lebens zu handeln, und vielleicht tauschen sie auf irgendeine Art Informationen, Neuigkeiten und Klatsch miteinander aus. Vielleicht genießen sie aber einfach nur das Zusammensein mit den anderen, wie es bei Menschen unter guten Freunden üblich ist.

Katzenklubs gehören zu den Dingen, die im Leben einer Katze fehlen, die ständig im Haus gehalten wird. Eine Einzelkatze kann

sich unter diesen Umständen einsam und gelangweilt fühlen und negative Verhaltensweisen an den Tag legen, z. B. an Teppichen kauen oder unsauber werden. In solchen Fällen sollte man den Rat eines Tierarztes einholen.

Hier eine Gruppe wildlebender Katzen in ihrem »Klubraum«. Für diese meist friedlich verlaufenden Treffen haben die Biologen keine Erklärung.

Die Rassen

Die blaublütige Zuchtkatze ist zwar ein Mitglied der
Aristokratie, ihr Stammbaum reicht jedoch kaum mehr als
100 Jahre zurück, und ihre Ahnen waren von viel niederer
Herkunft. Weltweit sind über einhundert verschiedene
Rassen und Farbschattierungen der *Felis catus*
offiziell anerkannt. Sie lassen sich in fünf
Hauptkategorien unterteilen:
Langhaarkatzen oder Perser, andere
Langhaarkatzen, Britisch Kurzhaar,
Amerikanisch Kurzhaar und »Foreign«
oder Orientalisch Kurzhaar.
Obwohl es einige »natürliche«
Rassen gibt, die ursprünglich in
einem bestimmten Land
heimisch waren, sind die
meisten das Ergebnis sorgsam
geplanter Züchtungen, die
mit einer Auswahl der
bestgeratenen Exemplare
von Haus- und
Straßenkatzen
begannen.

Einige Rassen verdanken ihr Entstehen einem reinen Zufall, genetischen Mutationen, die plötzlich in einem im übrigen »konventionellen« Wurf auftraten; nach den Evolutionsgesetzen der natürlichen Auslese wären diese Katzen wegen der mit der Mutation verbundenen Nachteile vermutlich zugrunde gegangen, wenn nicht der Mensch sie aus rein ästhetischen Gründen aufgezogen hätte. Daß es nicht länger als einhundert Jahre gedauert hat, das ganze Spektrum der Katzenaristokratie zu entwickeln, liegt an der relativ kurzen Trächtigkeitsdauer, dem raschen Heranwachsen und den meist zahlenmäßig großen Würfen bei Katzen. Heute legen nationale Verbände die Standards fest, nach denen Zuchtkatzen in ihrem Land beurteilt werden, und registrieren die Jungen.

Felltypen

Das Fell einer Katze ist ihre größte Zierde und schützt sie gleichzeitig vor der Witterung. In der freien Natur dient die Farbe des Katzenfells der Tarnung und ist der natürlichen Umgebung angepaßt. Zufällige Farbmutationen und selektive Züchtungen führten dann zu der Vielfalt von Fellarten bei den modernen Zuchtkatzen. Ebenso wie die Farben entwickelten sich auch verschiedene Felltypen entsprechend der natürlichen Umgebung — je rauher das Klima, desto dichter war das Fell.

Perser: Ein dichtes Fell mit sehr langen Leithaaren (bis zu 12,5 Zentimetern), dicke Unterwolle.

Maine Coon: Lange Leithaare und Unterwolle wie bei den Langhaarkatzen, aber zottig und unregelmäßig.

Angora: Leithaare und Unterwolle sind sehr lang, aber feiner und nicht so dicht wie bei der Perserkatze.

Tipping

Die Färbung der Haarspitzen kann nur schwach ausgeprägt sein, sich aber auch bis fast zu den Haarwurzeln ausdehnen. Beim »Ticking« des Fells sind die einzelnen Haare gebändert.

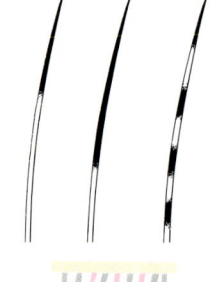

1. Ohne Tipping
2. Muschelschimmer
3. Schattiert
4. Rauchfarben
5. Ticking

Fellarten

Das Fell einer Katze besteht aus drei verschiedenen Haartypen: Oberfell oder Leithaaren (grau), Grannenhaaren (blau) und der weichen, lockigen Unterwolle (rosa).

Sphinx: Fast unbehaart, keine Leit- oder Grannenhaare, nur wenig Unterwolle auf Gesicht, Schwanz und Beinen.

Cornish Rex: Sehr kurze, gekräuselte Grannenhaare und eine entsprechende Unterwolle von gleicher Länge.

Devon Rex: Leit- und Grannenhaare sowie das Unterfell sind sehr kurz und gekräuselt.

Amerikanisch Drahthaar: Das Fell besitzt Leithaare, Grannenhaare und Unterwolle; alle Haare sind stark gekräuselt oder sogar eingerollt.

Britisch Kurzhaar: Die Leithaare sind etwa 4,5 Zentimeter lang, Grannenhaare treten nur spärlich auf.

Fellmuster

Die Hauskatze ist ebenso wie die Wildkatze ursprünglich getigert oder gestromt (Tabby), aber durch selektive Zucht ist eine große Anzahl von einfarbigen Tieren entstanden, außerdem kamen viele neue Farbkombinationen hinzu — von Schwarz, Lilac und Blau bis zu Schildpatt, Rauch und Cameo und vielen anderen mehr. Hier nur eine kleine Auswahl der möglichen Fellmuster.

Britisch Kurzhaar Blau

Angora

Russisch Blau

Siam Lilac-Point

Britisch Kurzhaar Schildpatt Rauchfarben (Smoke)

Abessinier (Wildfarben)

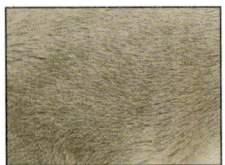

Foreign Kurzhaar Lilac

Abessinier Rot (Sorrel)

Tonkanese

Britisch Kurzhaar, Tipped (mit schwarzer Spitzenfärbung)

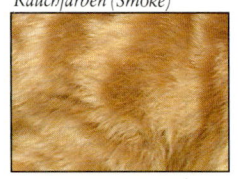

Britisch Kurzhaar Rot-Tabby (rotgestromt)

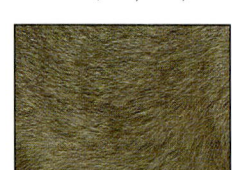

Koratkatze

Britisch Kurzhaar Schwarz

Britisch Kurzhaar Blaucreme

Exotisch Kurzhaar Colourpoint

Britisch Kurzhaar Schildpatt

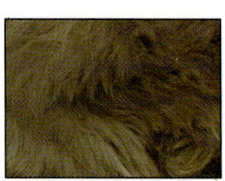

Britisch Kurzhaar Silbergetupft

Perser Rauchfarben Schwarz (Smoke)

Maine Coon

Cornish Rex

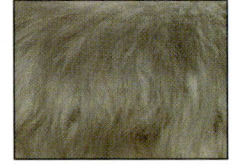

Perser Blau

Britisch Kurzhaar zweifarbig, Schwarz mit Weiß (Bicolor)

Britisch Kurzhaar Schildpatt mit Weiß

Perser Blaucreme

Augentypen

Die Farbe des Katzenauges ist genetisch bedingt. Sie wird in der Iris produziert, deren Pigmentzellen schwarze, braune oder gelbliche Farbstoffpartikel enthalten. Ist kein Pigment vorhanden, wie bei Albinokatzen, so ist die Iris rosarot. Diese Färbung entsteht durch die Blutgefäße. Blaue Augen verdanken ihre Farbe nicht etwa blauem Pigment, sondern dem reflektierten Licht, das durch eine zart schwarzpigmentierte Schicht in der Iris »gestreut« wird. So besitzen auch grüne Augen kein grünes Pigment, sondern erhalten ihr verblüffendes Aussehen durch die Streuung reflektierten blauen Lichts, das schließlich durch eine Schicht von gelblichem Pigment dringt. Die große Vielfalt an Augenfarben, die man bei Katzen antrifft, hängt von der Menge des Pigments und dem Grad der Lichtstreuung ab. Unten sehen sie einige der vielen möglichen Variationen.

Augenformen

Die drei wichtigsten Formen des Katzenauges sind, wie hier gezeigt, rund (Langhaartypus), mandelförmig und schräggeschnitten. Es gibt noch weitere Variationen, und bei einigen Katzen treten auch Kombinationen verschiedener Formen auf.

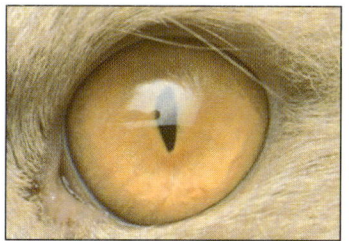

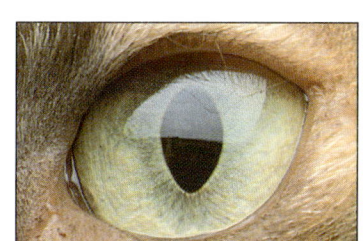

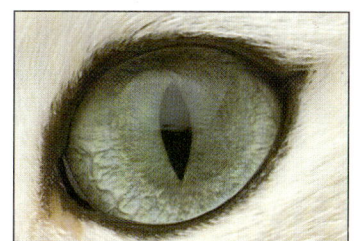

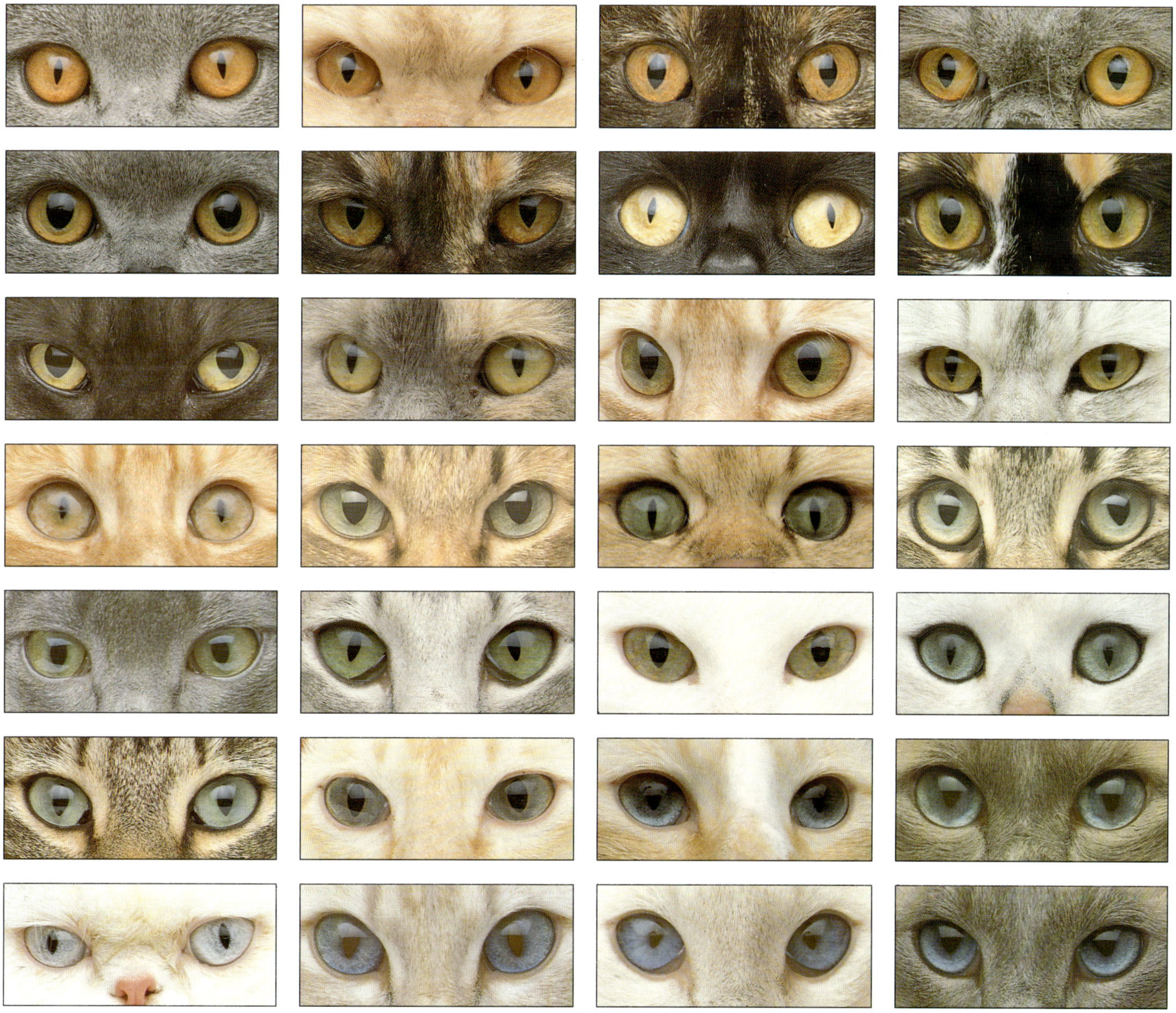

Langhaarkatzen

Die meisten Katzenarten sind mit einem kurzen oder halblangen Fell ausgestattet (die Pallaskatze oder Manul ist unter den Wildkatzen die langhaarigste), und fast alle europäischen Hauskatzen waren ursprünglich kurzhaarig. Langhaarkatzen haben sich vielleicht in kalten Ländern, wie etwa Rußland, entwickelt, wo ein langes Fell notwendig war, wahrscheinlicher aber ist, daß sie durch spontane Mutationen entstanden sind, deren Fortbestand dann durch entsprechende Kreuzungen gesichert wurde.

Ende des 16. Jahrhunderts kamen sie nach Europa; verschiedenen Berichten zufolge brachte der italienische Weltreisende Pietro della Valle sie aus Kleinasien mit. Die meisten der heutigen Langhaar-Zuchtkatzen stammen jedoch von Katzen ab, die gegen Ende des 19. Jahrhunderts aus der Türkei und Persien nach England gebracht wurden.

Die meisten Langhaarkatzen gehören dem exotisch wirkenden Langhaartypus an, der im allgemeinen als Perser bekannt ist. In den USA werden diese Katzen auch offiziell als Perser eingestuft, wobei die verschiedenen Farbschläge als Spielarten geführt werden. In England aber nennt man sie alle Langhaarkatzen, und jeder Farbschlag wird als eigenständige Rasse eingestuft.

Alle Langhaarkatzen vom Persertypus haben einen gedrungenen, kräftigen und rundlichen Körper mit einem runden Gesicht und Kopf, einer kurzen Nase, großen, runden Augen und kurzen, dicken Beinen. Sie besitzen außerdem ein ungewöhnlich dichtes Fell. Man nennt es Doppelfell, weil es aus zwei verschiedenen Haartypen besteht — einem langen, weichen, wolligen Unterfell und dünnen, längeren Leithaaren, die bei einigen Show-Katzen manchmal bis zu 12 Zentimeter lang sind. Es gibt aber auch andere Langhaarkatzen, die nicht dem Persertypus angehören. Diese Katzen sind verschiedener Abstammung, aber die meisten kommen aus kalten Klimazonen, wo ein langes Fell nützlich ist. Im ganzen gesehen ist ihr Fell nicht so wollig und dicht wie das der anderen Langhaarkatzen vom Persertypus, was die Fellpflege vereinfacht. Sie unterscheiden sich auch noch in anderer Hinsicht: Sie sind schlanker, Körper und Beine sind länger, und ihre Gesichter sind kleiner. Zu diesen Langhaarkatzen gehören z.B. die Balinesen, die Angorakatzen, die Norwegische Waldkatze und die Maine Coon.

Obwohl das Fell der Langhaarkatze »ihr Stolz und ihre Freude« und oft besonders lang um den Nacken herum ist, wo es eine hübsche Halskrause bildet, besitzt diese zauberhafte Haarfülle einen wesentlichen Nachteil. Die meisten Langhaarkatzen verlieren ganzjährig Fellhaare, und das verlangt eine regelmäßige tägliche Fellpflege, um Verfilzungen und Verknotungen im Haar zu vermeiden.

Balinesische Katze
Diese Katze ist im Grunde eine langhaarige Siam, sie besitzt den gleichen langen, schlanken Körper und einen keilförmigen Kopf. Das Fell ist halblang und wunderbar weich.

Langhaarkatzen
Die klassische Langhaarkatze. Sie besitzt den charakteristischen, kräftigen, rundlichen Körper, der als »gedrungen« beschrieben wird. Gesicht und Kopf sind rund, ebenso die Augen, und die Beine sind kurz und dick. Das Fell ist lang und üppig, es besteht aus einem langen, weichen, wolligen Unterfell, das von etwas derberen Leithaaren bedeckt ist.

Norwegische Waldkatze
Die *Norsk Skaukatt*, wie sie in ihrer
Heimat heißt, ist eine ohne
Züchtung entstandene, außerordentlich robuste Rassekatze. Sie
besitzt einen mittleren Körperbau
und ein Doppelfell, das aus wasserabweisenden Leithaaren und
einem dicken Unterfell besteht.

Ragdoll
Die Ragdoll ist eine große, muskulöse
Katze mit einem Fell, das zwar lang, aber
nicht so dicht ist wie bei der Langhaarkatze vom Persertypus. Ihre Neigung, die
Muskeln zu entspannen, wenn man sie
aufnimmt oder anfaßt, ist eine weitere
Besonderheit, die diese Rasse von den
anderen unterscheidet.

Angorakatze
Eine der ursprünglichen Langhaarrassen.
Die Angorakatze ist schlank, hat einen
langen Körper und einen keilförmigen
Kopf. Ihr Fell ist seidig und halbblang und
deshalb viel leichter zu pflegen als das der
Perserkatzen.
Diese Rasse unter-
scheidet sich grundsätz-
lich von allen anderen.

Langhaar Schwarz

(Perser Schwarz)

Obwohl diese Rasse eine lange Vorgeschichte hat, die bis ins 16. Jahrhundert zurückreicht und als eine der ersten offiziell anerkannt wurde, ist die schwarze Langhaarkatze ziemlich selten. Da es äußerst schwierig ist, ein reines, von keinem Rost- oder Rauchton verfälschtes Schwarz zu erzielen, werden die wirklich guten Exemplare hoch geschätzt. Das Fell verlangt besondere Pflege und Aufmerksamkeit: Feuchtigkeit kann dem Fell eine bräunliche Tönung verleihen, und zuviel Sonne führt leicht dazu, daß es ausgebleicht wirkt.

Herkunft
Die früheren schwarzen Langhaar zeigten häufig Angora-Merkmale, die heute mit Erfolg weggezüchtet worden sind. Der Zweite Weltkrieg unterbrach zwar die Zuchtprogramme in Europa, aber nicht in den USA, wo eine schwarze Langhaar dreimal zur Katze des Jahres gewählt wurde.

Temperament
Schwarze Langhaarkatzen sind treue und anhängliche Gefährten, können Fremden gegenüber aber mißtrauisch sein. Sie sollen lebhafter sein als die reinweißen Exemplare.

Varianten
Von dieser Rasse gibt es keine.

Um das Fell einer schwarzen Langhaarkatze in einer so makellosen Verfassung zu halten, muß der Besitzer es hingebungsvoll pflegen.

Ohren
Klein, mit runden Spitzen.

Ohrbüschel

Volle Wangen

Augen
Sie sollten groß und rund sein, von dunklem Orange oder glänzendem Kupferton.

Typische Gesichtsmerkmale
Langhaar Schwarz

Körper
Kurz und stämmig, mit einer niedrigen Körperhaltung.

Schwanz
Kurz und flauschig. Er wird gerade oder nach unten gehalten.

34

Langhaar Schwarz
Diese natürlich entstandene Rasse — ein echtes Original — gehört zu den ältesten Zuchtkatzen.

Kopf
Rund und breit, mit einer Stupsnase, die einen schwarzen Nasenspiegel haben sollte.

Ziemlich breite Schultern

Lange Leithaare

Volle Nackenkrause

Fell
Das Fell muß wie glänzende Kohle aussehen, darf nicht ein einziges weißes Haar haben, keine Rosttöne und keine Markierung. Junge Katzen dürfen anfangs vorübergehend Schattierungen oder weiße Tupfer aufweisen, die jedoch nach etwa acht Monaten verschwinden sollten.

Tiefangesetzte Brust

Beine
Kräftig, kurz und dick

Füße
Die Pfoten sollten groß und rund sein, in Großbritannien mit schwarzen Ballen, in den USA mit schwarzen oder braunen.

Weiches Unterfell

Langhaar Weiß

(Perser Weiß)

Für ihre begeisterten Anhänger verkörpert die weiße Langhaar alle Vorzüge dieses Typus: blendende Schönheit, edler Gesichtsausdruck, ein Fell, das sich seidig anfühlt, und ein angenehmer, ruhiger Charakter. Außerdem benötigt sie, abgesehen von der täglichen Fellpflege, keine besondere Betreuung.

Herkunft

Obwohl reinweiße Katzen des Angoratyps die ersten Langhaarkatzen waren, die bereits im 16. Jahrhundert in Europa eingeführt wurden, stammt die moderne weiße Langhaar aus der viktorianischen Zeit. Sie wurde durch die Kreuzung von Angora- und Perserkatzen entwickelt. Die Züchtung wurde zuerst im Jahre 1903 in London gezeigt und hat seitdem ständig an Beliebtheit gewonnen, besonders in den USA.

Temperament

Weiße Langhaar sind selbstbewußte Katzen, die großen Wert auf ihr Äußeres legen und sich regelmäßig putzen. Sie sind ruhig und anhänglich, ein wunderbares Haustier für Leute, die sie nur im Haus halten — eine klassische Salonkatze.

Varianten

Die Varianten werden durch die Farbe der Augen bestimmt: diese Katzen können blaue Augen, orangefarbene Augen oder verschiedenfarbige Augen (ein blaues und ein orangefarbenes) haben. Die blauäugige Katze ist erblich mit einer Neigung zu Taubheit belastet. Bei Katzen mit zwei verschiedenen Augenfarben kann auf der Seite des blauen Auges Taubheit auftreten.

Beine
Kräftig, kurz und dick.

Füße
Die Pfoten sollten lang und rund sein, mit rosa Ballen.

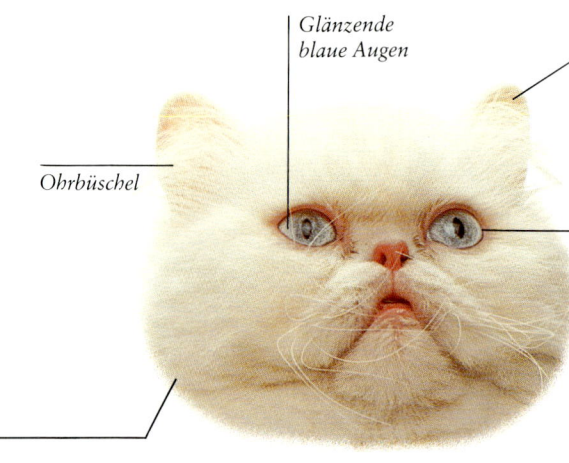

Glänzende blaue Augen

Ohrbüschel

Ohren
Sie sollten hübsch und klein sein, mit abgerundeten Spitzen, weit voneinander entfernt stehen und tief am Kopf ansetzen.

Augen
Groß, rund und weitgeschnitten. Die Farbe sollte entweder ein glänzendes Blau oder Orange oder Kupfer sein. Beide Augen sollten die gleiche Farbintensität besitzen.

Kopf
Er sollte kurz und breit sein, mit einer Stupsnase und einem rosa Nasenspiegel.

Typische Gesichtsmerkmale
Langhaar Weiß

Fell
Das Fell ist dicht und seidig und sollte am Hals eine üppige Krause bilden. Die Farbe sollte ein schimmerndes, reines Weiß sein.

Schwanz
Er sollte kurz und buschig sein, ohne Krümmung, und in der Regel etwas unterhalb der Rückenlinie ansetzen.

Körper
Typisch ist ein kräftiger, gedrungener Körperbau.

Langhaar Weiß mit blauen und orangefarbenen Augen
Die Varianten sowohl langhaariger als auch kurzhaariger weißer Katzen werden durch die Augenfarben bestimmt.

Langhaar Creme

(Perser Creme)

B evor das in den Standards modifiziert wurde, lief dieses bildschöne Geschöpf unter der Bezeichnung Devonshire Cream.

Herkunft

Die erste cremefarbene Langhaarkatze stammt wahrscheinlich von einer Spielart der frühen Angorakatze in gebrochenem Weiß ab. Später entstanden durch unbeabsichtigte Paarungen mit blauen und roten Langhaarkatzen und auch mit Schildpattkatzen und roten Tabbys hellere Exemplare, die von den englischen Züchtern nicht ernstgenommen wurden. Sie gaben ihnen den Spitznamen »verdorbene Orangen«, was dadurch zustande kam, daß rote Langhaarkatzen als orangefarben bezeichnet werden. Amerikanische Züchter waren so klug, die cremefarbenen Katzen nicht auszusondern, und fingen an, diesen Farbschlag weiterzuentwickeln. In Großbritannien begann man erst in den 20er Jahren mit der Zucht.

Temperament

Eine ausgeglichene und freundliche Katze.

Varianten

Es gibt keine Varianten.

Ohren
Klein, mit runden Spitzen.

Volle Wangen

Augen
Groß und rund, in einem schönen, satten Kupferton.

Kopf
Breit und rund, mit einer Stupsnase.

Rosa Nasenspiegel

Typische Gesichtsmerkmale
Langhaar Creme

Langhaar Creme
Die cremefarbenen Langhaarkatzen sind seltener als die meisten Langhaarrassen, wahrscheinlich weil sie zu kleinen Würfen neigen.

Fell
Das Fell ist dicht und seidig. Die amerikanischen Standards verlangen einen braungelben Cremeton, in Großbritannien variieren die Schattierungen von Buttermilch über Schlagsahne bis zu hellem Honig.

Schwanz
Kurz und buschig.

Körper
Stämmig, rundlich.

Das Fell muß bis zu den Haarwurzeln einheitlich durchgefärbt sein.

Füße
Die Pfoten sind groß und rund und sollten rosa Ballen haben.

Beine
Kräftig und kurz.

Langhaar Blau
(Perser Blau)

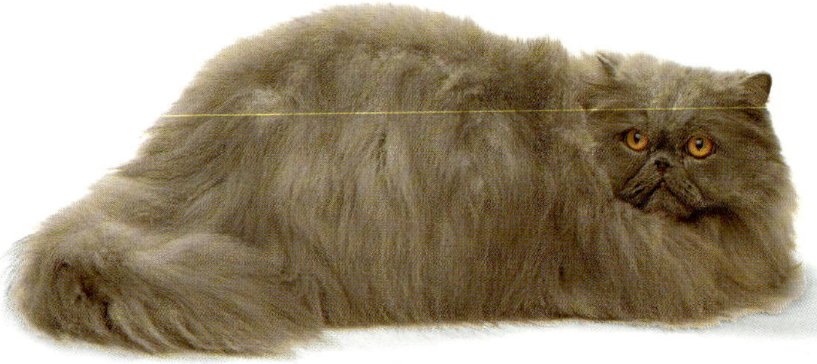

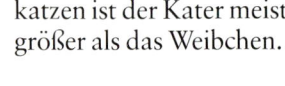

Von allen Langhaarkatzen hat sich die blaue stets gleichbleibender Beliebtheit erfreut. 1899 wurden einhundert Exemplare dieser Rasse bei der Katzenausstellung in London gezeigt, und heute gibt es in England Spezialausstellungen, die ausschließlich diesem Typus vorbehalten sind. Eine sorgfältige Zucht hat dazu geführt, daß die blaue Langhaar am reinsten den Standard repräsentiert, der für Langhaarkatzen vom Persertypus aufgestellt wurde. Infolgedessen wird sie häufig dazu benutzt, den Typus anderer Farbschläge zu verbessern.

Bei den blauen Langhaarkatzen ist der Kater meist größer als das Weibchen.

Herkunft

Obwohl blaue Langhaarkatzen bereits seit Jahrhunderten eine Rolle in den Impressionen von Künstlern spielen und schon im Italien der Renaissance bekannt waren, entstand die moderne Variante erst gegen Ende des 19. Jahrhunderts, wahrscheinlich durch Kreuzung zwischen schwarzen und weißen Langhaarkatzen. Die ersten Exemplare besaßen noch eine Tabby-Zeichnung. Die Gründung der *Blue Persian Society* im Jahre 1901 verhalf dieser Rasse zu hohem Ansehen, das durch die Schirmherrschaft der Königin Victoria noch wuchs.

Temperament

Die blaue Langhaar besitzt den wohlverdienten Ruf, ruhig, rücksichtsvoll und vor allem liebenswürdig zu sein.

Varianten

Es gibt keine Varianten.

Schwanz

Kurz und flauschig.

Der Schwanz wird normalerweise ausgestreckt und tief getragen.

Langhaar Blau

Das »Blau«, das dieser Züchtung den Namen gibt, ist tatsächlich eher ein verdünntes Schwarz, das treffender als Blaugrau zu bezeichnen ist.

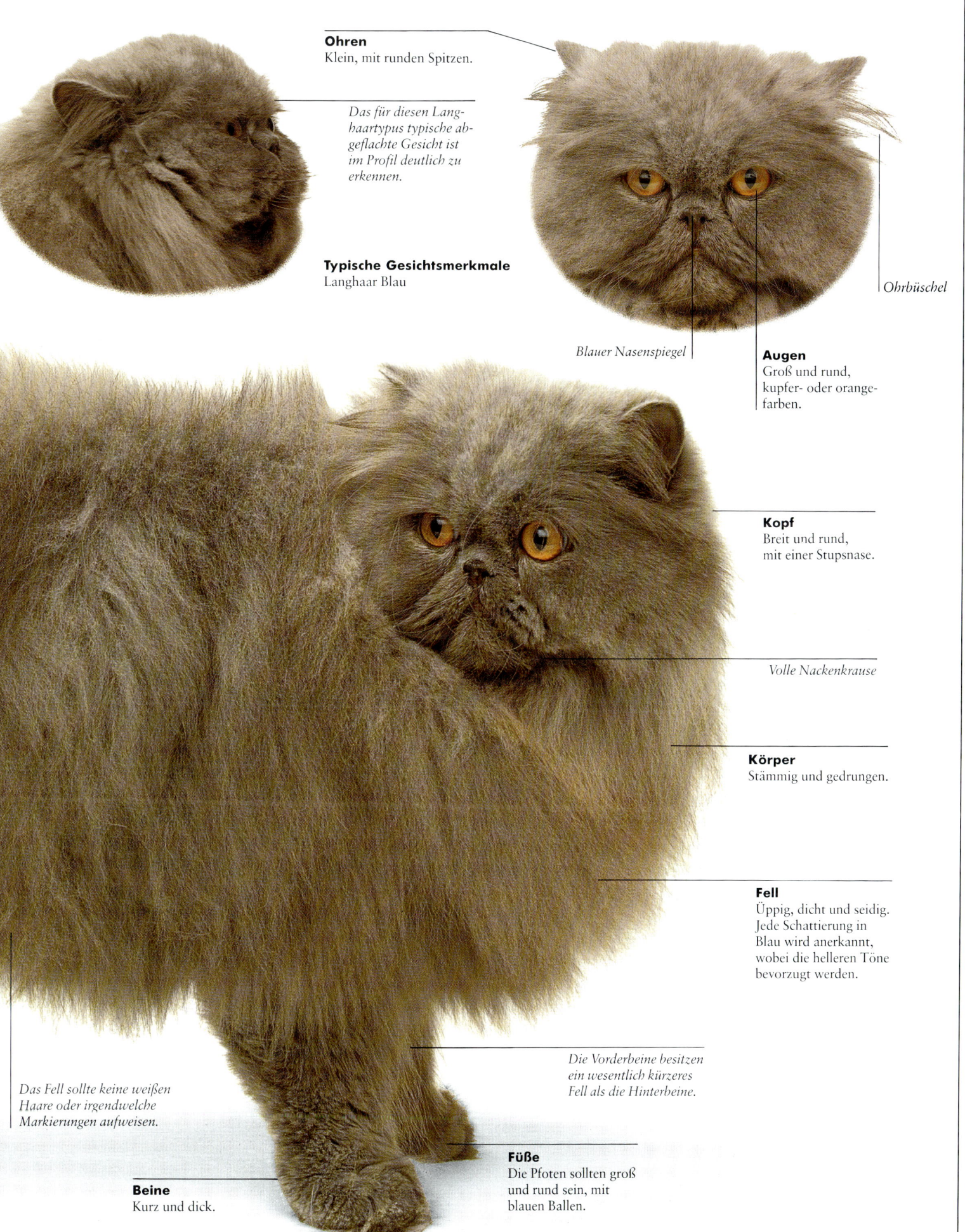

Ohren
Klein, mit runden Spitzen.

*Das für diesen Lang-
haartypus typische ab-
geflachte Gesicht ist
im Profil deutlich zu
erkennen.*

Typische Gesichtsmerkmale
Langhaar Blau

Ohrbüschel

Blauer Nasenspiegel

Augen
Groß und rund,
kupfer- oder orange-
farben.

Kopf
Breit und rund,
mit einer Stupsnase.

Volle Nackenkrause

Körper
Stämmig und gedrungen.

Fell
Üppig, dicht und seidig.
Jede Schattierung in
Blau wird anerkannt,
wobei die helleren Töne
bevorzugt werden.

*Die Vorderbeine besitzen
ein wesentlich kürzeres
Fell als die Hinterbeine.*

*Das Fell sollte keine weißen
Haare oder irgendwelche
Markierungen aufweisen.*

Füße
Die Pfoten sollten groß
und rund sein, mit
blauen Ballen.

Beine
Kurz und dick.

Langhaar Rot
(Perser Rot)

Einem vollkommenen Exemplar dieser atemberaubenden, feuerfarbenen Katze begegnet man nur selten. Die meisten besitzen einige Tabby-Markierungen, besonders im Gesicht, an den Beinen und am Schwanz. An anderen Stellen hilft das lange Fell, Zeichnungen zu kaschieren. Innerhalb eines Wurfs kann es sowohl reinrote Kätzchen als auch rotgestromte Exemplare geben.

Herkunft

Die Orangefarbenen, wie man die roten Langhaarkatzen ursprünglich nannte, wurden schon im Jahre 1895 in England ausgestellt. Zu Beginn der 30er Jahre brachte ein deutscher Züchter einige ausgezeichnete Exemplare dieser Rasse hervor, aber unglücklicherweise wurde seine Zucht während des Zweiten Weltkriegs vernichtet. Während der 40er Jahre war diese Rasse in England selten, aber eine Wiederbelebung des Interesses und die selektive Zucht haben der roten Langhaarkatze eine ständige Präsenz bei Ausstellungen gesichert.

Temperament

Die artige und freundliche rote Langhaar ist ein außerordentlich dekorativer und zugleich angenehmer Gefährte.

Varianten

Manchmal gibt es in einem sonst normalen Wurf von roten Langhaarkatzen Kätzchen mit Pekinesengesichtern und rotgestromte Tiere als spontane Mutationen. Die ersteren sind umstritten, weil ihr extrem abgeflachtes Gesicht sowohl Atembeschwerden als auch Hautprobleme verursachen kann.

Langhaar mit Pekinesengesicht
Eine Spielart, die viele Debatten verursachte. Sie besitzt eine extrem kurze, eingedrückt wirkende Nase. Zwischen den Augen, die auffällig vorstehen, befindet sich eine horizontale Falte.

Ohren
Klein, mit runden Spitzen.

Zarte Ohrbüschel

Augen
Groß, rund und von einer glänzenden Kupferfarbe.

Kopf
Breit und rund, mit Stupsnase. Der Nasenspiegel sollte ziegelrot sein.

Typische Gesichtsmerkmale
Langhaar Rot

Lippen und Kinn sollten dieselbe Farbe besitzen wie das Fell.

Langhaar Rot
Eine der am schwierigsten für Ausstellungen zu züchtende Rassekatze; makellose Exemplare der roten Langhaar besitzen Seltenheitswert.

Körper
Kräftig und gedrungen.

Fell
Das Fell ist seidig und üppig und sollte einen tieforangenen Farbton haben, ohne Schattierungen und ohne Tabby-Abzeichen.

Füße
Die Pfoten sind groß und rund, mit ziegelroten Ballen.

Beine
Kurz und dicht behaart.

Schwanz
Kurz und flauschig. Er wird im allgemeinen gerade und tief getragen.

Langhaar Blaucreme
(Perser Blaucreme)

Das Fell, eine hübsche Mischung von Sprenkelungen in Creme und hellem Blaugrau, hat dieser Zucht eine ungeheure Beliebtheit eingetragen. Die Art der Vererbung der Farbgene führt dazu, daß Langhaarkater in Blaucreme selten und fast immer unfruchtbar sind.

Herkunft
Als Ergebnis der Paarung von blauen mit cremefarbenen Persern gab es bereits in den ersten Jahren der Katzenzucht immer wieder blaucremefarbene Kätzchen in einem Wurf. Sie wurden jedoch in Großbritannien erst in den 30er Jahren offiziell anerkannt.

Temperament
Die Blaucreme gilt als eine Langhaarkatze, die lebhafter ist als viele andere, aber trotzdem ebenso anhänglich und freundlich.

Varianten
Es gibt keine anderen Spielarten, obwohl der Standard in den USA anders definiert ist. Während in England eine sanfte Vermischung der beiden Farben erwünscht ist, sollten Blau und Creme in den USA klar voneinander abgegrenzte Flecken bilden.

Ohren
Klein, mit runden Spitzen.

Ohrbüschel

Augen
Groß und rund, die Farbe sollte ein tiefer, glänzender Kupfer- oder Orangeton sein.

Blauer Nasenspiegel

Typische Gesichtsmerkmale
Langhaar Blaucreme

Schwanz
Kurz und buschig, im allgemeinen ohne Krümmung und unterhalb der Rückenlinie angesetzt.

Körper
Sehr kräftig und gedrungen.

Kopf
Breit und rund, mit einer Stupsnase.

Fell
Das Fell sollte eine zart schattierte Mischung von Blau und Creme in Pastelltönen aufweisen.

Seidiges, dichtes Fell

Langhaar Blaucreme
Die besten Exemplare dieser Zucht besitzen einen Körperbau, der nahezu perfekt den gedrungenen Langhaartypus zum Ausdruck bringt.

Beine
Kurz und dick.

Büschel zwischen den Zehen

Füße
Die Pfoten sind groß und rund, die Farbe der Ballen sollte blau sein.

Chinchilla Langhaar (Chinchilla-Perser)

Im Gegensatz zu den gleichnamigen Nagetieren aus Südamerika, die ein dunkles Unterfell mit weißem Tipping besitzen, ist die Farbgebung bei diesen Katzen genau umgekehrt, was ihrem Aussehen etwas ausgesprochen Sprühendes verleiht. Ihr üppiges Fell verlangt eine sorgfältige Pflege, damit es maximal zur Geltung kommt.

Herkunft

Die Chinchilla gehört zu den ersten vom Menschen erzielten Varianten und erhielt bereits auf der Ausstellung im Crystal Palace in London 1894 eine eigene Klasse zugebilligt. Man nimmt an, daß sie durch Kreuzung einer Reihe von Langhaarkatzen entstanden ist, wobei in erster Linie an die Silber-Tabbys zu denken ist. Anfänglich war sie wesentlich dunkler, häufig lavendelfarben getönt und viel kräftiger gezeichnet als heute. Das Streben nach einer helleren Tönung schwächte den europäischen Bestand, der im Zweiten Weltkrieg noch weiter dezimiert wurde. Amerikanische Katzen wurden zur Verbesserung der Rasse importiert, die heute stark und gesund ist.

Temperament

Chinchillas gelten als temperamentvoller als andere Langhaarkatzen, besitzen aber im allgemeinen die gleiche zutrauliche und ruhige Veranlagung.

Varianten

Es gibt noch einen weiteren Farbschlag, die silberschattierte Langhaar (Perser silberschattiert), die in den USA seit langem anerkannt und nun auf dem besten Wege ist, es auch in England zu werden.

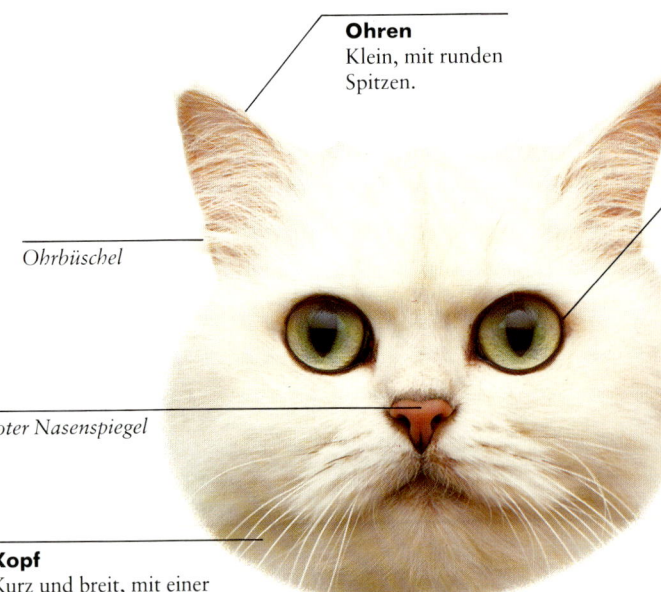

Ohren
Klein, mit runden Spitzen.

Ohrbüschel

Augen
Groß und rund. Die Farbe sollte smaragdgrün sein oder blaugrün, die Umrandung schwarz oder dunkelbraun.

Ziegelroter Nasenspiegel

Kopf
Kurz und breit, mit einer Stupsnase, die schwarz oder dunkelbraun umrandet ist.

Typische Gesichtsmerkmale
Chinchilla Langhaar

Chinchilla Langhaar

Wegen ihres Fells, das den Glanz von kostbarem Metall besitzt, wird diese Rasse in den USA volkstümlich als Silberperser bezeichnet.

Schwanz
Kurz und buschig, er wird normalerweise gerade ausgestreckt getragen, Ansatz unterhalb der Rückenlinie.

Fell
Das Fell ist dicht und seidig. Die Farbe sollte schneeweiß sein, mit schwarzem Tipping.

Körper
Weniger kräftig, als es für Langhaarkatzen typisch ist, mit einem feineren Knochenbau.

Zarter im Erscheinungsbild als die typische Perserkatze, ist die Chinchilla trotzdem robust und ausdauernd — wie diese typische Spielpose zeigt.

Beine
Kurz, dick und behaart.

Langhaar silberschattiert
Dieser Farbschlag ist schwerer zu züchten als die Chinchilla, weil der Standard ein kräftigeres, dunkleres Tipping verlangt, das vom Gesicht über die Flanken bis zum Schwanz herabreichen sollte.

Füße
Große und runde Pfoten mit Ballen, die schwarz oder dunkelbraun sind.

Langhaar Cameo

(Perser Cameo)

Der Reiz der Cameo kommt, wie bei der Chinchilla, von dem Kontrast zwischen dem weißen Unterfell und den an der Spitze in Rot, Creme, Tabby oder Schildpatt gefärbten Leithaaren (Tipping).

Herkunft
In den 50er Jahren wurde in den USA ein Zuchtprogramm für Cameos aufgestellt. Ursprünglich wurden Cameos durch Kreuzung von rauch- und schildpattfarbenen Langhaarkatzen gezüchtet, heute gibt es aber auch weitere Farbschläge in ihrem Stammbaum.

Temperament
Sehr ruhig und freundlich.

Varianten
Die unterschiedliche Intensität der Färbung der Haarspitzen sorgt für abwechslungsreiche und aufregende Fellfarben. Die Farbschläge in Shell (muschelfarben) besitzen nur eine ganz leichte Spitzenfärbung auf den Leithaaren, was dem Fell einen zarten Hauch verleiht. Schattierte Cameos haben längere Farbspitzen, die sich schimmernd gegen das Weiß abheben, und Farbschläge in Smoke (rauchfarben) haben so lange Farbspitzen, daß man die weiße Unterwolle nur sehen kann, wenn sich die Katze bewegt.

Fell
Das Fell ist seidig, dick und dicht. Die Farbe muß weiß (Unterfell) mit cremefarbener Spitzenfärbung sein.

Körper
Ein ausgesprochen untersetzter Typ.

Halblange cremefarbene Haarspitzen

Schwanz
Kurz und buschig. Er wird gerade ausgestreckt und gewöhnlich unterhalb der Rückenlinie getragen.

Beine
Kurz und fest.

Farbschläge	Merkmale	Augen
Shell Cameo in Rot	Kurze rote Haarspitzen	Kupfer
Schattierte Cameo in Rot	Längere rote Haarspitzen	Kupfer
Smoke Cameo in Rot	Lange rote Haarspitzen	Kupfer
Shell Cameo in Creme	Kurze Haarspitzen in Creme	Kupfer
Schattierte Cameo in Creme	Längere Haarspitzen in Creme	Kupfer
Smoke Cameo in Creme	Lange Haarspitzen in Creme	Kupfer
Blaucreme Cameo	Gemischtes Tipping in zwei Farben	Kupfer
Schildpatt Cameo	Haarspitzen in Schwarz, Rot und Creme	Kupfer
Tabby Cameo	Haarspitzen in Rot und Creme	Kupfer

Schattierte Cameo in Creme
Die beinahe übereinstimmende Fell- und Augenfärbung der schattierten Creme Cameo bilden eine unwiderstehliche Kombination. Wie bei allen Varianten sollte der dunkelste Farbton der Gesichtsmaske, dem Rücken sowie den Beinen und Füßen vorbehalten sein.

Kopf
Rund und breit, mit einer Stupsnase, die einen rosa Nasenspiegel haben sollte.

Volle Halskrause

Ohren
Klein, mit runden Spitzen.

Augen
Groß und rund. Die Farbe sollte ein tiefer Orange- oder ein glänzender Kupferton sein.

Ein festes Kinn

Typische Gesichtsmerkmale
Langhaar Schildpatt Cameo

Ohrbüschel

Weißes Unterfell

Langhaar Schildpatt Cameo
Eine Mischung aus schwarzen, roten und cremefarbenen Haarspitzen verleiht der Schildpatt Cameo ein erstaunlich schönes, üppig wirkendes Fell.

Füße
Die Pfoten sind groß und rund, mit Ballen, die rosa sein sollten.

Langhaar Smoke

(Perser Smoke)

Wie es in der Definition des britischen Standards heißt, handelt es sich um eine schöne »Katze der Kontraste«. Intensives Tipping läßt das Fell einfarbig wirken, doch wenn sich die Katze bewegt, scheint die helle Unterwolle kurz durch und verleiht dem Fell einen reizvollen Schimmer. Es ist eine zeitraubende Arbeit, das Fell in optimalem Zustand zu halten, und die Vorbereitungen für eine Ausstellung können Wochen in Anspruch nehmen. Am besten stellt man sie in den Wintermonaten aus, weil helles Sonnenlicht das Fell ausbleichen kann.

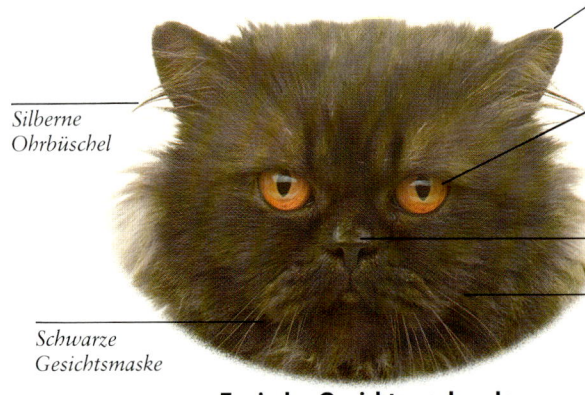

Ohren
Klein, mit runden Spitzen.

Silberne Ohrbüschel

Augen
Groß und rund, kupfer- oder orangefarben.

Schwarzer Nasenspiegel

Kopf
Rund und breit, mit einer kurzen Nase.

Schwarze Gesichtsmaske

Typische Gesichtsmerkmale
Langhaar Smoke in Schwarz

Herkunft

Die Perser Smoke, die wahrscheinlich durch zufällige Paarungen zwischen schwarzen, blauen und weißen Langhaarkatzen und Chinchilla-Persern entstanden ist, wird bereits bei den Registrierungen von 1860 erwähnt und erschien bereits auf den ersten Katzenausstellungen. Ihre Anzahl nahm dann aber rasch ab, 1912 wurden nur noch achtzehn Exemplare verzeichnet, und gegen Ende des Zweiten Weltkrieges war die Rasse fast ausgestorben. In den 60er Jahren entwickelte sich ein neues Interesse an diesen Katzen, und obwohl sie noch immer selten sind, ist die Zukunft dieser Züchtung nun zweifellos gesichert.

Temperament

»Smoky« besitzt den ausgeglichenen, gutartigen und sanften Charakter, der für die meisten Langhaarkatzen typisch ist.

Varianten

In Großbritannien und den USA werden nur die Farbschläge mit schwarzem und blauem Tipping anerkannt. Andere Varianten weisen ein Tipping in Schildpatt, Chocolate, Lilac und Blaucreme auf. Alle haben orange- oder kupferfarbene Augen.

Langhaar Schildpatt Smoke

Diese Variante, die nur bei weiblichen Tieren vorkommt, besitzt ein weißes Fell mit Farbpartien aus schwarzem, rotem und cremefarbenem Tipping. Das Gesicht und die Füße sollten einfarbig sein. Eine rote oder cremefarbene Blesse ist ein erwünschtes Merkmal.

Langhaar Smoke in Schwarz

Erst wenn ein Kätzchen einige Monate alt ist, kann man beurteilen, ob es sich zu einem so schönen Exemplar wie diesem entwickeln wird. Bis dahin kann man die reinschwarzen und rauchfarbenen Kätzchen in einem Wurf kaum voneinander unterscheiden. Zu den reizvollsten Vorzügen der schwarzen Smoke gehört der Kontrast zwischen der silbernen Nackenkrause und dem dunklen Kopf. Wenn man sie auf eine Ausstellung vorbereitet, hält man die Smoke besser von hellem Sonnenlicht fern, um zu vermeiden, daß das Fell ausgebleicht wird.

Körper
Kräftig und untersetzt. Er ist etwas leichter, als das für Langhaarkatzen übliche ist.

Fell
Das Fell ist seidig, dick und dicht. Die Unterwolle sollte milchweiß sein, mit einem schwarzen Tipping, das in England bis zu den Haarwurzeln reicht; in den USA sollen die Haarwurzeln weiß sein.

Beine
Kurz und dick. Sie sollten reinschwarz sein.

Füße
Die Pfoten sind groß und rund, die Ballen sollten schwarz sein.

Schwanz
Kurz und buschig.

Langhaar Bicolor
(Perser Bicolor)

Weiß zusammen mit einer anderen Farbe stellt eine klassische Kombination dar, und trotz der zahlreichen zweifarbigen Hauskatzen ist diese Rasse etwas ganz Besonderes.

Herkunft
Zweifarbige Langhaarkatzen erhielten erst in den späten 60er Jahren eine eigene Klasse zugeteilt. Der ursprüngliche Standard verlangte, daß die Farbverteilung steng symmetrisch sein mußte. Das erwies sich als so schwierig, daß die Bedingungen dahingehend erleichtert wurden, jede Art der Farbverteilung zu erlauben.

Temperament
Die zweifarbige Langhaar ist ein friedlicher, liebevoller Charmeur.

Varianten
Diese schönen Katzen können jede Farbe plus Weiß aufweisen, allgemein anerkannt sind Schwarz mit Weiß, Blau mit Weiß, Rot mit Weiß sowie Creme mit Weiß. In den USA ist auch die zweifarbige Persische Van-Katze eine anerkannte Variante. Die Farbverteilung an Schwanz und Kopf erinnert an die Türkische Katze.

Ohren
Klein, mit runder Spitze.

Ohrbüschel

Augen
Groß und rund, orange- oder kupferfarben.

Rosa Nasenspiegel

Volle Wangen

Erwünschtes Abzeichen ist ein weißes umgedrehtes »V« auf der Stirn.

Typische Gesichtsmerkmale
Langhaar Bicolor Schwarz mit Weiß

Kopf
Rund und breit, mit einer Stupsnase. Der Nasenspiegel sollte entweder rosa sein oder zu den farbigen Fellpartien passen.

Langhaar Bicolor Lilac mit Weiß
Um das feine, rosa überhauchte Taubengrau dieser Katze und eine schöne Farbverteilung zu erreichen, ist eine sorgfältige Züchtung erforderlich.

Langhaar Bicolor Schwarz mit Weiß
Ursprünglich sollte die Bicolor-Katze in Schwarz mit Weiß die symmetrisch verteilten Abzeichen des Holländer-Kaninchens aufweisen. Der Standard wurde jedoch schließlich geändert, da diese Forderungen praktisch nicht zu erfüllen waren.

Langhaar Bicolor Creme mit Weiß
Wie bei allen Zweifarbigen sollte das Weiß im Fell dieser ziemlich neuen Variante höchstens die Hälfte des gesamten Pelzkleides ausmachen, während die Farbpartien bis zu zwei Drittel einnehmen sollten.

Fell
Das Fell ist dicht, seidig und üppig, die Farbpartien sollten in sich einheitlich und gleichmäßig verteilt sein.

Körper
Fest und untersetzt.

Schwanz
Kurz und buschig.

Füße
Die Pfoten sind groß und rund.

Rosa Pfotenballen

Beine
Kurz und dick.

Langhaar Tabby

(Perser gestromt oder getigert)

Obwohl viel seltener als die entsprechende Kurzhaarrasse, ist die gestromte Langhaarkatze dennoch ein »Oldtimer«; sie erschien bereits gegen Ende des 17. Jahrhunderts erstmals in Europa.

Herkunft
Die heutige gestromte Langhaarkatze trat zum erstenmal in der zweiten Hälfte des 19. Jahrhunderts in Erscheinung.

Temperament
Einige Besitzer halten die Tabby für eigenwilliger, als es sonst für Langhaarkatzen typisch ist, aber sie ist dennoch von der gleichen ausgeglichenen Wesensart.

Varianten
Der klassische Typus sollte eine Zeichnung in Schmetterlingsform über den Schultern, drei Streifen, die das Rückgrat entlang bis zum Schwanzansatz laufen, sowie eine austernförmige Spirale auf jeder Flanke und schmale »Halsbänder« über der Brust aufweisen. Schwanz und Beine sollten geringelt, der Bauch gefleckt sein, und die Stirn sollte ein typisches »M« schmücken. Das Tigermuster ist weniger großflächig, weist mehr Streifen auf und besitzt keine Spiralen an den Flanken. Eine »Torbie«, eine gefleckte Tabby, findet in den USA Anerkennung. Die ursprünglichen Tabby-Farben Braun, Rot und Silber werden von allen Verbänden anerkannt, aber die neuen Farbschläge (siehe Tabelle) müssen erst noch weltweit akzeptiert werden.

Farbschläge	Fell	Augen
Rot-Tabby	Tief kupfern mit roter Zeichnung	Kupfer oder orange
Braun-Tabby	Dunkelbraun mit schwarzer Zeichnung	Kupfer oder orange
Silber-Tabby	Silbergrau mit schwarzer Zeichnung	Kupfer, grün oder haselnußfarben
Blau-Tabby	Bläuliches Elfenbein mit schieferblauer Zeichnung	Kupfer
Creme-Tabby	Heller Cremeton mit Zeichnung in Dunkelcreme	Kupfer
Cameo-Tabby	Gebrochenes Weiß mit roter Zeichnung	Kupfer
Gefleckte Tabby	Silbern, braun oder blau gezeichnet und mit Flecken in Rot und/oder Creme	Kupfer oder haselnußfarben
Chocolate-Tabby	Bronze mit schokoladenbrauner Zeichnung	Kupfer oder haselnußfarben
Lilac-Tabby	Beige mit lila Zeichnung	Kupfer oder haselnußfarben

Fell
Das Fell ist dicht und seidig. Die klassische Tabby-Zeichnung sollte schieferblau sein auf einem Untergrund in bläulichem Elfenbeinton.

Klassische Langhaar Braun-Tabby
»Brownies« sind vermutlich der älteste Farbschlag der Langhaar-Tabbys, aber sie sind noch immer die seltenste Variante.

Die Ringmarkierungen auf dem Schwanz werden von dem feinen, langen Haar abgedeckt.

Schwanz
Kurz und buschig.

Augen
Groß, rund, orange-
oder kupferfarben.

Ohrbüschel

Ohren
Klein, mit runden
Spitzen.

*Intensiv rosa-
roter Nasenspiegel*

Kopf
Rund und breit,
mit einer kurzen
Nase.

Typische Gesichtsmerkmale
Klassische Langhaar Blau-Tabby

Körper
Kräftig und
untersetzt.

Beine
Kurz und dick.

Füße
Die Pfoten sind groß und
rund, mit Ballen, die
rosarot sein sollten.

Klassische Langhaar Silber-Tabby
Die Silber-Tabby, die bei vielen als die am
schwierigsten zu züchtende Katze überhaupt
gilt, gehört zugleich zu den schönsten Katzen.

*Die Zeichnung an
den Flanken sollte
symmetrisch sein.*

**Klassische
Langhaar Blau-Tabby**
Die dunkle, schieferblaue Zeichnung
dieses Farbschlags macht es dem Uneingeweihten
schwer, sie von einer Braun-Tabby zu unterscheiden —
bis man das Fell teilt und der bläulich-graue Untergrund zum Vorschein kommt.

Langhaar Schildpatt

(Perser Schildpatt)

Die Schildpattkatzen, eine Rasse, die praktisch nur bei weiblichen Tieren vorkommt, steht im Mittelpunkt einer Debatte darüber, wie schwierig ihre Züchtung ist: Amerikanische Züchter betrachten sie zwar nicht als besonders problematisch, in England hingegen tut man sich schwer, die erwünschte Mischung von roten, cremefarbenen und schwarzen Flecken zu erzielen, und gute Exemplare sind noch ziemlich selten.

Herkunft

Langhaarkatzen mit Schildpatt-Zeichnung wurden zuerst gegen Ende des 19. Jahrhunderts erwähnt und tauchten erstmals auf den Katzenausstellungen zu Beginn des 20. Jahrhunderts auf. Sie entstanden wahrscheinlich aus zufälligen Paarungen zwischen schwarzen Langhaarkatzen mit kurzhaarigen Schildpattkatzen.

Temperament

Die Schildpattkatze ist anhänglich, sanft und ruhig und hat den Ruf, ihren Kätzchen eine besonders gute Mutter zu sein.

Varianten

Langhaar Schildpatt in Shell und schattiert werden in den USA zu der Gruppe der schattierten Katzen zusammengefaßt, in England sind sie als Cameos bekannt.

Weil es unmöglich ist, gleichartige Tiere miteinander zu paaren, entsteht die Schildpattkatze durch Blutzufuhr von einer Vielzahl anderer Zuchtkatzen. Das hat zu einem untersetzten Körperbau geführt, der ein schönes Beispiel für den Typus der Langhaarkatzen (Perserkatzen) ist.

Volle Nackenkrause

Füße
Die Pfoten sind groß und rund, mit rosa oder schwarzen Ballen.

Büschel zwischen den Zehen

Beine
Kurz und dick.

Amerikanisch Langhaar Schildpatt
Die amerikanischen Standards verlangen eine schwarze Katze mit einem nicht scheckig wirkenden Muster in Rot und Creme. Als wünschenswert gilt auf beiden Seiten des Atlantiks eine rote oder cremefarbene Blesse im Gesicht, die von der Nase zur Stirn verläuft.

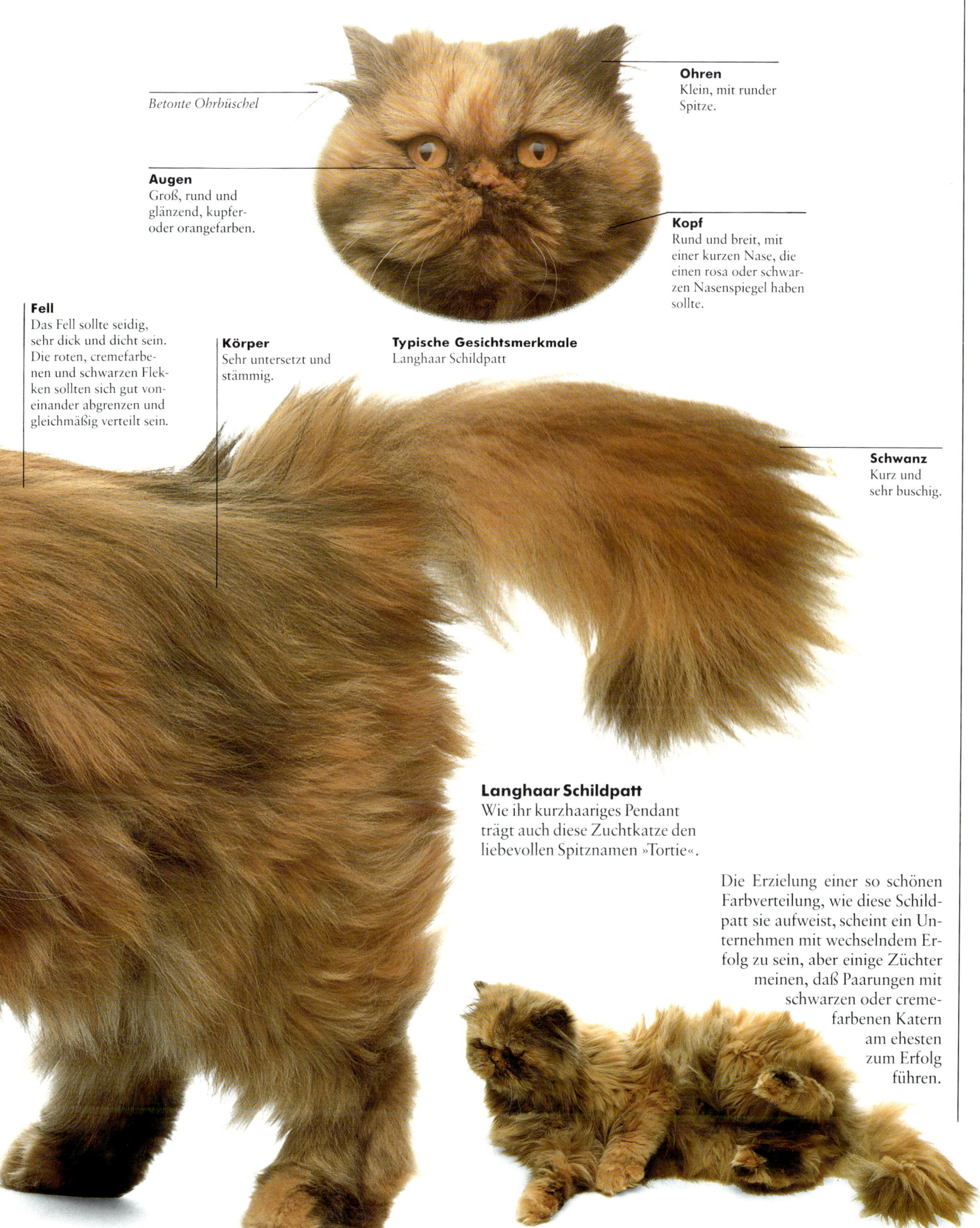

Ohren
Klein, mit runder
Spitze.

Betonte Ohrbüschel

Augen
Groß, rund und
glänzend, kupfer-
oder orangefarben.

Kopf
Rund und breit, mit
einer kurzen Nase, die
einen rosa oder schwar-
zen Nasenspiegel haben
sollte.

Fell
Das Fell sollte seidig,
sehr dick und dicht sein.
Die roten, cremefarbe-
nen und schwarzen Flek-
ken sollten sich gut von-
einander abgrenzen und
gleichmäßig verteilt sein.

Körper
Sehr untersetzt und
stämmig.

Typische Gesichtsmerkmale
Langhaar Schildpatt

Schwanz
Kurz und
sehr buschig.

Langhaar Schildpatt
Wie ihr kurzhaariges Pendant
trägt auch diese Zuchtkatze den
liebevollen Spitznamen »Tortie«.

Die Erzielung einer so schönen
Farbverteilung, wie diese Schildpatt sie aufweist, scheint ein Unternehmen mit wechselndem Erfolg zu sein, aber einige Züchter
meinen, daß Paarungen mit
schwarzen oder creme-
farbenen Katern
am ehesten
zum Erfolg
führen.

Langhaar Schildpatt mit Weiß

(Perser Schildpatt mit Weiß)

In den USA unter dem Namen Calico bekannt wegen ihrer auffälligen Farbflecken, die an bedruckte Baumwolle erinnern, ist die Schildatt mit Weiß eine Katze, deren Fell zusätzlich zu den schwarzen, roten und cremefarbenen noch weiße Flecken aufweist. Da es sich auch hier um eine Rasse handelt, die nur Weibchen hervorbringt, ist die Schildpatt mit Weiß nicht leicht zu züchten. Die Kätzchen sind aber immer reizend, und es herrscht nie Mangel an Interessenten.

Herkunft

Obwohl der Ursprung der Schildpatt mit Weiß im dunkeln liegt, entwickelte sie sich wahrscheinlich, wie die Schildpatt ohne Weiß, durch Paarungen zwischen Langhaarkatzen und kurzhaarigen Schildpattkatzen ohne Stammbaum. Sie wurden in der Mitte der 50er Jahre zur Klasse der Champions zugelassen. Die guten Exemplare werden heute durch Paarung von Zuchtweibchen mit zweifarbigen Katern gezüchtet, die von einer Mutter in Schildpatt mit Weiß abstammen.

Temperament

Es handelt sich um eine ruhige, gutartige und außerordentlich freundliche Katze.

Varianten

Der US-Standard für die Schildpatt mit Weiß unterscheidet sich von dem britischen. Er verlangt eine weiße Katze mit farbigen Flecken, wobei das Weiß sich auf die unteren Körperpartien konzentrieren soll. Die englische Katze hat weniger Weiß im Fell, und ihre Farbflecken sind gleichmäßiger verteilt. In beiden Ländern ist die Blau-Schildpatt mit Weiß, auch Dilute Calico genannt, eine erst kürzlich anerkannte Farbvariante, die immer öfter auf Ausstellungen zu sehen ist. Für diese höchst reizvolle Katze gilt der gleiche Standard wie für die Schildpatt mit Weiß, die Farbflecken sind jedoch blau und cremefarben, statt schwarz und rot.

Langhaar Blau-Schildpatt mit Weiß
Eine abgeschwächte Schildpatt mit Weiß ist ein Farbschlag, der oft im selben Wurf mit vorkommt.

Ein erwünschtes Merkmal ist eine cremefarbene oder weiße Blesse im Gesicht.

Beine
Kurz und dick.

Zwei Ansichten von einer Blau-Schildpatt mit Weiß zeigen deutlich die zufällige, jedoch mehr oder weniger gleichmäßige Verteilung der Farbpartien.

Das Fell ist besonders lang und wallend.

Dichte Ohrbüschel

Ohren
Klein, mit runden Spitzen.

Augen
Groß und rund, entweder in Tieforange oder kupferfarben.

Volle Wangen

Kopf
Rund und breit, mit einer kurzen Nase und rosa Nasenspiegel.

Typische Gesichtsmerkmale
Langhaar Blau-Schildpatt mit Weiß

Langhaar Schildpatt mit Weiß

Die ungeheure Beliebtheit dieser Zuchtkatze ist nicht schwer zu verstehen: Die leuchtenden Farbspritzer in Rot, Creme und Schwarz schaffen im Kontrast zu dem Weiß einen ganz besonderen Reiz. Wie bei der Blau-Schildpatt mit Weiß ist eine Blesse im Gesicht erwünscht. Alle anderen Merkmale sind gleich, mit Ausnahme der Pfotenballen und des Nasenspiegels, die verschiedenfarbig sind.

Körper
Stämmig und gedrungen.

Fell
Das Fell ist dicht und seidig und soll nicht so schnell verfilzen wie das anderer Langhaarkatzen. Die Farbe stellt eine Mischung aus blauen, cremefarbenen und weißen Flecken dar. Streifen oder Tabby-Abzeichen sollten nicht auftreten.

Schwanz
Kurz und buschig.

Füße
Die Pfoten sollten groß und rund sein und rosa Ballen haben.

Langhaar Colourpoint
(Perser Colourpoint)

Die Langhaar Colourpoint, eine echte Schönheit, vereinigt die luxuriöse Kultiviertheit der Langhaarkatzen vom Persertypus mit der Haltung, dem guten Aussehen und den Markierungen der kurzhaarigen Siamkatze. Wie die Siamesen besitzen die Colourpoint stets glänzende, saphirblaue Augen sowie eine Maske, Ohren, Beine, Füße und einen Schwanz (die »Points«) in einer Farbe, die sich von der des übrigen Körpers unterscheidet.

Herkunft
Experimentierende Züchter in Schweden und den USA brachten während der 20er Jahre die ersten Colourpoint hervor, aber erst gegen Ende der 40er Jahre, nach einer Reihe sorgfältig geplanter Kreuzungen zwischen Langhaarkatzen und Siamesen, entstand die heute bekannte Katze.

Temperament
In den Augen ihrer Besitzer vereinigt die Colourpoint die besten Eigenschaften zweier Welten: Sie besitzt die sanfte Art der Langhaarkatze, kann aber auch so lebhaft sein wie eine Siamesin, ohne das so demonstrativ zur Schau zu tragen.

Varianten
Bei den Markierungen sind alle Farben möglich, was eine große Anzahl von Farbschlägen ergibt. Aber nicht alle sind anerkannt. Die bekanntesten sind in der folgenden Tabelle aufgeführt.

Farbschläge	Fell	Abzeichen
Seal	Warmer Cremeton	Dunkles Sealbraun
Blau	Bläuliches Weiß	Schieferblau
Chocolate	Elfenbein	Warmes Braun
Lilac	Magnolienfarbe	Rosa überhauchtes Grau
Rot	Cremiges Weiß	Orange oder Rot
Creme	Cremiges Weiß	Lederfarben
Schildpatt	Warmer Cremeton	Mischung von Rot und Creme
Blau-Creme	Bläulich oder Cremeweiß	Blau und Creme gesprenkelt
Lilac-Creme	Magnolienfarbe	Rosa überhauchtes Grau mit Creme
Chocolate-Schildpatt	Elfenbein	Schokoladenbraun, gemustert in Rot und/oder Creme
Tabby	Elfenbein	Tabby-Abzeichen in Seal, Chocolate, Lilac, Rot oder Blau

Langhaar Seal-Point Colourpoint
Die Seal-Point war eine der ersten Varianten der Colourpoint, die gezüchtet wurden.

Körper
Stämmig und gedrungen.

Fell
Das Fell ist dicht, üppig und fühlt sich seidig an. Die Farbe sollte ein warmer Cremeton sein, mit dunklen sealbraunen Markierungen

Schwanz
Er sollte kurz
und üppig sein.

Ohren
Klein, mit runden
Spitzen, weit aus-
einanderstehend.

Augen
Groß, rund und
glänzend, in
Saphirblau.

*Nasenspiegel und
Markierungen haben
die gleiche Farbe.*

Typische Gesichtsmerkmale
Langhaar Seal-Point Colourpoint

Kopf
Rund und breit, mit
vollen Wangen und
einer kurzen Nase.

Langhaar Blue-Point Colourpoint
Schieferblaue Markierungen
bringen das Fell die-
ser Variante in einem
kalten, bläulichen
Weiß perfekt
zur Geltung.

Beine
Kurz, dick und
kräftig.

Füße
Die Pfoten sind groß
und rund, mit
sealbraunen Ballen.

Lange Fellbüschel zwischen den Zehen

Langhaar Seal Tabby-Point Colourpoint
Einer der neueren Farbschläge. Diese Katze ist
das Zuchtergebnis der Kreuzung von Langhaar
Braun-Tabby mit Seal-Point Colourpoint.

Pewter Langhaar

Die Farbe dieser erlesenen Katze erinnert an die silberschattierte Variante der Chinchilla, mit der sie oft verwechselt wird. Sie besitzt ein ebenso schönes Fell, sanft schattiert, mit schwarzem Tipping an Kopf und Rücken, den Flanken, Beinen und dem Schwanz, was den »Zinneffekt« [pewter = Zinn] hervorruft. Die Augenfarbe jedoch, ein leuchtendes Orange oder ein glänzender Kupferton, ist anders als bei der Chinchilla.

Herkunft
Die Pewter Langhaar entstand durch Kreuzungen zwischen Chinchillas, blauen und schwarzen Langhaarkatzen.

Temperament
Es handelt sich um eine ungewöhnlich anhängliche und ausgeglichene Katze.

Varianten
Es gibt keine Varianten.

Ohren
Klein, mit runden Spitzen und Ohrbüscheln. Der Zwischenraum zwischen beiden Ohren ist beträchtlich.

Schwarzumrandete Augen

Augen
Sehr groß und rund, entweder orange- oder kupferfarben.

Kopf
Rund und breit, mit einer Stupsnase.

Ziegelroter Nasenspiegel

Typische Gesichtsmerkmale
Pewter Langhaar

Pewter Langhaar
Das mit schwarzem Tipping versehene Fell dieser Rasse ist mit »Pewter« [Zinn] treffend bezeichnet.

Fell
Seidig, dick und dicht. Die Farbe: Weiß mit einem zarten, schwarzen Tipping.

Das charakteristische, abgeflachte Profil

Körper
Stämmig und gedrungen.

Ständig werden neue Langhaarkatzen entwickelt; die Pewter ist sicherlich eine der attraktivsten unter ihnen. Auf den ersten Blick mag sie wie die silberschattierte Chinchilla aussehen, aber die orange- oder kupferfarbenen Augen sind ein Unterscheidungsmerkmal, durch das die Rasse zweifelsfrei zu identifizieren ist.

Beine
Kurz und dick.

Kürzere Haare an den Vorderbeinen

Lange Leithaare

Durch das dicke, üppige Fell und die volle Halskrause der Pewter ist es praktisch unmöglich, den untersetzten Körper der Katze auszumachen, wenn sie liegt.

Schwanz
Kurz und buschig.

Die Leithaare des Schwanzes weisen ein zartes, schwarzes Tipping auf.

Eine Pewter, die für Ausstellungen vorgesehen ist, sollte im Idealfall eine volle Halskrause besitzen, die bis tief zwischen die Vorderpfoten hinabreicht.

Füße
Die Pfoten sind groß und rund, mit ziegelroten Ballen.

Langhaar in Chocolate und Lilac

(Perser Chocolate und Lilac)

Dieses wunderschöne Paar stellt einen Triumph der selektiven Zucht dar. Wegen ihrer dekorativen Wirkung sind sie die Lieblingskatzen der Innenarchitekten: Die warmen Brauntöne der Chocolate und das rosa überhauchte Taubengrau der Lilac bilden eine reizvolle Ergänzung der Farbpalette jeder Inneneinrichtung.

Herkunft

Die Züchter hatten nie ernstlich in Erwägung gezogen, eine schokoladenfarbene Langhaarkatze zu entwickeln, bis schließlich bei den Zuchtprogrammen für Colourpoints in einigen Würfen einfarbige Kätzchen vorkamen. Die ersten Exemplare besaßen ein Fell, das dazu neigte, matt zu werden und auszubleichen, blasse Augen, Nasen, die eher zu lang waren, und zu große Ohren. Es dauerte einige Jahre, bis die Farbe sich stabilisierte, der Gesamttypus sich verbesserte, und ein Standard aufgestellt werden konnte. Als noch schwieriger zu züchten erwies sich allerdings die Langhaar Lilac, die durch Zufuhr blauer Gene in die Zuchtlinie entwickelt wurde. Sie ist noch immer relativ selten. Anfangs wurden diese Katzen in den USA als einfarbige Himalayans oder Kashmirs kategorisiert, aber heute werden diese Namen in den meisten Verbänden nicht mehr gebraucht.

Temperament

Da sie von ihren Colourpoint-Vorfahren etwas siamesisches Blut geerbt haben, sind die Chocolates und Lilacs im allgemeinen etwas lebhafter und neugieriger, als es sonst für Langhaarkatzen typisch ist.

Varianten

Es gibt keine Varianten der Langhaar Chocolate und Lilac.

Langhaar Chocolate
Diese Katze, ein Nebenprodukt der Colourpoint-Zucht, sollte ein üppiges mittel- bis dunkelbraunes schokoladenfarbenes Fell haben, eine braune Nase und braune Pfotenballen sowie orange- oder kupferfarbene Augen.

Volle Nackenkrause

Fell
Die Pfoten sind groß und rund.

Die Farbe der einzelnen Haare sollte bis zu den Wurzeln gehen.

Ohren
Klein, mit runden Spitzen
und weit auseinanderstehend.

Ohrbüschel

Augen
Groß und rund, die
Farbe sollte Orange
oder Kupfer sein.

Rosa Nasenspiegel

Kopf
Rund und breit,
mit einer Stupsnase.

Volle Wangen

Typische Gesichtsmerkmale
Langhaar Lilac

Anfangs hatten die
Züchter zwar Schwierig-
keiten, den erwünschten
gedrungenen Körperbau
bei der Chocolate zu er-
zielen, doch diese Pro-
bleme sind jetzt gelöst.
Die Entwicklung einer
Lilac von gutem Typus,
wenn auch nicht unbe-
dingt von guter Farbe,
war dagegen ein ver-
gleichsweise einfaches
Unterfangen.

Fell
Das Fell sollte seidig,
üppig und dick sein,
die Farbe ein rosa
überhauchtes Tauben-
grau oder Blaßlila.

Langhaar Lilac
Die Lilac ist ein Beispiel für eine erst kürzlich entwickelte Langhaarkatze und zeigt
sehr schön die ästhetischen Möglichkeiten
einer »künstlichen« Variante.

*Es sollte keine Spur
einer hellen Unterwolle
zu sehen sein.*

Schwanz
Kurz und buschig.

Rosa Pfotenballen

Körper
Untersetzt, stämmig
und kräftig.

Beine
Kurz und dick.

Neue Langhaarkatzen

Katzenzüchter hören nie auf mit ihren Bemühungen, noch schönere Varianten bei Langhaarkatzen zu erzielen. Zu den jüngsten Entwicklungen gehören die Golden Langhaar und die Cymric.

Herkunft

Die Golden Chinchilla und die Goldschattierte waren Nebenprodukte aus dem Chinchilla-Zuchtprogramm. Oft als »Brownies« bezeichnet, tauchten sie regelmäßig in den Würfen von Silberkatzen auf und wurden meist als Hauskatzen fortgegeben. Erst vor ungefähr zehn Jahren erreichten sie den Status von Show-Katzen. Die Cymric ist eigentlich eine langhaarige Manxkatze und wurde während der 60er Jahre aus mutierten Kätzchen entwickelt, die von Zeit zu Zeit in den Würfen amerikanischer Manxkatzen auftraten. 1980 wurde sie zum erstenmal offiziell anerkannt.

Temperament

Die neuen Varianten der Langhaarkatzen besitzen im allgemeinen die gleiche sanfte und anhängliche Veranlagung, die für diesen Typus charakteristisch ist. Die Cymric hat das gleiche treue und freundliche Wesen wie die Manxkatze.

Varianten

Zu weiteren neuen Langhaarzüchtungen gehören die entzückende Lilac-Creme, die Chocolate, Schildpatt, Golden-Tabby und Golden-Torbie. Die Cymric wird in den meisten Manx-Farben gezüchtet.

Golden Chinchilla Langhaar
Wie alle Varianten der Chinchilla verlangt auch die goldfarbene viel Pflege, wenn das Fell in Bestform vorgeführt werden soll.

Fell
Das Fell ist seidig, dick und dicht. Die Farbe sollte ein satter Cremeton sein, mit sealbrauner oder schwarzer Spitzenfärbung.

Körper
Untersetzt und stämmig.

Beine
Kurz, dick und dicht behaart.

Füße
Die Pfoten sind rund und groß.

Ohren
Klein, mit runder Spitze.

Ohrbüschel

Die Augen sind braun umrandet

Augen
Groß und rund, grün oder blaugrün.

Rosafarbener Nasenspiegel

Kopf
Rund und breit, mit einer Stupsnase.

Typische Gesichtsmerkmale
Golden Chinchilla Langhaar

Goldschattierte Langhaarkatzen
Ein langes, seidiges Fell mit schwarzem Tipping über einer Unterwolle in warmem Cremeton ist eine wunderschöne Kombination, die diese Katzen in der Gunst des Publikums immer mehr steigen läßt.

Schwanz
Kurz und buschig.

Sealbraune Pfotenballen

Cymric
»Cymric« ist das walisische Wort für »Waliser«, obwohl diese Rasse keine bekannte Verbindung besitzt zu dem Land des Lauchs und »Laverbreads«. Diese Katze ist, abgesehen von ihrem halblangen, weichen, dichten Fell, identisch mit der schwanzlosen Manxkatze.

Birmakatze

D ie »heilige Katze von Burma«, wie die Birma-katze gern genannt wird, hat einen länger ge-streckten Körperbau und ein kleineres Gesicht als eine typische Langhaarkatze und Markierungen, die an eine Siamkatze erinnern und ihr eine so orientali-sche Aura verleihen, wie es der Legende entspricht, die sich um ihre Vergangenheit rankt.

Schwanz
Von mittlerer Länge und buschig, aber länger und dünner als bei den mei-sten Langhaarkatzen.

Herkunft
Angeblich aus den Tempeln von Burma stammend, ist die Geschichte der jüngeren Vergangenheit dieser Katze fast ebenso in-teressant. Im Jahre 1914 sandten Priester Major Gordon Russell, der ihnen zur Flucht aus Tibet verholfen hatte, zwei dieser Katzen als Geschenk nach Frankreich. Das Weib-chen dieses Paares bekam dann Junge und trug dadurch wahrscheinlich dazu bei, diese Rasse im Westen zu begründen. Birmakat-zen wurden bei Ausstellungen in Frankreich 1925 anerkannt, in Großbritannien 1966 und in den USA ein Jahr später.

Temperament
Die freundliche, gesittete und sanfte Birma-katze liebt das Familienleben und verträgt sich auch gut mit anderen Tieren.

Varianten
Die Farbschläge der Birma schließen die ur-sprüngliche »heilige« Seal-Point ein und die Blue-Point, für die es in Großbritannien und in den USA verschieden definierte Standards gibt.

Birma Blue-Point
Es gibt eine altüberlieferte Geschichte über die Entstehung der Birmakatze. Vor der Geburt Buddhas wurde ein heiliger Bur-matempel, in dem reinweiße Tempel-katzen lebten, angegriffen, wobei der Oberpriester einen Herzschlag erlitt und starb. Seine Lieblingskatze sprang auf den Kopf des alten Mannes und wurde auf der Stelle verwandelt: Ihr Fell nahm eine golde-ne Färbung an, mit »Points« in der Farbe der burmesischen Erde, und die Augen wurden blau. Wo die Pfoten der Katze den Priester berühr-ten, blieb das Fell weiß — ein Symbol der Tu-gend. Ermutigt durch dieses Wunder, waren die übrigen Priester in der Lage, die Angrei-fer zu vertreiben. Wie wahr diese Geschich-te auch sein mag, die Entwicklung dieses Farbschlags, der Blue-Point, war jeden-falls definitiv das Ergebnis einer moder-nen selektiven Züchtung.

Beine
Von mittlerer Länge und dicht behaart.

Das Fell neigt nicht zu Verfilzungen.

Das Fell am Bauch tendiert dazu, sich zu kräuseln.

Füße
Die Vorderpfoten sind groß und rund und ha-ben weiße »Handschu-he«. Die beiden Hinter-pfoten sollten weiße »Söckchen« haben, die sich bandförmig an den Hinterbeinen entlang spitz nach oben ziehen.

Birma Seal-Point
Der sanft goldene Farbton des Fells, beson-ders auf dem Rücken, verleiht dieser Variante ein besonders vornehmes Erscheinungsbild.

Fell
Mittellang und seidig.
Der englische Standard
fordert eine gold-beige
Farbe mit blaugrauen
Abzeichen, während
diese Katzen in den
USA bläulich-weiß sind
und tiefblaue Augen
haben.

Blue-Point- und Seal-Point-Kätzchen
Eine reizendere Gruppe kann man sich kaum
vorstellen.

Kopf
Sanft gerundet und breit,
mit vollen Wangen und
einer halblangen Nase.
Der US-Standard ver-
langt, daß die Nase
»griechisch« ist, also gerade, und daß die Stirn
leicht gewölbt ist und
nach hinten abgeschrägt
verläuft, mit einer klei-
nen ebenen Fläche genau
vor den Ohren.

Ohren
Sie sollten mittelgroß
sein, mit abgerundeten
Spitzen, und die Breite
der Basis sollte in etwa
ihrer Höhe entsprechen.

Augen
Fast rund, weit aus-
einanderstehend und
leicht schräggeschnit-
ten. Die Farbe sollte
saphirblau sein.

Schiefergrauer Nasenspiegel

Typische Gesichtsmerkmale
Birma Blue-Point

Körper
Kräftig gebaut, lang ge-
streckt, aber doch noch
ziemlich untersetzt, weder
schlank noch rundlich.

Rosa Pfotenballen

Farbschläge	Körper	Abzeichen
Seal-Point	Beige-gold	Sealbraun
Chocolate-Point	Elfenbein	Chocolate
Blue-Point	Beige-gold	Blaugrau
Lilac-Point	Milchweiß	Rosa überhauchtes Grau

Ragdoll

Die Ragdoll ist eine Katze der Kontraste: Sie besitzt den großen, imponierenden Körperbau der Birmakatze, aber wenn man sie aufnimmt, entspannt sie alle Muskeln und wird so kraftlos wie ein Kätzchen und so schlaff wie eine Stoffpuppe (ragdoll), von der sie ihren Namen erhalten hat. Doch damit noch nicht genug — man sagt, daß sie abgesehen von dieser einen außergewöhnlichen Eigenschaft auch noch eine besonders hohe Toleranzschwelle gegenüber Schmerzen besäße. Diese Besonderheit, heißt es, habe sie von den ersten Ragdollkatzen geerbt, die von einer langhaarigen Katzenmutter geboren wurden, die bei einem Autounfall verletzt worden war. Allerdings vertreten viele Züchter die Meinung, daß ihrer Erfahrung nach die Schmerzschwelle der Ragdoll sich nicht von der anderer Rassen unterscheidet und daß jede andere Meinung sich zum Nachteil der einzelnen Katze auswirken könnte.

Herkunft

Der Geburtsort der Ragdoll war das Kalifornien der 60er Jahre, und wir verdanken sie im Grunde den Bemühungen einer einzigen Frau. Außerhalb der USA, wo die Ragdolls 1965 anerkannt wurden, sind sie ziemlich selten. Erst kürzlich wurden sie bei Ausstellungen in Großbritannien zugelassen.

Temperament

Die Ragdoll ist eine Katze, die außergewöhnlich tolerant ist gegenüber den Schwächen und Marotten anderer und rasch sehr anhänglich wird.

Varianten

Es gibt drei anerkannte Farbschläge der Ragdoll: Die Zweifarbige hat einen hellen Körper. Brust, Bauch und Beine sind weiß, Gesichtsmaske, Ohren und Schwanz dunkel. Die Colourpoint hat einen hellen Körper mit dunkleren Abzeichen, und die »Mitted« (Behandschuhte) hat eine weiße Brust, einen weißen Latz, ein weißes Kinn und weiße »Handschuhe« an den Vorderpfoten, sonst unterscheidet sie sich nicht von der Colourpoint. Die anerkannten Farbschläge sind Seal-Point, Chocolate-Point, Blue-Point und Lilac-Point.

Schwanz
Lang und flauschig.

Augen
Groß und oval, weit auseinanderstehend. Die Farbe sollte blau sein.

Dunkelbrauner Nasenspiegel

Die Ohren sind nach vorn gestellt.

Volle Wangen

Volles rundes Kin

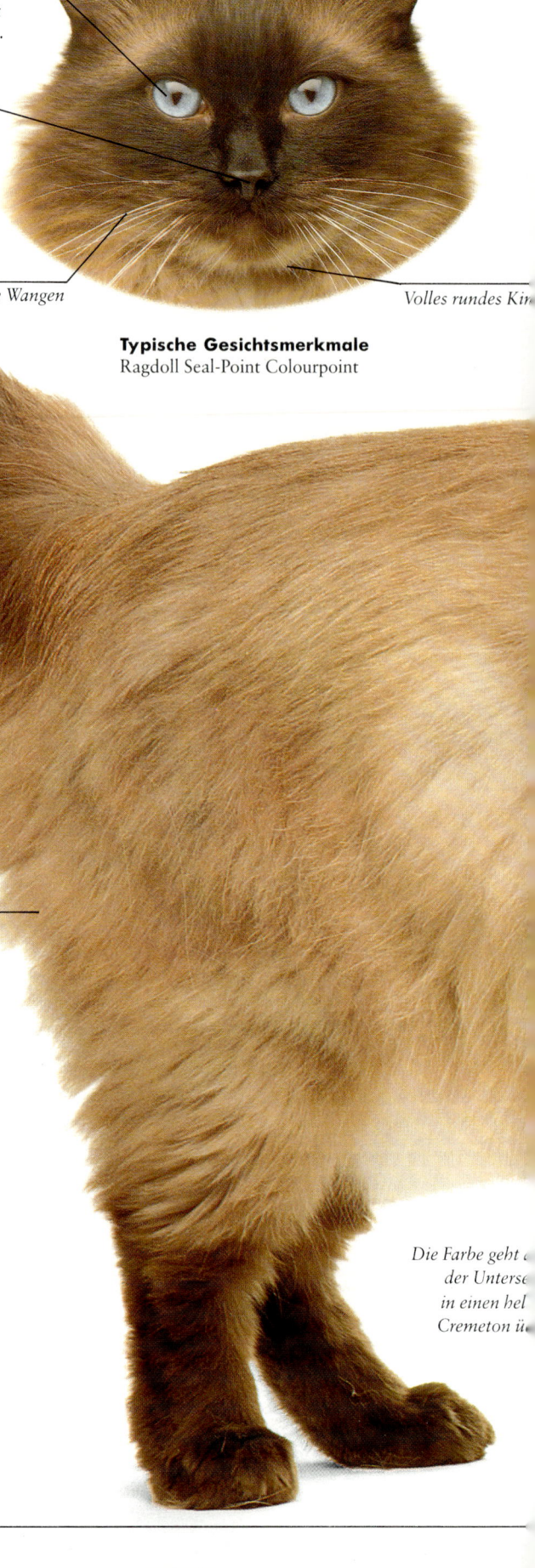

Typische Gesichtsmerkmale
Ragdoll Seal-Point Colourpoint

Ein kräftiges Hinterteil

Die Farbe geht der Unterse in einen hel Cremeton ü

Zweifarbiges Ragdollkätzchen
Ragdollkätzchen entwickeln sich langsam, es kann drei Jahre dauern, bis die Schattierung des Fells und die Farben der Abzeichen voll entwickelt sind.

Ragdoll Seal-Point Colourpoint

Trotz des Ursprungs ihres Namens haben physiologische Tests keine Unterschiede zwischen der Ragdoll und anderen Katzenrassen ans Licht gebracht.

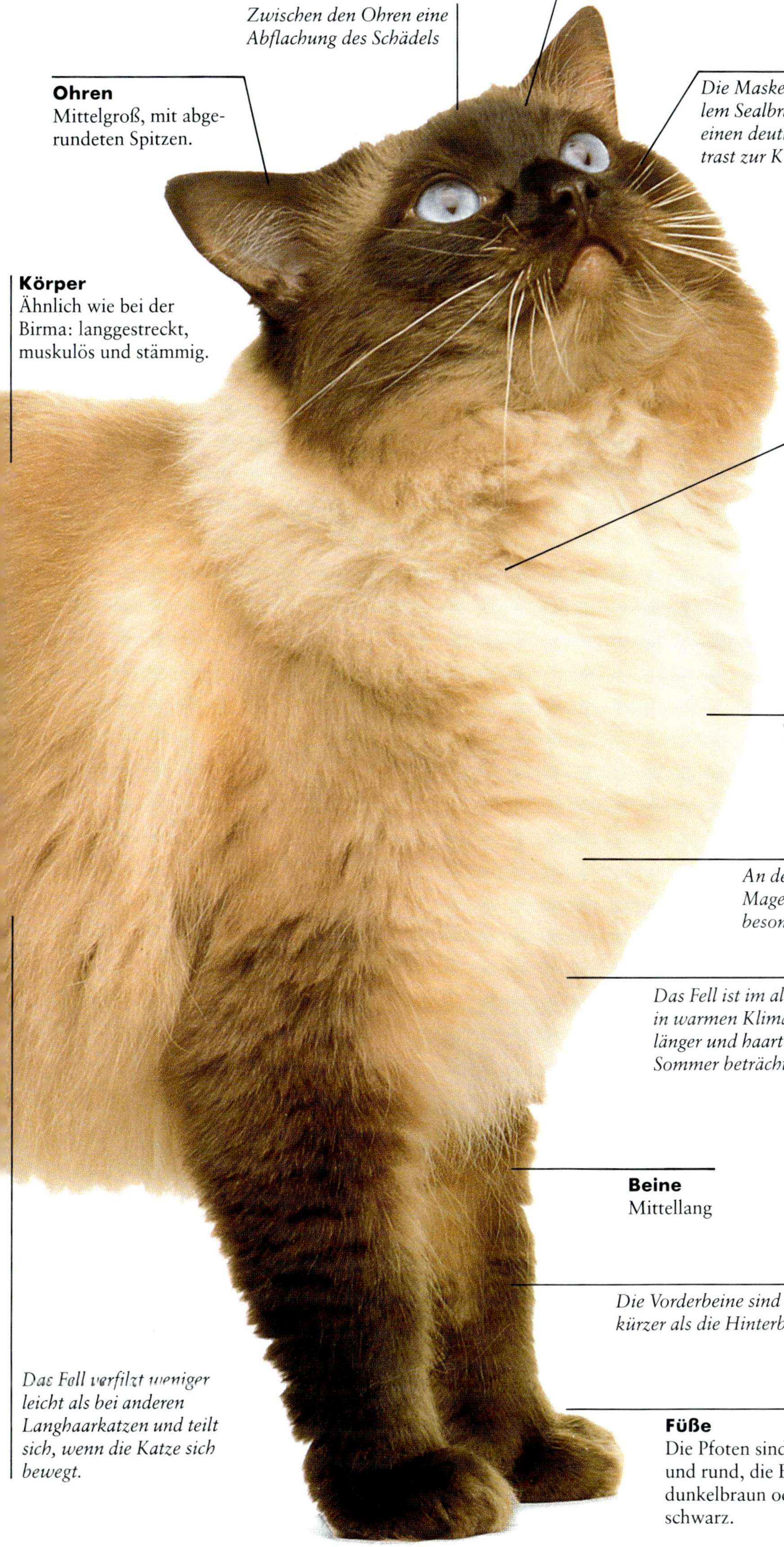

Kopf
Keilförmig, mit einer kurzen Nase.

Zwischen den Ohren eine Abflachung des Schädels

Ohren
Mittelgroß, mit abgerundeten Spitzen.

Die Maske ist von dunklem Sealbraun und bildet einen deutlichen Kontrast zur Körperfarbe.

Körper
Ähnlich wie bei der Birma: langgestreckt, muskulös und stämmig.

Chocolate-Point »Mitted« Ragdollkätzchen

Selbst in diesem frühen Alter kann man die weißen »Handschuhe« und »Söckchen« schon deutlich erkennen.

Fell
Lang, voll und seidig. Die Körperfarbe sollte ein blasses Rehbraun sein, mit dunklen Abzeichen in Sealbraun.

Tiefangesetzte Brust

An der Brust und in der Magengegend ist das Fell besonders lang.

Das Fell ist im allgemeinen in warmen Klimazonen länger und haart im Sommer beträchtlich.

Beine
Mittellang

Die Vorderbeine sind etwas kürzer als die Hinterbeine.

Das Fell verfilzt weniger leicht als bei anderen Langhaarkatzen und teilt sich, wenn die Katze sich bewegt.

Füße
Die Pfoten sind groß und rund, die Ballen dunkelbraun oder schwarz.

Zweifarbige Ragdoll mit Seal-Points

Ohren, Schwanz und Maske sind bei diesem Farbschlag dunkel sealbraun und kontrastieren mit dem Rehbraun und dem hellen Cremeton des übrigen Körpers. Das umgekehrte weiße »V« auf der Stirn ist für zweifarbige Katzen typisch.

Balinesische Katze

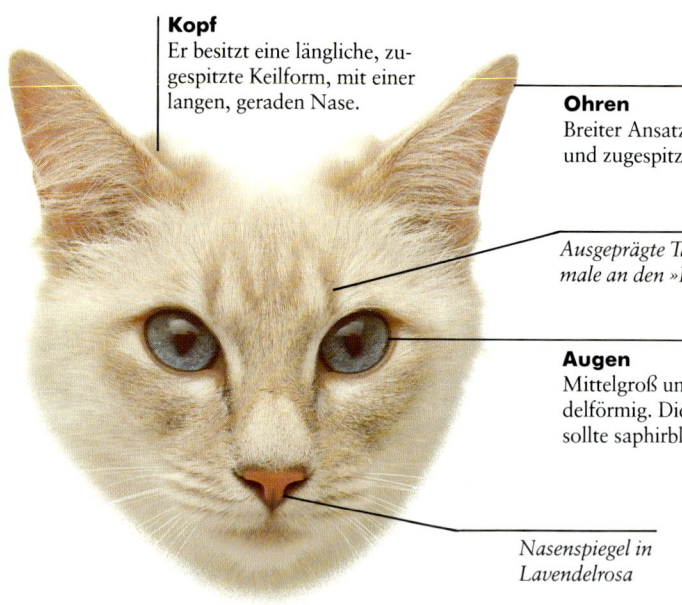

Kopf
Er besitzt eine längliche, zugespitzte Keilform, mit einer langen, geraden Nase.

Ohren
Breiter Ansatz, groß und zugespitzt.

Ausgeprägte Tabby-M... male an den »Points«

Augen
Mittelgroß und mandelförmig. Die Farbe sollte saphirblau sein.

Nasenspiegel in Lavendelrosa

Typische Gesichtsmerkmale
Balinese Lilac Tabby-Point

Wenn diese Katze mit erhobenem Schwanz einherspaziert, wippt der graziöse »befiederte« Schwanz hin und her, durchaus vergleichbar mit den Bewegungen einer balinesischen Tänzerin — daher der Name. Die natürliche Eleganz der Balinesen ist auf ihren siamesischen Ursprung zurückzuführen: Sie besitzen den gleichen langen, schlanken Körper, den keilförmigen Kopf und die hinreißend blauen Augen. Man kann sie tatsächlich als langhaarige Siamkatzen ansehen, obwohl ihr hermelinartiges Fell kürzer ist als das der meisten Langhaarkatzen und keine Halskrause bildet.

Herkunft
Aller Wahrscheinlichkeit nach stammen die Balinesen von siamesischen Eltern mit einem mutierten Gen für Langhaarigkeit ab. Sie tauchten erstmals während der späten 40er und frühen 50er Jahre in den USA auf und wurden 1970 von allen Verbänden in den USA für die Championklasse anerkannt. In England hat die Balinesische Katze begeisterte Anhänger und wird jetzt gezüchtet.

Temperament
Die Balinesen haben den Ruf, weniger laut und ungestüm zu sein als die Siamesen, aber eine ausgeprägte Neigung zu besitzen, sehr viel mit ihrem Nachwuchs zu spielen. Im allgemeinen lieben sie menschliche Gesellschaft.

Varianten
Alle Farbschläge der Siamkatzen werden auch bei den Balinesen anerkannt. Andere Farbvarianten als Seal-Point, Chocolate-Point, Blue-Point und Lilac-Point sind bei einigen amerikanischen Verbänden als Javanesen bekannt.

Balinese Lilac Tabby-Point
Dieser Farbschlag ist in den USA als Frost Lynx-Point [etwa Eis-Luchs-Point] bekannt, ein Name, der die Farbgebung vielleicht am besten trifft.

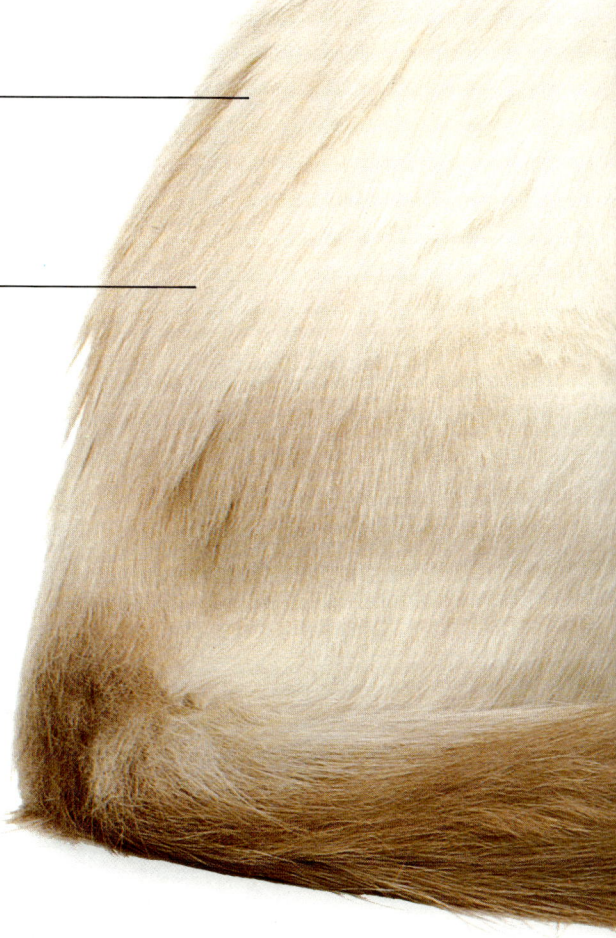

Das Fell verfilzt relativ wenig.

Fell
Das Fell ist fein und seidig, mit einer Neigung, sich an den längsten Haarpartien zu wellen. Es gibt kein weiches Unterfell. Maske, Ohren, Beine, Schwanz und Füße sollten gräulich rosa sein und einen Kontrast zur milchweißen Körperfarbe bilden.

Balinese Blue-Point
Pfoten und Nasenspiegel sind schieferblau und bilden zusammen mit den blauen Abzeichen einen aufregenden Kontrast zu dem blauweißen Körper dieses Farbschlags.

Körper
Mittelgroß und leichtgebaut, aber doch kräftig und muskulös.

Der Körper weist lange, sich verjüngende Linien auf.

Füße
Die Pfoten sind zierlich, schmal und oval.

Die Vorderbeine sind kürzer als die Hinterbeine.

Beine
Lang und schlank.

Pfotenballen in Lavendelrosa

Schwanz
Lang und dünn, mit einer fein zulaufenden Spitze. Das Schwanzfell sollte sich wie eine Feder spreizen.

Chocolate Tabby-Point Balinesenkätzchen
Ein beliebter Farbschlag einer beliebten Rasse.

Türkische Van-Katze

Von dieser durch natürliche Evolution entstandenen Rasse, die oft als »Türkische Schwimmkatze« bezeichnet wird, heißt es, daß sie besonders gern im Wasser spielt. Sie erhielt ihren Namen von dem durch seine geographische Lage isolierten Gebiet um den Van-See im Südosten der Türkei, wo sie vor einigen hundert Jahren domestiziert wurde. Sie ähnelt in mancherlei Hinsicht der türkischen Angorakatze, besitzt aber einen kräftigeren Körperbau, und man erkennt sie sofort an ihrer charakteristischen Fellzeichnung.

Herkunft

Zwei Türkische Van-Katzen wurden in den 50er Jahren nach England gebracht, von einem Paar, das beeindruckt war von der Erscheinung dieser Tiere, die es im Urlaub in der Türkei entdeckte. Es stellte sich heraus, daß die beiden Leute in korrekter Weise mit den Katzen weitergezüchtet hatten, und nach einem langsamen Anlauf und der Einführung weiterer Katzen dieser Art aus der Türkei wurde die Rasse 1969 anerkannt. Die Beliebtheit dieser Zucht hat in jüngster Zeit zugenommen, besonders in den USA und in Australien, wo sie jetzt für Ausstellungen qualifiziert wurde.

Temperament

Die anhängliche, lebhafte und hochintelligente Türkische Van-Katze ist ein wunderbarer Gefährte.

Varianten

Abgesehen von dem ursprünglichen Farbschlag in Kastanienbraun mit Weiß werden jetzt Türkische Van-Katzen in Creme mit Weiß, Schwarz mit Weiß sowie in Schildpatt mit Weiß gezüchtet.

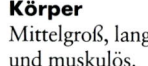

Kein wolliges Unterfell

Keine andere Katze besitzt solche Markierungen wie die Türkische Van-Katze. Das weiße, einem Daumenabdruck gleichende Zeichen auf der Stirn soll nach Ansicht der Türken den Namen Allahs symbolisieren.

Körper
Mittelgroß, lang und muskulös.

Fell
Das Fell ist seidig und lang und sollte kalkweiß mit kastanienbraunen Markierungen an Gesicht und Schwanz sein.

Schwanz
Lang und fedrig.

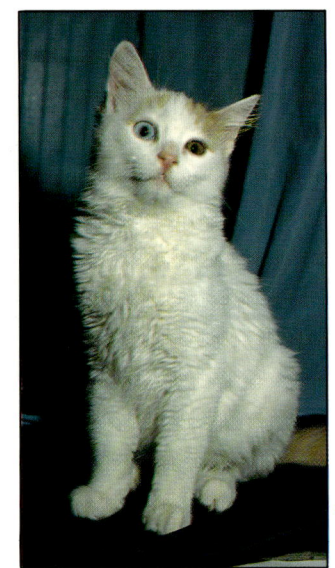

Türkische Van-Katze Kastanienbraun mit Weiß und mit verschiedenfarbigen Augen

Die Türkische Van-Katze besitzt normalerweise bernsteinfarbene Augen, gelegentlich treten aber in den Würfen auch Tiere mit zwei verschiedenfarbigen Augen auf. Es ist möglich, daß sie gleichfalls zur Taubheit neigen, wie es bei anderen Katzen mit blauen oder verschiedenfarbigen Augen der Fall ist.

Türkische Van-Katze Creme mit Weiß

Diese neue Variante ist noch ziemlich selten und wird zweifellos an Zahl zunehmen, sobald ihre zartschattierten Markierungen von weiteren Kreisen von Katzenliebhabern geschätzt werden.

*Die Innenseite der Ohren
sollte muschelrosa sein.*

Ohren
Groß, spitz und mit
Ohrbüscheln versehen.

Rosaumrandete Augen

Augen
Groß und rund, von
heller Bernsteinfarbe.

Kopf
Kurz und keilförmig, mit
einer langen Nase. Der
Nasenspiegel sollte
rosa sein.

Typische Gesichtsmerkmale
Türkische Van-Katze Kastanienbraun mit Weiß

Türkische Van-Katze Kastanienbraun mit Weiß

Wie es zu einer Katze paßt, die aus einem Gebiet
der Türkei kommt, in dem es im Winter extrem
kalt ist, im Sommer aber heiß, haart die Türkische Van-Katze in den warmen Jahreszeiten
beträchtlich und sieht dann praktisch wie eine
Kurzhaarkatze aus.

Beine
Mittellang und
muskulös.

Füße
Die Pfoten sind klein,
wohlgeformt und rund,
mit Ballen, die rosarot
sein sollten.

Zehenbüschel

Angorakatze

Ohren
Groß, breit am Ansatz, oben spitz zulaufend.

Ohrbüschel

Augen
Mittelgroß bis groß, mandelförmig und schräggeschnitten. Die Farbe sollte grün oder haselnußbraun sein.

Roter Nasen-spiegel

D ie Angora, wahrscheinlich die erste Langhaarkatze, die in Europa in Erscheinung trat, stammt aus dem heutigen Ankara, der Hauptstadt der Türkei. Geschmeidig, mit langem, seidigen Haar und einem buschigen Schwanz, ist sie eine höchst attraktive Katze, die eine ehrwürdige Vergangenheit hat.

Herkunft
Türkische Sultane sandten im 16. Jahrhundert diese Katze als Geschenke an Adelige in Frankreich und England, aber gegen Ende des 19. Jahrhunderts waren sie nicht mehr in Mode und wurden von den neuen Langhaarkatzen und den ursprünglichen Perserkatzen verdrängt. Glücklicherweise rettete sie der Zoo in Ankara vor dem Aussterben, und die Angorakatze wurde zu so etwas wie einer geschützten Art. In den frühen 60er Jahren kaufte ein amerikanisches Paar zwei dieser Katzen von dem Zoo und baute eine Zucht in den USA auf, wo diese Rasse jetzt sehr beliebt ist.

Temperament
Die sanfte, freundliche und intelligente Angorakatze liebt Späße und ist sehr verspielt.

Varianten
Die ersten amerikanischen Angorakatzen waren reinweiß (und neigten, wie alle Katzen dieser Farbe, zur Taubheit). Heute sind die meisten Farbschläge anderer Langhaarkatzen anerkannt, einige der bekanntesten werden in unserer Tabelle aufgeführt.

Kopf
Klein bis mittelgroß, keilförmig, mit einer langen Nase.

Angora Chocolate-Tabby
Eine britische Variante. Angorakatzen wurden in Großbritannien »künstlich« aus Zuchtprogrammen entwickelt, die lieber siamesisches Blut verwandten, als türkische Katzen zu importieren. Damit züchteten sie eine Katze, die zwar ebenso aussieht wie die echte und die amerikanische Angorakatze, aber eine eher quengelnde Stimme besitzt.

Fell
Das Fell ist halblang, sehr fein und seidig und neigt dazu, sich zu wellen. Das Tier sollte eine gutentwickelte, üppige Halskrause haben. Die Katze haart während der Wintermonate.

Typische Gesichtsmerkmale
Angora Chocolate-Tabby

Farbschläge	Fell	Augen
Weiß	Reinweiß	Orange, blau oder verschiedenfarbig
Schwarz	Kohlschwarz	Orange
Blau	Blaugrau	Orange
Rauchschwarz	Weiß mit schwarzem Tipping	Orange
Rauchblau	Weiß mit blauem Tipping	Orange
Silber-Tabby	Silber, schwarze Abzeichnung	Orange oder grün
Rot-Tabby	Rot, dunkelrote Abzeichen	Orange
Braun-Tabby	Braun, schwarze Abzeichen	Orange
Blau-Tabby	Bläuliches Elfenbein, blaue Abzeichen	Orange
Calico	Weiß, schwarz und rot gefleckt	Orange
Zweifarbig	Schwarz, Blau, Rot oder Creme mit Weiß	Orange

Schwanz
Lang und spitz zulaufend, die Katze trägt ihn häufig schön gebogen.

Körper
Mittelgroß, geschmeidig und athletisch.

Voller, buschiger Schwanz

Kein dickes, wolliges Unterfell

Beine
Lang und schlank. Die Vorderbeine sind kürzer als die Hinterbeine.

Büschel zwischen den Zehen

Füße
Die Pfoten sind klein, zierlich und rund.

Angora Weiß mit verschiedenfarbigen Augen

Tiffany-Katze

Eigentlich eine langhaarige Burmakatze, vereinigt die Tiffany elegant den modifizierten Körperbau einer Foreign oder Orientalisch Langhaar mit einem üppigen, langen, seidigen Fell.

Herkunft

Die Tiffany-Katze, ein Kreuzungsprodukt zwischen Burmesen und Langhaarkatzen vom Persertypus, ist noch relativ unbekannt — selbst in den USA, wo sie von nordamerikanischen Züchtern und Katzenliebhabern entwickelt wurde.

Temperament

Als Ergebnis einer Kreuzung besitzt die Tiffany eine ganze Reihe von ererbten Eigenschaften: Sie vereinigt die typische Sanftheit einer Langhaarkatze mit der lebhafteren und neugierigeren Persönlichkeit, die für Kurzhaarkatzen charakteristisch ist.

Varianten

Obgleich es viele Varianten der Burmakatze gibt, ist die Tiffany in den USA nur in einem einzigen Farbschlag anerkannt, dem ursprünglichen Braun oder Zobel. In Großbritannien sind jedoch Bestrebungen im Gange, eine größere Anzahl von Farbschlägen anzuerkennen.

Die Ohren sind nach vorn gestellt.

Ohren
Mittelgroß. Sie sollten an der Spitze sanft gerundet sein und weit auseinanderstehen.

Augen
Rund bis leicht schräggeschnitten und weit auseinanderstehend. Die Farbe sollte ein schöner Goldton sein.

Brauner Nasenspiegel

Kopf
Gerundet, mit einer ziemlich kurzen Nase und einem stark gerundeten Kinn.

Typische Gesichtsmerkmale
Tiffany-Katze

Tiffany-Kätzchen werden mit einer Farbe geboren, die als »Milchkaffee« bezeichnet wird. Das dunklere Fell der erwachsenen Katze entwickelt sich erst allmählich und ist im allgemeinen etwas heller als das der Burmakatze.

Tiffany-Katze
Abgesehen von der Länge des Fells, sollten alle anderen Rassenmerkmale die gleichen sein wie bei der Burmakatze.

Fell
Das Fell ist lang und seidig und sollte von einem warmen, zobelbraunen Farbton sein.

Körper
Mittelgroß, muskulöser und gerundeter als bei einer Siamkatze.

Schwanz
Mittellang und buschig.

Beine
Im Verhältnis zum Körper lang und schlank.

Füße
Die Pfoten sind oval bis rund.

Braune Pfotenballen

Somalikatze

Die Somalikatze sieht »wild« aus, so, als sei sie gerade aus dem Wald gekommen. Es handelt sich um eine langhaarige Version der Abessinierkatze. Das Fell ist üppig und leicht struppig, ohne im geringsten wollig zu wirken. Während die Fellhaare der Abessinierkatze zwei oder drei Farbbänder besitzen, die das Ticking bilden, haben die längeren Fellhaare der Somalikatze zehn oder sogar noch mehr Bänder, was eine besondere Farbdichte bewirkt.

Herkunft

Das Langhaar-Gen wurde möglicherweise schon während der 30er Jahre oder sogar noch früher in die abessinische Zuchtlinie eingeführt, aber die Somalikatzen wurden erst in den 60er Jahren durch nordamerikanische Züchter entwikkelt. 1972 wurde ein Zuchtverein gegründet, und 1978 wurde die Somalikatze von allen führenden amerikanischen Verbänden anerkannt. Die Züchtung ist heute in ganz Europa verbreitet und wurde besonders erfolgreich in Australien, wo die Somalikatzen fast unter Ausschluß von Abessiniern gezüchtet werden.

Temperament

Somalikatzen sind hochintelligent, gutmütig und spielfreudig. Sie mögen ein wenig scheuer sein als die Abessinier, sind aber ebenso ungeeignet wie diese für ein Leben, das sich nur innerhalb des Hauses abspielt.

Varianten

Die beiden häufigsten Farbschläge sind die normale oder wildfarbene Somalikatze, die ein goldbraunes Fell besitzt, mit einem Ticking in dunklerem Braun oder Schwarz, und die Sorrel oder rote Somalikatze, die ein Fell in warmem Kupferton besitzt, mit einem Ticking in Schokoladenbraun. Ein Neuling auf den Ausstellungen ist die Silber Sorrel, die nach dem vorläufigen Standard ein Oberfell haben sollte, das dem der Somali Sorrel entspricht, und dazu ein helles Unterfell.

Somali Silber Sorrel
Die Silber Sorrel, ein ganz neuer und noch weitgehend unbekannter Farbschlag, hat bereits viel Aufmerksamkeit erregt.

Somali Wildfarben
Dieser Farbschlag besitzt ein tief goldbraunes Fell mit schwarzer Spitzenfärbung. Eine dunkler schattierte Linie sollte über Rückgrat und Schwanz verlaufen, der in einer schwarzen Spitze endet. Ein charakteristisches Merkmal sind die beiden kurzen, vertikalen Linien über jedem Auge.

Körper
Ein orientalischer Typus, mittellang, etwas größer als die Abessinier und nicht so feinknochig wie die Siam.

Fell
Das Fell ist halblang, dicht, seidig und fein. Das Unterfell sollte hell sein mit schokoladenbraunem Ticking, um einen silbrigen Pfirsich-Effekt zu erzeugen.

Füße
Die Pfoten sind klein und oval, die Ballen sollten rosa sein.

Schwanz
Lang, dick im Ansatz und am Ende leicht zugespitzt.

Der Schwanz sollte voll und buschig sein.

Ohren
Groß, weit auseinanderstehend und spitz zulaufend.

Ohrbüschel

Dunkler „Lidstrich"

Haselnußbraune Augen

Augen
Groß und mandelförmig. Die Farben: Bernsteinfarben, haselnußbraun oder grün.

Rosa Nasenspiegel

Kopf
Gemäßigt keilförmig, mit einer mittelgroßen Nase.

Typische Gesichtsmerkmale
Somali Silber Sorrel

Das Fell verfilzt nicht.

Am Bauch ist das Fell länger.

Beine
Lang und schlank.

Büschel zwischen den Zehen

Das schokoladenbraune Ticking sollte sich auch über die Hinterbeine ausdehnen.

Somali Sorrel
Die Körperfarbe der Sorrel oder roten Somali sollte so intensiv wie möglich sein, mit einem schokoladenbraunen Ticking.

Wie bei allen Farbschlägen der Somalikatze kann auch das Fell der Silber Sorrel bis zu zwei Jahren brauchen, um sein ausgereiftes Ticking zu erreichen.

Maine Coon

Die Maine Coon hat die Ehre, sowohl die älteste als auch die größte Katzenrasse Amerikas zu sein. Es ist gut möglich, daß sie im damals noch jungen Staat Maine frei herumstreifte und dabei Vergleiche mit dem einheimischen Waschbären, dem Racoon, der ähnlich wie der Tabby-Typus der Maine-Coon-Katze aussieht, auf sich zog und auch eine ähnliche Jagdtechnik hat. Das strenge Klima von Neuengland trug zur Entwicklung des dicken Fells der Maine Coon bei, ein Merkmal, das sie mit noch einem weiteren Säugetier teilt, das aus einer kalten Klimazone stammt, der Norwegischen Waldkatze.

Herkunft

Die ersten Vorfahren der Maine Coon waren wahrscheinlich robuste amerikanische Bauernkatzen und langhaarige Katzen, die von Händlern und Seeleuten aus Europa nach Maine mitgebracht wurden. Die Rasse wurde auf der Katzenausstellung von 1860 in New York gezeigt, wurde dann 1861 registriert und gewann in der Madison Square Garden Show von 1895 den ersten Preis. Als jedoch die Perserkatze in die USA eingeführt wurde, nahm ihre Beliebtheit ab, und erst in den 50er Jahren lebte sie wieder auf. Der 1953 gegründete Central Maine Coon Cat Club war unmittelbar an dem Wiederaufleben der Rasse beteiligt, das einen weiteren Impuls durch die Gründung der Maine-Coon-Züchter- und -Liebhaber-Vereinigung im Jahre 1976 erhielt. Im selben Jahr wurde die Zucht in den USA offiziell anerkannt.

Temperament

Die Maine Coon besitzt zwei einzigartige Merkmale: Sie ist, vielleicht auf Grund ihrer einfachen Herkunft, gewöhnt, auf hartem Untergrund zu schlafen. Man findet sie zusammengerollt in den seltsamsten Stellungen und an den seltsamsten Plätzen. Außerdem ist sie bekannt für den entzückenden, feinen Zirplaut, den sie von sich gibt. Maine-Coon-Katzen sind zärtliche, gesellige Haustiere.

Varianten

Außer in Chocolate, Lilac und den Farbvarianten der Siamesen wird die Maine Coon in allen Farben und Farbkombinationen gezüchtet.

Maine Coon Braun-Tabby
Einer phantasievollen Überlieferung zufolge soll die Maine-Coon-Katze vom amerikanischen Waschbären abstammen, in der nüchternen Realität jedoch ist ein solcher Vorfahre eine genetische Unmöglichkeit.

Kopf
Ziemlich lang, aber im Verhältnis zum Körper klein. Er sollte keilförmig sein, mit einer mittellangen Nase.

An den Schultern und der Stirn ist das Fell kürzer.

Eine nicht zu üppige Halskrause

Breite Brust

Beine
Mittellang und kräftig.

Füße
Die Pfoten sind groß und rund. Die Farbe der Pfotenballen sollte der Farbe des Fells entsprechen.

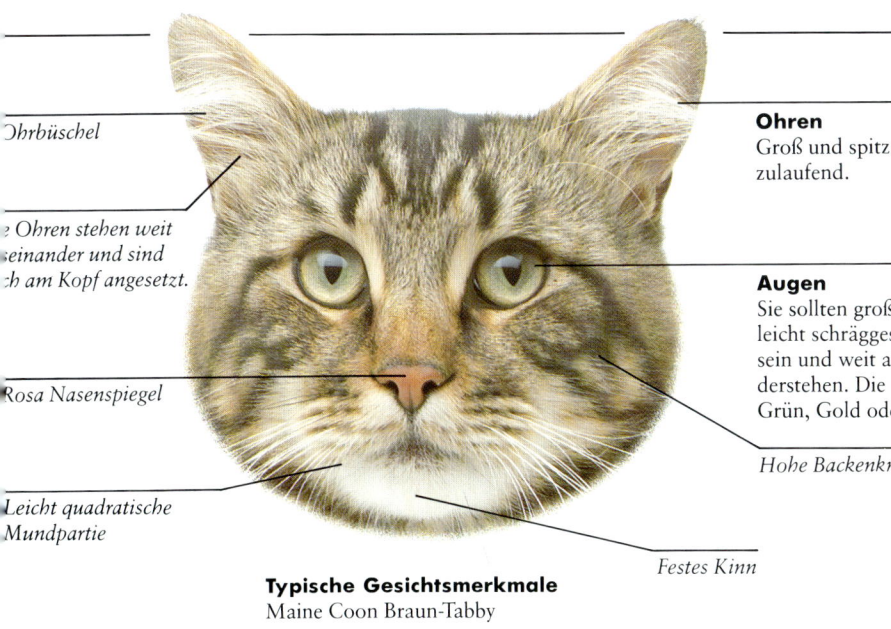

Ohrbüschel

Die Ohren stehen weit auseinander und sind hoch am Kopf angesetzt.

Rosa Nasenspiegel

Leicht quadratische Mundpartie

Ohren
Groß und spitz zulaufend.

Augen
Sie sollten groß und leicht schräggeschnitten sein und weit auseinanderstehen. Die Farben: Grün, Gold oder Kupfer.

Hohe Backenknochen

Festes Kinn

Typische Gesichtsmerkmale
Maine Coon Braun-Tabby

Maine Coon Schildpatt mit Weiß
Dieses attraktive Beispiel ist nur eines von über dreißig verschiedenen Farbschlägen dieser Zucht.

Gerader Rücken

Das Fell ist nicht so lang wie bei anderen Langhaarkatzen und außerdem ungleichmäßiger.

Fell
Das Fell ist dick und zottig, dabei von einer Seidigkeit, die sein Aussehen Lügen straft. Die Farbe sollte kupferbraun mit schwarzen Markierungen sein.

Körper
Sehr groß, lang und muskulös. Das Gewicht liegt zwischen ungefähr drei und sechs Kilo, allerdings wurden auch schon schwerere Tiere verzeichnet. Die Form des Körperumrisses wirkt fast rechteckig.

Maine Coon Weiß
Bei diesem Farbschlag sind sowohl goldfarbene als auch blaue und zwei verschiedenfarbige Augen erlaubt.

Das Fell ist relativ leicht zu pflegen.

Schwanz
Er sollte so lang wie der Körper sein, mit einem breiten Ansatz und einem stumpf verlaufenden Ende.

Fedriges Schwanzende

Das Schwanzfell ist lang und wallend.

Norwegische Waldkatze

Eine norwegische Legende beschreibt die Norwegische Waldkatze als ein geheimnisvolles verzaubertes Tier, und vielleicht wirkt keine andere Katzenrasse so wild und so sehr wie ein nur zeitweiliger Besucher am häuslichen Herd wie diese. Obwohl sie tatsächlich nicht wilder ist als die Maine Coon, der sie ähnlich sieht, handelt es sich doch um eine natürliche Rasse, die robust, ausdauernd und dem kalten skandinavischen Winter gut angepaßt ist. Das auffälligste Merkmal dieser Anpassung ist das Doppelfell der Norwegischen Waldkatze, das Wind und Schnee fernhält, die Wärme speichert und nach einer Durchnässung in etwa fünfzehn Minuten trocknet.

Norwegische Waldkatze in Tabby
Tabbys neigen zu einem dickeren Fell als andere Varianten dieser Rasse, aber wie auch bei allen Norwegischen Waldkatzen verfilzt das Fell überraschenderweise kaum.

Herkunft

Das einzige, was wir mit Sicherheit über die Norwegische Waldkatze wissen, ist, daß es sich um eine alte Züchtung handelt. Zu ihren Verwandten mögen Kurzhaarkatzen gehören, die von den Wikingern aus England mitgebracht wurden, und Langhaarkatzen, die Kreuzfahrer mit nach Hause brachten, und die sich dann mit Bauern- und wildlebenden Katzen paarten. Andererseits kann jedoch auch nur die Norsk Skaukatt, wie sie in ihrem Heimatland genannt wird, die Trollkatze aus den skandinavischen Märchen sein. Sie wurde in Norwegen 1930 anerkannt und 1938 zum erstenmal ausgestellt. Eine Zeitlang war es nicht erlaubt, diese Katze zu exportieren, und deshalb blieb diese Zucht außerhalb des eigenen Landes lange unbekannt. Heute jedoch hat sie sich auf internationaler Ebene profiliert, und es wurden Zuchtstandards für sie aufgestellt.

Temperament

»Wegies« lieben den Menschen und können sehr viel Zuneigung verlangen, dafür belohnen sie ihn mit ihrer intelligenten, freundlichen und spielfreudigen Gesellschaft. Gewöhnt an das Leben im Freien, wo sie geschickte, rasche Jäger sind, können sie sich trotzdem völlig zufrieden an das Leben im Haus anpassen, solange man ihnen genug Raum bietet.

Varianten

Bei der Norwegischen Waldkatze sind alle Fellfarben und Muster mit oder ohne Weiß zulässig.

Die üppige Halskrause wird im Sommer meistens »abgeworfen«.

Ein langgestreckter Hals

Fell
Das Doppelfell besteht aus langen, wasserabweisenden Leithaaren über dicker Unterwolle. Die Farbe ist blau mit durchscheinendem Weiß.

Weiche, »ölige« Leithaare

Besondere Krallen ermöglichen das Klettern auf Felsen und Bäumen.

Füße
Groß, mit starken Pfoten. Die Farbe der Pfotenballen entspricht der Fellfarbe.

Beine
Lang und kräftig.

Die Hinterbeine sind etwas länger als die Vorderbeine.

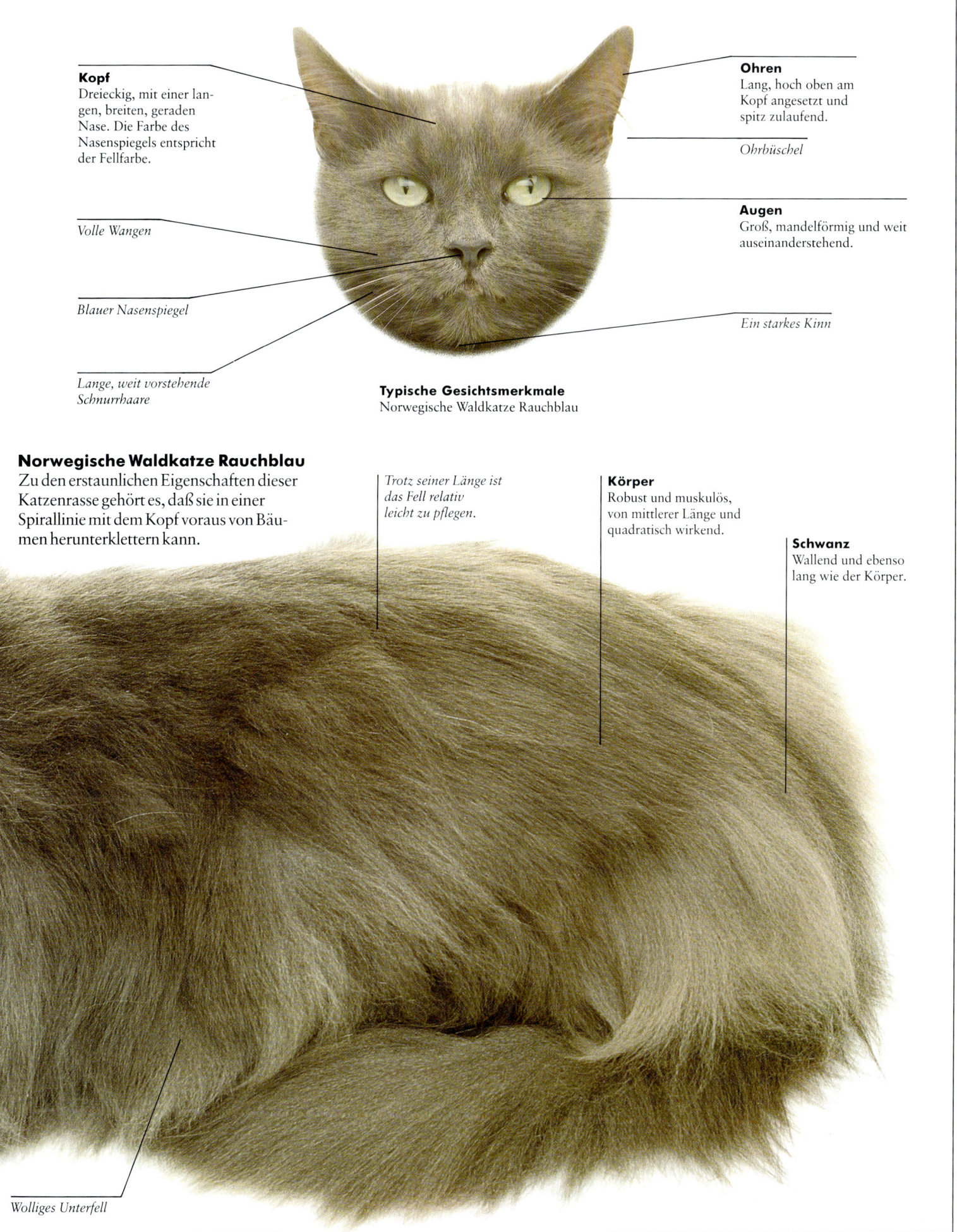

Kopf
Dreieckig, mit einer langen, breiten, geraden Nase. Die Farbe des Nasenspiegels entspricht der Fellfarbe.

Ohren
Lang, hoch oben am Kopf angesetzt und spitz zulaufend.

Ohrbüschel

Volle Wangen

Augen
Groß, mandelförmig und weit auseinanderstehend.

Blauer Nasenspiegel

Ein starkes Kinn

Lange, weit vorstehende Schnurrhaare

Typische Gesichtsmerkmale
Norwegische Waldkatze Rauchblau

Norwegische Waldkatze Rauchblau
Zu den erstaunlichen Eigenschaften dieser Katzenrasse gehört es, daß sie in einer Spirallinie mit dem Kopf voraus von Bäumen herunterklettern kann.

Trotz seiner Länge ist das Fell relativ leicht zu pflegen.

Körper
Robust und muskulös, von mittlerer Länge und quadratisch wirkend.

Schwanz
Wallend und ebenso lang wie der Körper.

Wolliges Unterfell

Katzen ohne Stammbaum

O bwohl man Langhaarkatzen üblicherweise mit
Ausstellungen in Verbindung bringt, zieren
Langhaarkatzen ohne Stammbaum so manches
Heim und manchen Herd. Wie die bekannteren
Kurzhaarkatzen ohne Stammbaum sollte man sie
keinesfalls als »Zweite Wahl« nach den edlen Aus-
stellungsexemplaren betrachten — sie mögen vielleicht nicht so berühmte Eltern haben, aber sie besitzen den gleiche, angeborenen »Katzen-Appeal«.

**Zweifarbige Langhaarkatze
ohne Stammbaum**

Herkunft

Langhaarkatzen entstanden wahrscheinlich infolge einer spontanen Mutation in
isolierten, vermutlich kalten Gebieten, wodurch dieses Merkmal bei einer Rassenver-
mischung erhalten bleiben konnte. Die modernen Langhaarkatzen stammen meistens
von türkischen oder persischen Katzen ab,
die Ende des 19. Jahrhunderts nach England gebracht wurden. Langhaarkatzen
ohne Stammbaum können das Ergebnis
einer Kreuzung zwischen Langhaarkatzen
oder von Paarungen zwischen Lang-
haar- und Kurzhaarkatzen sein.

Temperament

Wie alle Katzen besitzt
auch die Langhaar ohne
Stammbaum eine eige-
ne, unverwechselbare
Persönlichkeit, die von
dem Erbgut, der Kind-
heit und der sozialen
Umgebung geprägt wur-
de. In der Regel ist sie
fügsamer als ihre kurz-
haarigen Verwandten.

Varianten

Wie zu erwarten, sind eine
unbegrenzte Anzahl von
Varianten bei der Lang-
haarkatze ohne Stamm-
baum möglich.

Körper
Stark und stämmig.

Langhaar-Tabby ohne Stammbaum

Wie die Kurzhaarkatzen ohne Stammbaum
besitzen die gekreuzten Langhaarkatzen mit großer
Wahrscheinlichkeit eher Tabby-Merkmale als irgendwelche anderen, weil diese zum grundlegen-
den Fellmuster der Katze gehören. Die Fellänge läßt
die Abzeichen weniger deutlich hervortreten, aber
eine Tabby ist trotzdem immer unverwechselbar.

Schwanz
Mittellang und
flauschig.

Das charakteristische »M« auf der Stirn

Ohren
Mittelgroß, mit abgerundeten Spitzen.

Augen
Groß und rund.

Kopf
Mittelgroß, rund, mit einer mittellangen Nase.

Roter Nasenspiegel

Typische Gesichtsmerkmale
Langhaar-Tabby ohne Stammbaum

Fell
Lang, dick und seidig.

Beine
Mittellang und dick.

Füße
Die Pfoten sind groß und rund.

Langhaar-Tabby mit Weiß ohne Stammbaum
Ebenso attraktiv wie eine Rassekatze.

Langhaar-Smoke ohne Stammbaum
Trotz undefinierbarer Farbe eine außerordentlich schöne Katze.

Kurzhaarkatzen

Kurzes Fell ist sowohl bei wilden als auch bei domestizierten Katzen üblicher als langes. Das liegt hauptsächlich daran, daß die Gene für kurzes Haar gegenüber denen für langes Haar dominant sind. Außerdem kann sich langes Haar im Freien, ob es sich nun um einen Leoparden handelt oder um einen heimatlosen Kater in der Großstadt, bei der Pirsch oder beim Lauern im Hinterhalt irgendwo verhaken oder den Feinden eine Möglichkeit bieten, sich daran festzukrallen. Ferner würde es ohne einen aufmerksamen Besitzer, der es pflegt, verfilzen und leicht zur Ursache von Hautkrankheiten werden. Das sind erhebliche Nachteile, die in der natürlichen Evolution berücksichtigt wurden. Darüber hinaus behindert kurzes Fell die Tiere nicht, und es ist auch einfach zu pflegen — Wunden können leicht versorgt werden, und Parasiten finden nicht so gute Nistplätze vor wie in langem Fell. Es reicht, das Fell zweimal in der Woche zu bürsten, und viele Kurzhaarkatzen können ihr Fell sehr gut selbst pflegen.

Es gibt drei Hauptkategorien von Kurzhaarkatzen: die Britisch Kurzhaar, die Amerikanisch Kurzhaar und die Foreign oder Orientalisch Kurzhaar.

Die Britisch Kurzhaar ist eine stämmige Katze mit einem starken, muskulösen Körper auf kurzen Beinen und einem kurzen, dichten Fell. Sie hat einen breiten, runden Kopf mit einer kurzen, geraden Nase und großen, runden Augen. Die Europäisch Kurzhaar wird mit ihr gleichgesetzt.

Die Amerikanisch Kurzhaar entwickelte sich aus der Britisch und Europäisch Kurzhaar, die von den ersten Siedlern in die USA mitgenommen wurden. Sie stellt eine eigene Katzenrasse dar, größer und schlanker als der englische Typus, mit etwas längeren Beinen, einem länglicheren Kopf mit einem geradegeschnittenen Mund, einer mittellangen Nase und großen, runden Augen.

Das Aussehen der Foreign oder Orientalisch Kurzhaar unterscheidet sich stark von dem der rundlichen und kräftigen Britisch und Amerikanisch Kurzhaar. Dieser Katzentypus hat einen keilförmigen Kopf mit schräggeschnittenen Augen, großen, spitzen Ohren, einen geschmeidigen, schlanken Körper mit langen Beinen und ein sehr feines, kurzes Fell. Zu dieser Kategorie gehört als das bekannteste Beispiel die Siamkatze, ebenso die Koratkatze und die Havanakatze. In einigen Ländern, einschließlich der USA, sind diese Katzen als Orientalisch Kurzhaar oder auch als Orientalischer Typus bekannt, während es in anderen Ländern, vornehmlich in England, Australien und Neuseeland, von bestimmten Farbschlägen und Fellmustern abhängt, ob eine Katze als Foreign oder Orientalisch Kurzhaar eingestuft wird.

Britisch Kurzhaar Blau
Dies ist wahrscheinlich die beliebteste Britisch-Kurzhaar-Katze; sie besitzt das typische runde Gesicht und den kräftig gebauten, muskulösen Körper mit kurzen Beinen. Das Fell ist, selbst für diesen Katzentypus, besonders plüschartig.

Manxkatze
Die Manx, eine schwanzlose Zuchtkatze, ähnelt in der Gestalt der Britisch Kurzhaar, bis darauf, daß die Hinterbeine länger sind als die Vorderbeine.

Orientalisch Kurzhaar

Die Bezeichnung »Orientalisch« spricht nicht unbedingt für eine exotische Abstammung (einige dieser Katzen kommen allerdings tatsächlich aus dem Fernen Osten), sie weist vielmehr auf eine Vielzahl von Züchtungen hin, die den gleichen geschmeidigen, schlanken Körperbau, schräggeschnittene Augen, große, spitze Ohren und ein feines, kurzes Fell haben.

Abessinier

Die Abessinier ist stabiler und nicht so feinknochig wie eine typische Foreign Kurzhaar, besitzt aber dennoch einige gemeinsame Merkmale. Ein wichtiger Unterschied sind die Textur und die Musterung des Fells, das sehr dick und von einem deutlichen Ticking geprägt ist.

Exotisch Kurzhaar

Die Exotisch Kurzhaar ist vielleicht das beste Beispiel für eine Katze, die die Trennlinie zwischen Langhaar und Kurzhaar überschritten hat: Sie besitzt den Körperbau und die Merkmale der Langhaarkatze, aber das plüschartige Fell einer Amerikanisch Kurzhaar.

Britisch Kurzhaar Schwarz

Mehr als jede andere Katze war die schwarze Kurzhaarkatze jahrhundertelang Grund für Furcht, Aberglauben und Verehrung — abwechselnd verteufelt als Unglücksbote und herbeigewünscht als Glücksbringer. Tatsächlich wurde während des Mittelalters, als die christliche Kirche Europa von den Spuren des Heidentums zu reinigen versuchte, eine große Anzahl von schwarzen Katzen umgebracht, weil man glaubte, sie wären Werkzeuge des Teufels. Da sie diese Zeit überlebt haben, könnte man nun glauben, sie stünden mit dem Glück im Bunde.

Herkunft
Die schwarze Britisch Kurzhaar war eine der ersten Rassen, die Ende des 19. Jahrhunderts im Kristallpalast in London ausgestellt wurde. Sie wurde selektiv durch Auswahl und Kreuzung der besten britischen Straßenkatzen gezüchtet. Heute entsteht diese Katze im allgemeinen durch Paarungen untereinander, manchmal finden sich aber auch welche in Schildpatt-Würfen. Man verwendet sie auch für Zuchtprogramme von Schildpatt-Katzen und Schildpatt mit Weiß.

Temperament
Die gutmütige und sehr intelligente schwarze Britisch Kurzhaar ist eine ideale Katze für Haus und Garten.

Varianten
Keine.

Britisch Kurzhaar Schwarz
Kurzhaarige schwarze Katzen gibt es überall, aber im allgemeinen haben sie grüne Augen. Dagegen stehen die orange- oder kupferfarbenen Augen von gezüchteten Tieren in herrlichem Kontrast zu dem dichten, schwarzen Fell.

Füße
Die Pfoten sind groß und rund.

Beine
Kurz und gut proportioniert.

Schwarze Pfotenballen

Schwarze Katzen, verrufen als angebliche Vertraute von Hexen, die, wie man glaubte, sich in Katzen verwandeln konnten, wenn sie wollten, haben schon immer die Aufmerksamkeit von Aber- und Leichtgläubigen auf sich gezogen.

Ohren
Mittelgroß, mit runden Spitzen.

Augen
Groß und rund, in glänzendem Orange, Gold oder Kupfer.

Kopf
Rund und breit, mit einer kurzen, geraden Nase.

Schwarzer Nasenspiegel

Gut entwickeltes Kinn

Typische Gesichtsmerkmale
Britisch Kurzhaar Schwarz

Das Fell der schwarzen Britisch Kurzhaar kann eine bräunliche Tönung annehmen, wenn die Katze sich oft und lange in der Sonne aalt — was bei einem Ausstellungsexemplar besonders unerwünscht ist. Kätzchen hingegen dürfen sehr wohl eine gewisse »Rostfarbe« aufweisen, sie sollte aber im Alter von etwa sechs Monaten verschwinden.

Die Farbe sollte bis zu den Haarwurzeln reichen.

Körper
Stark, stämmig und muskulös — ein hervorragendes Beispiel für den kurzhaarigen Typus.

Schwanz
Kurz und dick.

Fell
Das Fell ist kurz und dicht. Es sollte völlig kohlschwarz sein, ohne ein einziges weißes Haar.

Britisch Kurzhaar Weiß

Weiße Kurzhaarkatzen wurden schon immer sehr wegen der Reinheit ihres Fells bewundert, und in vielen Ländern werden sie als ein Symbol der Vollkommenheit betrachtet. Wie bei der weißen Langhaarkatze neigt auch hier das blauäugige Tier zu genetisch bedingter Taubheit.

Herkunft
Die moderne Zucht stammt von selektiven Kreuzungen von Straßenkatzen Ende des 19. Jahrhunderts ab.

Temperament
Wie diese Abstammung vermuten läßt, ist die weiße Britisch Kurzhaar intelligent und mit dem Leben auf der Straße vertraut, außerdem ist sie ein freundlicher Gefährte.

Varianten
Es gibt drei Farbschläge: Katzen mit blauen, orangefarbenen und mit zwei verschiedenfarbigen Augen. (Weiße Kurzhaarkatzen ohne Stammbaum besitzen im allgemeinen grüne Augen.)

Britische Kurzhaar Weiß mit orangefarbenen Augen
Eine vollkommen weiße Kurzhaarkatze mit keinerlei Andeutung irgendeiner anderen Fellfarbe ist relativ selten und daher sehr begehrt. Der Farbschlag mit orangefarbenen Augen, der nicht wie der blauäugige Typus unter Taubheit zu leiden hat, wird besonders hoch geschätzt.

Körper
Stark, muskulös und untersetzt.

Schwanz
Kurz und dick.

Ohren
Mittelgroß, mit runder Spitze und weit auseinanderstehend.

Augen
Groß, rund und orangefarben. Beide Augen sollten die gleiche Farbintensität besitzen.

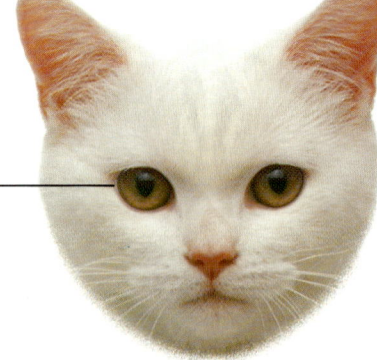

Typische Gesichtsmerkmale
Britisch Kurzhaar Weiß mit orangefarbenen Augen

Fell
Das Fell ist kurz und dicht. Die Farbe sollte ein reines Schneeweiß sein, ohne jede Andeutung von Grau oder Gelb.

Kopf
Rund und breit, mit einem gutentwickelten Kinn, einer geraden Nase und einem rosa Nasenspiegel.

Britisch Kurzhaar Weiß mit zwei verschiedenfarbigen Augen
Dieser Farbschlag der weißen Britisch Kurzhaar, der ein orangefarbenes und ein blaues Auge besitzt, ist ein Nebenprodukt von Zuchtprogrammen für Katzen mit orangefarbenen Augen. Auf der Seite des blauen Auges kann Taubheit auftreten.

Beine
Kurz, aber gut proportioniert.

Füße
Die Pfoten sind groß und rund, mit rosa Ballen.

Britisch Kurzhaar Creme

Ohren
Mittelgroß, mit runden Spitzen.

Augen
Groß und rund, in den Farben Kupfer, Orange oder Waliser Gold. Haselnußbraune Augen sind nur im Entwicklungsalter erlaubt.

Typische Gesichtsmerkmale
Britisch Kurzhaar Creme

D iese bildhübsche Katze soll so ausschauen, als ob sie gerade in einen Topf mit geschlagener Sahne eingetaucht wäre. Es ist aber in der Praxis nicht leicht, den gewünschten hellen Farbton zu erzielen, und gelungene Exemplare sind seltener zu finden als bei anderen Kurzhaarkatzen. Züchtungen, die von Schildpatt-Katzen ausgehen, neigen zu einem zu roten Farbton. Da es schwierig ist, das dominante Tabby-Gen zu unterdrücken, behalten viele Kätzchen bis ins Erwachsenenalter hinein ihre Tabby-Abzeichen. Auch wenn sie überdeckt sind, kann extrem heißes oder kaltes Wetter dazu führen, daß sie wieder auftreten.

Herkunft
Kurzhaarkatzen in Creme traten erstmals gegen Ende des 19. Jahrhunderts auf, zunächst in Würfen von Schildpatt-Katzen. Geraume Zeit wußte man nicht, wie man sie züchten konnte. Deshalb wurden sie vor der Aufstellung eines Zuchtprogrammes in den 20er Jahren nicht offiziell anerkannt. Ein weitverbreitetes Interesse an dieser Rasse zeigte sich sogar erst während der 50er Jahre.

Temperament
Die Britisch Kurzhaar Creme ist außerordentlich gutmütig, intelligent und anhänglich.

Varianten
Keine.

Kopf
Rund und breit, mit einer kurzen Nase.

Britisch Kurzhaar Creme
Weibchen in Blaucreme, die mit Männchen in Blau oder Creme gepaart werden, bringen im allgemeinen die besten Exemplare dieser Rasse hervor.

Rosa Nasenspiegel

Fell
Kurz und dicht, aber fein. Die Farbe sollte ein gleichmäßiger Cremeton sein, mit so wenig Abzeichen wie möglich. Weiße Haare sind nicht erlaubt. Hellere Tönungen werden vorgezogen.

Körper
Kräftig, stämmig und muskulös.

Beine
Kurz, aber gut proportioniert.

Rosa Pfotenballen

Britisch-Kurzhaar-Kätzchen in Creme
Das helle Fell dieses Kätzchens läßt vermuten, daß es später möglicherweise zu Ausstellungen zugelassen wird.

Schwanz
Kurz und dick.

Füße
Die Pfoten sollten groß und rund sein.

Britisch Kurzhaar Blau

Ein idealer Körperbau und ein besonders plüschiges Fell von tiefem Blaugrau, das zu orange- oder kupferfarbenen Augen kontrastiert, machen diese Rasse zur Nummer eins in der Beliebtheitsskala der Kurzhaarkatzen.

Herkunft

Die Britisch Kurzhaar Blau entwickelte sich im späten 19. Jahrhundert durch Zuchtprogramme mit besonders schönen Hauskatzen. Sie tauchte schon früh auf Ausstellungen auf, aber der Mangel an guten Zuchtkatern während des Zweiten Weltkrieges und die Einkreuzung anderer Zuchtkatzen nach Kriegsende bewirkte einen Rückgang der Zucht. Erst die Einbringung von blauen Langhaarkatzen in die Zuchtlinien führte zu einer gewissen Verbesserung, obgleich das Fell dann häufig zu lang war. In den 50er Jahren war es infolge einer sehr selektiven Züchtung endlich möglich, den ursprünglichen Typus der blauen Britisch Kurzhaar wieder zu erreichen.

Temperament

Die scharfsinnige und besonders anhängliche Britisch Kurzhaar Blau ist ein angenehmer Gefährte und hat, wie einige Besitzer berichteten, den Hang zu einem ruhigen Leben.

Varianten

Von einigen Vereinen wird die Kartäuserkatze als ein echter Farbschlag der Britisch Kurzhaar Blau angesehen, andere beurteilen beide nach dem gleichen Standard. Man nimmt an, daß die Kartäuserkatze im Mittelalter von den Mönchen des französischen Klosters La Grande Chartreuse (berühmt für seinen grünen Likör) gezüchtet wurde. Sie sollen dabei Katzen verwendet haben, die aus Nordafrika eingeführt worden waren. In Nordamerika hat man dieser Rasse eine eigene Klasse zugeteilt. Allerdings sollten diese Katzen stämmiger sein als die blaue Britisch Kurzhaar und einen größeren Anteil von Grau im Fell und ein weniger rundes Gesicht aufweisen. In Großbritannien wurde die Kartäuserkatze durch selektive Zucht dem Typus der Kurzhaar Blau so stark angenähert, daß man zwischen beiden keine Unterscheidung trifft.

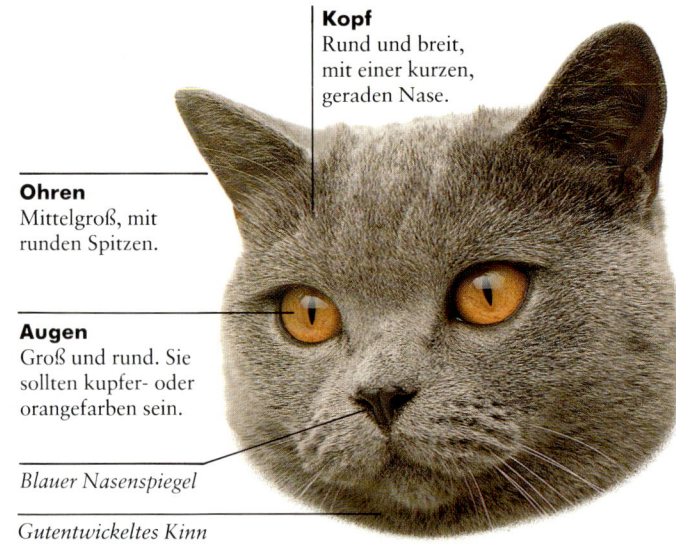

Kopf
Rund und breit, mit einer kurzen, geraden Nase.

Ohren
Mittelgroß, mit runden Spitzen.

Augen
Groß und rund. Sie sollten kupfer- oder orangefarben sein.

Blauer Nasenspiegel

Gutentwickeltes Kinn

Typische Gesichtsmerkmale
Britisch Kurzhaar Blau

Britisch Kurzhaar Blau
Um den Zuchttypus zu erhalten, werden gelegentliche Einkreuzungen von blauen Langhaarkatzen und schwarzen Kurzhaarkatzen empfohlen.

Füße
Die Pfoten sind groß und rund, die Ballen blau.

Beine
Kurz und gut proportioniert.

Die Britisch Kurzhaar Blau ist die beliebteste Rasse unter den Kurzhaarkatzen. Sie besitzt einen ausgeglichenen Charakter, aber manchmal sitzt ihr auch der Schelm im Nacken.

Fell
Das Fell ist kurz und dicht. Wähend früher auch ein dunkles Schieferblau anerkannt wurde, verlangt der Standard heute ein Mittel- bis Hellblau. Es sollen keine Tabby-Abzeichen vorhanden sein.

Körper
Kräftig, muskulös und untersetzt.

Die selektive Zucht der blauen Kurzhaarkatze hat ein hervorragendes Beispiel für das ideale Erscheinungsbild einer britischen Kurzhaarkatze hervorgebracht.

Kartäuserkatze
In einigen Ländern gibt es für sie eine eigene Beurteilungsklasse.

Schwanz
Kurz und dick.

Die Britisch Kurzhaar Blau ist als Kätzchen unwiderstehlich und besonders hübsch. Sie kann in diesem Alter schwache Tabby-Abzeichen besitzen, die jedoch innerhalb von wenigen Monaten verschwinden sollten.

Britisch Kurzhaar Blaucreme

Wie der Name vermuten läßt, ist diese Katze eigentlich eine Kreuzung zwischen Kurzhaarkatzen in Blau und Creme, obwohl auch Schildpatt-Katzen für diese Rasse verwendet werden. Der Britische Standard verlangt eine fein ineinander übergehende Tönung, während die Amerikanisch Kurzhaar Blaucreme klar voneinander abgegrenzte Farbpartien besitzt. Die Art und Weise, in der die Farbgene bei einigen Katzenarten mit den Geschlechtsgenen verbunden sind, hat dazu geführt, daß noch kein Kater in Blaucreme bekannt wurde, der das Erwachsenenalter erreicht hätte.

Herkunft
Die Britisch Kurzhaar Blaucreme ist eine vergleichsweise neue Zucht und wurde in England erst Ende der 50er Jahre anerkannt.

Temperament
Diese Katze ist ebenso anhänglich und lebhaft wie ihre Vorfahren.

Varianten
Keine.

Ihr aufgeweckter Charakter hat die Blaucreme bei ihren Besitzern sehr beliebt gemacht.

Körper
Kräftig, muskulös und untersetzt.

Schwanz
Er sollte kurz und dick sein.

Beine
Kurz und gut proportioniert.

Füße
Die Pfoten sind groß und rund und haben Ballen in Rosa oder Blau oder einer Mischung von beiden Farben.

Ohren
Mittelgroß, mit runden Spitzen.

Kopf
Rund und breit, mit einer kurzen, geraden Nase.

Blauer Nasenspiegel

Augen
Groß und rund, entweder in Kupfer, Orange oder dunklem Gold.

Gutentwickeltes Kinn

Typische Gesichtsmerkmale
Britisch Kurzhaar Blaucreme

Britisch Kurzhaar Blaucreme
Würfe, die durch Kreuzung von blauen und cremefarbenen Katzen entstehen, können sowohl einfarbige Kätzchen als auch welche in Blaucreme enthalten.

Fell
Das Fell ist kurz und dicht. Bei der Farbe sollten das Blau und Creme ohne Tabby-Abzeichen sanft ineinander übergehen.

Die cremefarbenen Haare sind meistens feiner als die blauen. Deshalb erfordert das Fell regelmäßige Pflege, wenn die Katze es wechselt.

Die besten Exemplare der Britisch Kurzhaar Blaucreme haben eine sehr helle Farbe.

Britisch Kurzhaar Tabby

M it ihrem typischen Fellmuster hat die Britisch Kurzhaar Tabby am meisten Ähnlichkeit mit ihren wildlebenden Vorfahren. Das Tabby-Gen ist dominant, und die neugeborenen Kätzchen anderer Rassen besitzen oft schwache, vorübergehende Tabby-Abzeichen, die von ihrer ursprünglichen Herkunft zeugen und davon, daß ihre ungezähmten Verwandten in der Wildnis eine wirksame Tarnung brauchten. Trotz der Stärke der Tabby-Gene haben die strengen Vorschriften des Zuchtstandards dafür gesorgt, daß die gezüchtete Tabby keine Feld-Wald-und-Wiesen-Katze ist.

Herkunft

Darstellungen von Tabby-Katzen gab es bereits auf den Wandgemälden im pharaonischen Ägypten, und seither wurden sie immer wieder von Kunsthandwerkern und Künstlern dargestellt. Der Begriff »Tabby« rührt von dem Wort Attabiya her, einem Viertel im alten Bagdad. Dort wurde ein gestreifter Stoff hergestellt, der in England Tabbiseide hieß. Die moderne Zucht dieser ehrwürdigen Katze stammt aus dem 19. Jahrhundert, als die besten britischen Hauskatzen gekreuzt wurden.

Temperament

Die Britisch Kurzhaar Tabby ist eine gutmütige, anhängliche und intelligente Katze, was sie zu einem wunderbaren Freund macht.

Varianten

Die Britische Kurzhaar Tabby wird in zwei verschiedenen Fellmustern und in verschiedenen Farben gezüchtet. Die getigerte Katze (Mackerel) besitzt mehr Streifen im Fell, die Spiralen der klassisch gestromten Kurzhaarkatze fehlen. Anerkannte Farbschläge sind Braun, Silber und Rot, in den USA werden außerdem auch Blau und Creme anerkannt.

Britisch Kurzhaar Braun-Tabby
Die korrekte Farbkombination einer tief- oder kupferbraunen klassisch gestromten Britisch Kurzhaar mit tiefschwarzen Abzeichen ist schwer zu erzielen, weshalb diese Katzen relativ selten sind.

Von den Augenwinkeln beider Augen sollten durchgehende Linien ausgehen.

Britisch Kurzhaar Rot-Tabby

Eine klassisch gestromte Kurzhaarkatze hat auf den Schultern eine Zeichnung in Schmetterlingsform, von der drei Streifen am Rückgrat entlanglaufen, eine austerförmige Spirale auf jeder Flanke und enge Halsbänder-artige Ringe über der Brust. Der Bauch ist gefleckt, und die Stirn trägt ein Abzeichen, das den Buchstaben »M« formt. Schwanz und Beine weisen waagerecht verlaufende Fellringe auf.

Beine
Kurz, aber gut proportioniert.

Die Beine sind von »Armreifen« umgeben.

Tiefrote Pfotenballen

Ohren
Mittelgroß, mit runden Spitzen.

Augen
Groß und rund, kupfer-, gold- oder orangefarben.

Tabby-Striche auf den Wangen

Ziegelroter Nasenspiegel

Kopf
Rund und breit, mit einer kurzen, geraden Nase und einem gut-entwickelten Kinn.

Typische Gesichtsmerkmale
Britisch Kurzhaar Rot-Tabby

Eine gezüchtete rotgestromte Kurzhaarkatze kann dem roten Kater aus der Nachbarschaft fast zum Verwechseln ähnlich sehen, aber der satte Rotton ihres Fells und die auffallenden dunkelroten Abzeichen zeigen, daß sie nicht »von der Straße« kommt.

Fell
Das Fell sollte kurz und plüschartig sein. Die dunkelroten Abzeichen sollten dem klassischen Tabby-Muster entsprechen und sich gut von dem satten Rot der Grundfarbe abheben.

Körper
Kräftig, muskulös und stämmig.

Die Grundfarbe und die Abzeichen sollten gut verteilt sein.

Die Abzeichen sollten auf beiden Seiten identisch sein.

Schwanz
Kurz und dick.

Füße
Die Pfoten sind groß und rund.

Britisch Kurzhaar Silber-Tabby
Die Silber-Tabby, der vielleicht beliebteste Farbschlag unter den Tabby-Katzen, soll zugleich auch die freundlichste sein. Sie sollte scharf umrissene, eng beieinander stehende, kohlschwarze Abzeichen haben, die sich gut von der silbergrauen Grundfarbe abheben. Der Nasenspiegel ist entweder ziegelrot oder schwarz, die Augen sollten grün oder haselnußbraun sein (in den USA golden, orange oder haselnußbraun).

Britisch Kurzhaar Schildpatt

Obwohl die Britisch Schildpatt mit ihrem ausgeprägten Fellmuster in Schwarz, Creme und Rot zu den bekanntesten Hauskatzen gehört, ist sie überraschenderweise schwer zu züchten. Um das gewünschte Farbmuster zu erzielen, paart man die Weibchen am besten mit einem reinschwarzen, roten oder cremefarbenen Zuchtkater, aber selbst dann ist es möglich, daß in dem Wurf nur ein einziges Kätzchen dem gewünschten Typus entspricht. Da die Gene, die die Fellfarbe bestimmen, geschlechtsgebunden sind, sind fast alle Schildpatt-Katzen Weibchen.

Herkunft
Wie die meisten Britisch Kurzhaar wurden auch die Schildpatt-Katzen durch Kreuzungen der besten Hauskatzen entwickelt. Sie gehörten zu den ersten, die auf Ausstellungen erschienen.

Temperament
Die Britisch Kurzhaar Schildpatt ist eine aufgeweckte, anhängliche und bezaubernde Katze, die seit langem als Haustier sehr beliebt ist.

Varianten
Es gibt zwei Farbschläge. Die Schildpatt mit Weiß entspricht im wesentlichen der normalen Schildpatt, abgesehen von dem zusätzlichen Weiß. Bei der Blau-Schildpatt mit Weiß, die in den USA unter dem Namen Dilute Calico bekannt ist, ist das Schwarz durch Blau und das Rot durch Creme ersetzt.

Augen
Groß und rund. Die Farbe sollte entweder Dunkelorange sein oder wie blankes Kupfer.

Schwarzer Nasenspiegel

Typische Gesichtsmerkmale
Britisch Kurzhaar Schildpatt

Kurzes, dichtes Fell

Schwanz
Kurz und dick.

Britisch Kurzhaar Schildpatt
Diese Rasse, bekannt unter dem Kosenamen »Tortie«, brachte seit dem Ende des 19. Jahrhunderts treue Hausgefährten hervor.

Ohren
Mittelgroß,
mit runden Spitzen.

Kopf
Rund und breit, mit einer
geraden Nase. Der Nasen-
spiegel sollte schwarz
oder rosa sein oder eine
Mischung aus diesen
Farben aufweisen.

*Deutlich erkennbare, klar
voneinander abgegrenzte
Musterung in Schwarz,
Creme, Rot und Weiß.*

Britisch Kurzhaar Schildpatt mit Weiß
Dieser Farbschlag, der früher als Chintzkatze oder
Spanische Katze bekannt war, weist zusätzlich
weiße Fellpartien auf. Zweifarbige Katzen eignen
sich am besten für diese Züchtung.

Fell
Es muß gleichmäßig in
den Farben Schwarz,
Rot und Creme gemu-
stert sein. Eine creme-
farbene oder rote Bles-
se am Kopf gilt als be-
sonders begehrenswert.

*Rosa-blauer
Nasenspiegel*

Körper
Kräftig, muskulös
und stämmig.

Beine
Kurz, aber gut
proportioniert.

Rosa-blaue Pfotenballen

Britisch Kurzhaar Blau-Schildpatt mit Weiß
Das Schwarz und Rot im Fell der Schildpatt mit Weiß ist
bei diesem erst kürzlich entwickelten Farbschlag durch
Blau und Creme ersetzt. Der Nasenspiegel und die Pfotenballen sind rosa oder blau oder weisen eine Mischung
dieser beiden Farben auf.

Füße
Die Pfoten sind groß und
rund. Die Ballen müssen
rosa oder schwarz sein
oder eine Mischung bei-
der Farben aufweisen.

Britisch Kurzhaar Getupft

Wenn Sie eine getupfte Britisch Kurzhaar besitzen, nehmen Sie sich in acht vor Katzendieben! Ihr prachtvolles Fell ist ein Blickfang, nach dem sich viele umwenden. »Spottie«, wie ihr Kosename lautet, erinnert an ihre kleineren, wildlebenden Verwandten und geht eigentlich auf eine Mackerel-Tabby zurück, bei der die charakteristischen Tigerstreifen in einzelne Tupfen aufgelöst sind.

Herkunft
Im alten Ägypten war bereits eine Katze bekannt, die der getupften Britisch Kurzhaar sehr ähnlich war. Sie wurde in der Mythologie als Überwinderin der Teufelsschlange verehrt. Wie bei den meisten Britisch-Kurzhaar-Katzen begann die Zucht durch Selektion von Straßenkatzen. Nach 1880 tauchte sie erstmals bei Ausstellungen auf. Zu Beginn dieses Jahrhunderts war sie nicht mehr gefragt, errang aber neue Beliebtheit in der Mitte der 60er Jahre.

Temperament
Spottie ist gutmütig, umgänglich und anhänglich.

Varianten
Alle Kombinationen von Tabby-Farben sind bei der getupften Britisch Kurzhaar erlaubt, solange die Tupfen zur Grundfarbe passen. Am häufigsten vertreten sind die Farben Braun, Silber und Rot. Der britische Zuchtstandard legt mehr Wert auf die Art der Verteilung der einzelnen Tupfen als der amerikanische.

Britisch Kurzhaar Silbergetupft
Die Abzeichen sollten so zahlreich und so gut voneinander abgegrenzt sein wie möglich.

Unterbrochene Ringe am Schwanz

Schwanz
Kurz und dick.

Kopf
Rund und breit, mit einem gutentwickelten Kinn. Die Nase sollte kurz und gerade sein und einen roten oder schwarzen Spiegel haben.

Ohren
Mittelgroß, mit abgerundeten Spitzen.

Augen
Groß und rund, in Grün oder Haselnußbraun mit schwarzer Umrandung.

Roter Nasenspiegel mit schwarzer Umrandung

Typische Gesichtsmerkmale
Britisch Kurzhaar Silbergetupft

Körper
Kräftig und muskulös.

Fell
Das Fell ist kurz, dicht, hellgrau und hat schwarze Abzeichen.

Der Aalstrich am Rücken sollte in einzelne Flecke aufgelöst sein.

Ein »M«, charakteristisch für Tabbys, schmückt die Stirn.

Die Schwanzspitze muß die gleiche Farbe haben wie die Abzeichen.

Beine
Kurz, aber gut proportioniert.

Füße
Die Pfoten sind groß und rund, mit schwarzen oder roten Ballen.

Britisch Kurzhaar Rotgetupft
Bei diesem Farbschlag verlangt der Standard ein hellrotes Fell mit tiefroten Tupfen und dunkelorange- oder kupferfarbenen Augen.

Britisch Kurzhaar Bicolor

Z weifarbige Katzen, im Grunde weiße Katzen mit einer zweiten Farbe, gibt es häufig, aber die Nummer eins unter ihnen, die gezüchteten, sind sehr viel seltener, da es schwierig ist, die Anforderungen des Zuchtstandards zu erfüllen. Das Weiß sollte nicht mehr als die Hälfte des Fells einnehmen und die zweite Farbe nicht weniger als die Hälfte und nicht mehr als zwei Drittel. Im Idealfall sollte das Farbmuster symmetrisch angeordnet sein, aber in der Praxis ist das nur selten zu verwirklichen.

Herkunft
Überraschenderweise ist die zweifarbige Britisch Kurzhaar erst kürzlich für Ausstellungen anerkannt worden, obwohl es zweifarbige Katzen ohne Stammbaum schon ebenso lange gibt wie domestizierte Katzen überhaupt.

Temperament
Es handelt sich um eine außerordentlich ausgeglichene, freundliche und intelligente Katze.

Varianten
Es gibt vier Farbschläge: Schwarz mit Weiß (in England als »Magpie« bekannt), Blau mit Weiß, Rot mit Weiß und Creme mit Weiß.

Britisch Kurzhaar Bicolor, Blau mit Weiß
Bevor die Zuchtlinien aufgestellt wurden, war die bekannteste zweifarbige Katze im Besitz des Earl von Southampton. Ein zeitgenössisches Gemälde zeigt die beiden zusammen im Londoner Tower.

Schwanz
Kurz und dick.

Innerhalb der Farbpartien sollten keine weißen Haare sein.

Britisch-Kurzhaar-Kätzchen Bicolor, Blau mit Weiß und Creme mit Weiß
Kätzchen dieser Zucht sind wirklich unwiderstehlich, aber auch als erwachsene Tiere sehr hübsch. Der ungewöhnlichste Farbschlag ist Creme mit Weiß. Alle Bicolor-Katzen neigen dazu, früh geschlechtsreif zu werden.

Beine
Kurz, aber gut proportioniert.

Britisch Kurzhaar Bicolor, Rot mit Weiß
Obwohl diese Katze sehr hübsch ist, scheidet sie wegen der Tabby-Abzeichen für eine Karriere auf Ausstellungen aus.

Körper
Kräftig, muskulös und stämmig.

Ein Blick auf die Rückenpartie dieser Bicolor in Blau mit Weiß zeigt, daß nur ein kleiner weißer Fleck die Symmetrie der Musterung unterbricht.

Fell
Das Fell ist kurz und dicht. Die Grundfarbe sollte Weiß und die blauen Farbpartien sollten gleichmäßig verteilt sein.

Kopf
Rund und breit, mit einer runden, geraden Nase mit einem Nasenspiegel, der entweder rosa oder der zweiten Fellfarbe entspricht.

Das Gesicht sollte zweifarbig sein.

Ohren
Mittelgroß, mit runden Spitzen.

Füße
Die Pfoten sind groß und rund, mit Ballen, die entweder rosa sind oder der zweiten Fellfarbe entsprechen.

Augen
Groß und rund, in Kupfer oder Orange. Grüne Ränder an der Iris sind ein Fehler.

Eine weiße Blesse ist sehr erwünscht.

Typische Gesichtsmerkmale
Britisch Kurzhaar Bicolor, Blau mit Weiß

97

Britisch Kurzhaar Smoke

Die fast magisch wirkende Erscheinung der rauchfarbenen Britisch Kurzhaar rührt von ihrem ungewöhnlichen Fell her. Es besteht aus einem einfarbigen Oberfell über einem weißen Unterfell. Wenn sich die Katze in Ruhestellung befindet, sieht sie einfarbig aus, aber wenn sie sich bewegt, sieht man das Weiß durchblitzen, was einen sehr hübschen Effekt ergibt.

Herkunft
Die Vorfahren der Britisch Smoke reichen bis ins späte 19. Jahrhundert zurück. Zu ihnen zählen silbergestromte und einfarbige Britisch-Kurzhaar-Katzen. Heute paart man die Rauchfarbenen untereinander oder, wenn man den Zuchttypus verbessern will, mit blauen Kurzhaarkatzen.

Temperament
Diese Katzen sind freundlich, anhänglich und intelligent.

Varianten
Es gibt zwei Farbschläge: Schwarzes Oberfell mit weißem Unterfell und blaues Oberfell mit weißem Unterfell.

Ohren
Mittelgroß, mit runden Spitzen.

Augen
Groß und rund, die Farbe sollte Kupfer, Orange oder sattes Gold sein.

Schwarzer Nasenspiegel

Typische Gesichtsmerkmale
Britisch Kurzhaar Smoke in Schwarz

Britisch Kurzhaar Smoke in Schwarz
Das Aussehen dieses Fells wird von zwei Genen bestimmt: Das eine verhindert die Pigmentierung des Unterfells, das andere steigert das Tipping des Oberfells.

Fell
Das Fell sollte kurz und dicht sein. Das Unterfell ist weiß oder von einem blassen Silberton und wird von einem blassen Oberfell bedeckt, das schwarze Haarspitzen (Tipping) besitzt.

Kopf
Rund und breit, mit einer kurzen, geraden Nase.

Körper
Kräftig und muskulös.

Unterfell

Rosa Pfotenballen

Oberfell

Britisch Kurzhaar Schildpatt Smoke
Ein Farbschlag, der in den USA noch nicht anerkannt ist. Die Abzeichen der »Tortie-Smoke« rufen einen wundervollen, verschwommenen Effekt hervor.

Das tiefe Tipping ist von der Fellfarbe kaum zu unterscheiden.

Schwanz
Kurz und dick.

Füße
Die Pfoten sind groß und rund, mit schwarzen Ballen.

Beine
Kurz, aber gut proportioniert.

Britisch Kurzhaar mit Tipping

W ie die Langhaarkatzen Chinchilla und Cameo besitzt diese Rasse ein weißes Unterfell und ein Oberfell mit Tipping, eine betörende Kombination, die bewirkt, daß es deutlich »blitzt«, wenn die Katze sich bewegt. Das Tipping sollte gleichmäßig verteilt und im wesentlichen auf die obere Körperpartie begrenzt sein.

Herkunft

Ein ausgefeiltes Zuchtprogramm, das Katzen mit Genen für Silber, Blau und Smoke einbezog, brachte diese Katze hervor. Ursprünglich wurde sie als Kurzhaar Chinchilla bezeichnet, seit 1978 ist sie unter dem jetzigen Namen anerkannt.

Temperament

Die gutmütige und intelligente Britisch Kurzhaar mit Tipping ist ein anhänglicher Gefährte.

Varianten

Die Färbung der Haarspitzen, das Tipping, kann bei dieser vielbewunderten Züchtung jede beliebige Farbe der Britisch Kurzhaar besitzen, einschließlich Chocolate und Lilac.

Britisch Kurzhaar mit schwarzem Tipping

Grüne Augen mit schwarzer Umrandung unterscheiden diesen Farbschlag von den übrigen. Alle anderen Farbschläge besitzen orangeoder kupferfarbene Augen.

Fell

Das Fell ist kurz und dicht. Die Farbe sollte weiß sein, mit schwarzem Tipping auf dem Rücken, den Flanken, dem Kopf, den Ohren und der Oberseite des Schwanzes.

Schwanz

Kurz und dick.

Kopf
Rund und breit, mit einer geraden Nase.

Ohren
Mittelgroß, mit runden Spitzen.

Augen
Groß und rund, die Farbe sollte ein glänzendes Grün sein.

Rosa Nasenspiegel

Ein gutentwickeltes Kinn

Typische Gesichtsmerkmale
Britisch Kurzhaar mit schwarzem Tipping

Körper
Kräftig, muskulös und untersetzt.

Britisch Kurzhaar mit Tipping in Creme
Creme auf Weiß — dieses Tipping fällt kaum ins Auge. Es ist aber sichtbar genug, um diesem Farbschlag ein raffiniertes Erscheinungsbild zu verleihen.

Das Weiß des Unterfells sollte so rein wie möglich sein.

Die Beine können mit zarten Ringen gezeichnet sein.

Beine
Kurz, aber gut proportioniert.

Füße
Die Pfoten sind groß und rund mit Ballen, die entweder rosa sind oder der Farbe des Tippings entsprechen.

Manxkatze

Eine Katze ohne Schwanz mag wie ein Widerspruch in sich wirken, aber die Manx wird schon seit langem als Rasse anerkannt. In gewisser Hinsicht ähnelt sie der Britisch Kurzhaar. Eine echte Manxkatze, auch »Rumpy« genannt, sollte an der Stelle, wo der Schwanz ansetzen müßte, nur eine kleine Einbuchtung besitzen. Aber es gibt auch Katzen mit Schwanzstummeln — sie sind bekannt als »Risers«, »Stumpies« oder »Stubbies« und »Longies«, je nach der Länge ihres Schwanzes. Das Fehlen des Schwanzes ist nicht nur eine seltsame Anomalie. Das mutierende Gen, das dafür verantwortlich ist, verursacht gleichzeitig Defekte im Knochenbau. Paarungen von völlig schwanzlosen Manxkatzen untereinander führen in der Regel dazu, daß die Kätzchen vor oder kurz nach der Geburt sterben.

Herkunft

Einer Legende nach hat diese unglückliche Katze ihren Schwanz verloren, als Noah die Tür der Arche etwas zu eilig hinter ihr schloß. Ihre neuere Geschichte ist nicht weniger faszinierend. Einer Überlieferung zufolge schwamm die schwanzlose Katze 1588 von Galeonen der vernichtet geschlagenen Spanischen Armada ans Ufer der Insel Man vor der Westküste Englands; eine andere Legende berichtet, daß diese Katzen mit Handelsschiffen aus dem Fernen Osten kamen. Wie auch immer, die isolierte Lage der Insel ermöglichte es, daß das Merkmal der Schwanzlosigkeit erhalten blieb.

Temperament

Die Manx ist gutmütig und freundlich — eine ausgesprochene Familienkatze.

Varianten

Bei der Manxkatze sind die meisten anerkannten Farben, Farbkombinationen und Fellmuster erlaubt.

Stumpy Manx Rot-Tabby
Eine Katze mit einem Stummelschwanz (Stumpy).

Schwanz
Fehlt. Am Ende des Rückgrats sollte eine Einbuchtung zu erkennen sein.

Das Hinterteil sollte gerundet sein und höher liegen als die Schultern.

Füße
Die Pfoten sind groß und rund, die Farbe der Ballen sollte mit der des Fells korrespondieren.

Klar voneinander abgesetzte Muster in Rot, Creme, Schwarz und Weiß

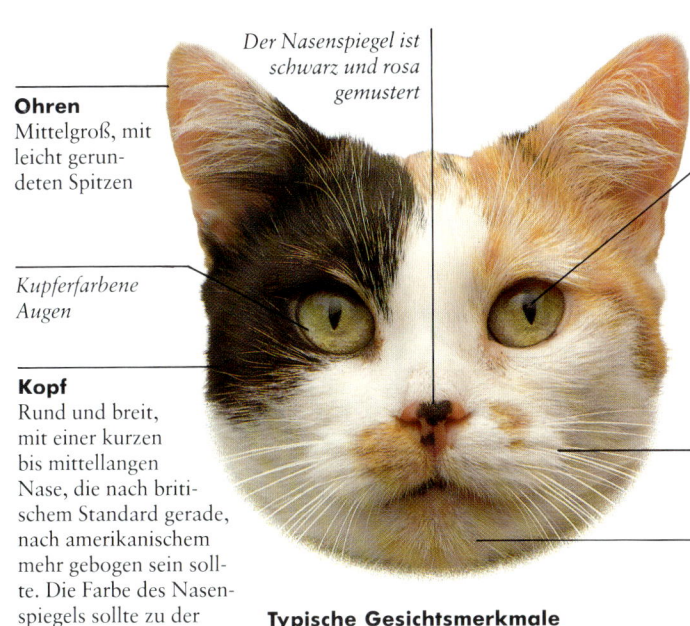

Ohren
Mittelgroß, mit leicht gerundeten Spitzen

Kupferfarbene Augen

Kopf
Rund und breit, mit einer kurzen bis mittellangen Nase, die nach britischem Standard gerade, nach amerikanischem mehr gebogen sein sollte. Die Farbe des Nasenspiegels sollte zu der Fellfarbe passen.

Der Nasenspiegel ist schwarz und rosa gemustert

Augen
Groß, rund und an der Nase in einem kleinen Winkel ansetzend. Die Farbe sollte zur Fellfarbe passen.

Runde Schnurrhaarpolster

Gutentwickeltes Kinn

Typische Gesichtsmerkmale
Rumpy Manx Schildpatt mit Weiß

Stumpy Manx Blau
Obwohl die Stumpy der Japanischen Stummelschwanzkatze (Japanese Bobtail) ziemlich ähnlich sieht, sind die beiden genetisch sehr unterschiedlich. Die Schwanzlosigkeit der ersteren beruht auf einem dominanten Gen, während sie bei der letzteren von einer rezessiven Gen-Kondition verursacht wird.

Körper
Kräftig, muskulös und untersetzt.

Rumpy Manx Schildpatt mit Weiß
Obwohl Manxkatzen immer noch sehr eng mit der Insel Man in Verbindung gebracht werden, wo man sie auf Souvenirs, Münzen und Briefmarken abbildet, sind Exemplare dieser Rasse, einschließlich der beliebten Schildpatt mit Weiß, heute in der ganzen Welt verbreitet.

Fell
Ein Doppelfell, das aus einem kurzen, sehr dicken Unterfell besteht, von dem es heißt, daß es sich baumwollartig anfühlt, und ein etwas längeres Oberfell. Das Fell besitzt einen schönen Glanz.

Beine
Die Vorderbeine sind länger und haben schwere, muskulöse Oberschenkel, was der Katze einen Gang verleiht, der an das Hoppeln von Kaninchen erinnert. In den USA wird er als Fehler bewertet.

Stumpy Manx Rot-Tabby
Der, von der Seite betrachtet, gerundete Körper einer sitzenden Katze ist charakteristisch für diese Rasse. Er ist dadurch bedingt, daß die Vorderbeine wesentlich kürzer sind als die Hinterbeine.

Amerikanisch Kurzhaar

Aus dem Standard für die Amerikanisch Kurzhaar geht hervor, wie sich diese Katze den vom Siedler-ethos geprägten Ansprüchen dieses Landes angepaßt hat: »Geschmeidig genug, um der Beute aufzulauern, aber kräftig genug, um sie leicht zu töten«, mit Beinen, die »lang genug sind, um mit jedem Terrain fertig zu werden, und kräftig und muskulös genug für hohe Sprünge«. Es handelt sich um eine sehr athletische Katze, mit einem größeren und kräftiger gebauten Körper als ihre Verwandten in Großbritannien, einem härteren Fell und einem länglicheren Gesicht.

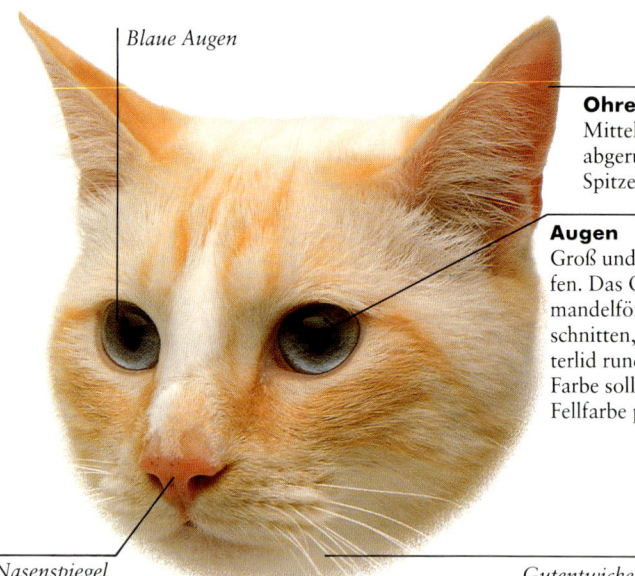

Blaue Augen

Ohren
Mittelgroß mit abgerundeter Spitze.

Augen
Groß und weit offen. Das Oberlid ist mandelförmig geschnitten, das Unterlid rund. Die Farbe sollte zur Fellfarbe passen.

Rosa Nasenspiegel

Gutentwickeltes Kinn

Typische Gesichtsmerkmale
Amerikanisch Kurzhaar Van-Pattern-Tabby

Herkunft
Die Amerikanisch Kurzhaar stammt zweifellos von den zähen, widerstandsfähigen Katzen ab, die die Pilgerväter und späteren Siedler in die Neue Welt begleitet haben. Die ersten Katzen gediehen gut in der amerikanischen Umgebung, paßten sich dem Klima, der Landschaft und dem Lebensstil an und entwickelten eigene, einzigartige Merkmale. Zu Beginn des 20. Jahrhunderts fing man an, mit den besten dieser Katzen eine Zucht aufzubauen.

Temperament
Mutig, intelligent, energisch und robust — die Amerikanisch Kurzhaar ist der Stolz ihres Landes!

Varianten
Die Amerikanisch Kurzhaar wird in allen Farben und Fellmustern gezüchtet. Die beliebtesten Farbschläge werden in der nebenstehenden Tabelle aufgeführt.

Amerikanisch Kurzhaar Van-Pattern-Tabby
Diese Katze zeigt die besten Merkmale ihres Typs: Einen robusten, muskulösen Körperbau, ein offenes, ansprechendes Gesicht und eine große Widerstandsfähigkeit — eine Katze, die draußen ebenso zu Hause ist wie drinnen.

Körper
Groß bis mittelgroß, stark, kräftig gebaut und gut proportioniert, mit gut entwickelten Schultern, Brust und Hinterteil.

Fell
Das Fell ist dick, dicht und hart; ein weiches oder seidiges Fell gilt als Fehler. Die Farbe ist weiß mit roten Tabby-Abzeichen auf Gesicht, Beinen und Schwanz.

Kopf
Groß, mit vollen Wangen, im Umriß fast rechteckig. Die Nase ist mittellang und sollte einen Nasenspiegel haben, der farblich zu der Fellfarbe paßt.

Füße
Die Pfoten sind schwer und rundlich, mit Ballen, die zur Fellfarbe passen.

Beine
Mittellang, aber etwas länger als bei der Britisch Kurzhaar, mit kräftigen Muskeln.

Rosa Pfotenballen

Amerikanisch Kurzhaar Silber-Tabby
Ein klassischer Farbschlag der Tabby-Katze.

**Amerikanisch Kurzhaar
Silberschattiert**
In der Farbe genauso wie ihr britisches
Pendant, aber mit größerem Körper.

*Breiter, gerader
Rücken*

Schwanz
Mittellang, endet
in einer abge-
rundeten Spitze.

Farbschläge	Fell	Abzeichen	Augen
Weiß	Reinweiß	Keine	Tiefblau, leuchtend goldfarben oder verschiedenfarbig
Schwarz	Kohlschwarz	Keine	Leuchtend goldfarben
Blau	Helles Blaugrau	Keine	Leuchtend goldfarben
Rot	Tiefes, sattes Rot	Keine	Leuchtend goldfarben
Creme	Lederfarben	Keine	Leuchtend goldfarben
Zweifarbig	Weiß	Schwarz, rot, blau oder cremefarben	Leuchtend goldfarben
Silberschattiert	Weißes Unterfell	Schwarzes Tipping	Grün oder blaugrün
Chinchilla Silber	Reinweißes Unterfell	Schwarzes Tipping auf Rücken, Flanken, Kopf und Schwanz	Smaragdgrün oder blaugrün
Shell Cameo	Weißes Unterfell	Rotes Tipping auf Rücken, Flanken, Kopf und Schwanz	Leuchtend goldfarben
Cameo schattiert	Reinweißes Unterfell	Wie Shell Cameo, aber längere Farbspitzen	Leuchtend goldfarben
Cameo Smoke (Rot Smoke)	Weißes Unterfell	Tiefrotes Tipping	Leuchtend goldfarben
Schwarz Smoke	Weißes Unterfell	Schwarzes Tipping	Leuchtend goldfarben
Blau Smoke	Weißes Unterfell	Tiefblaues Tipping	Leuchtend goldfarben
Blaucreme	Blau	Abgehobene Flecken in Creme	Gold
Schildpatt	Schwarz	Musterung in Rot und Creme	Gold
Schildpatt Smoke	Weißes Unterfell	Tortie-Muster in Schwarz, Rot und Creme mit Tipping	Leuchtend goldfarben
Van Pattern	Weiß	Kastanienbraun, Abzeichen ähnlich wie bei der Türkischen Katze	Leuchtend goldfarben
Calico	Weiß	Schwarz und rot gemustert	Leuchtend goldfarben
Dilute Calico	Weiß	Blau und Creme	Leuchtend goldfarben
Braun-Tabby	Kupferbraun	Klassisches oder Mackerel-Muster in Schwarz	Leuchtend goldfarben
Rot-Tabby	Sattes Rot	Klassisches oder Mackerel-Muster in tiefem, sattem Rot	Leuchtend goldfarben
Silber-Tabby	Blaues, reines Silber	Klassisches oder Mackerel-Muster in Schwarz	Grün oder haselnußbraun
Blau-Tabby	Blasses, bläuliches Elfenbein	Klassisches oder Mackerel-Muster in sehr dunklem Blau	Leuchtend goldfarben
Creme-Tabby	Sehr heller Cremeton	Klassisches oder Mackerel-Muster in Lederfarben oder Creme	Leuchtend goldfarben
Cameo-Tabby	Gebrochenes Weiß	Klassisches oder Mackerel-Muster in Rot, Tipping	Leuchtend goldfarben
Schildpatt-Tabby (Tortie-Tabby oder Torbie)	Silber, braun oder blau	Klassisches oder Mackerel-Muster in Schwarz oder Dunkel-grau, Muster in Rot und Creme	Leuchtend goldfarben oder (nur bei der Silber-Tortie) grün oder haselnußbraun

Amerikanisch Drahthaar

Die Amerikanisch Drahthaar, vielleicht der »Punk« unter den Katzen, ist höchst eigenartig und immer noch ziemlich unbekannt. Ihr Fell wirkt deshalb so ungewöhnlich, weil sich bei ihr alle Leithaare — das sind die langen, dichten Haare des Katzenfells, die sich aufrichten, wenn sich der Katze das Fell sträubt — der Länge nach kräuseln und am Ende lockenförmig einrollen. Deshalb ist das Fell rauh und drahtig und fühlt sich so ähnlich an wie die Wolle auf dem Rücken eines Lamms.

Herkunft

Es gibt Berichte über ähnliche Katzen, die in London nach dem Ende des Zweiten Weltkrieges auf Ruinengrundstücken gesichtet wurden, aber die Amerikanisch Drahthaar, wie wir sie heute kennen, stammt von einem Kurzhaar-Katzenweibchen ab, das im Staate New York lebte und 1966 ein Katerchen in Rot mit Weiß zur Welt brachte — eine auffällige Mutation mit einem welligen Fell. Dieser Kater wurde zur Entwicklung einer Zucht verwendet, die außerhalb der USA immer noch selten ist, obwohl einige Amerikanisch Drahthaar kürzlich nach Kanada und Deutschland exportiert worden sind, wo jetzt neue Zuchtlinien etabliert werden.

Temperament

Die Amerikanisch Drahthaar nimmt lebhaften Anteil an ihrer Umgebung und gilt als eine ausgeglichene und anhängliche Katze.

Varianten

Für die Amerikanisch Drahthaar sind alle Farben und Fellmuster der Amerikanisch Kurzhaar erlaubt.

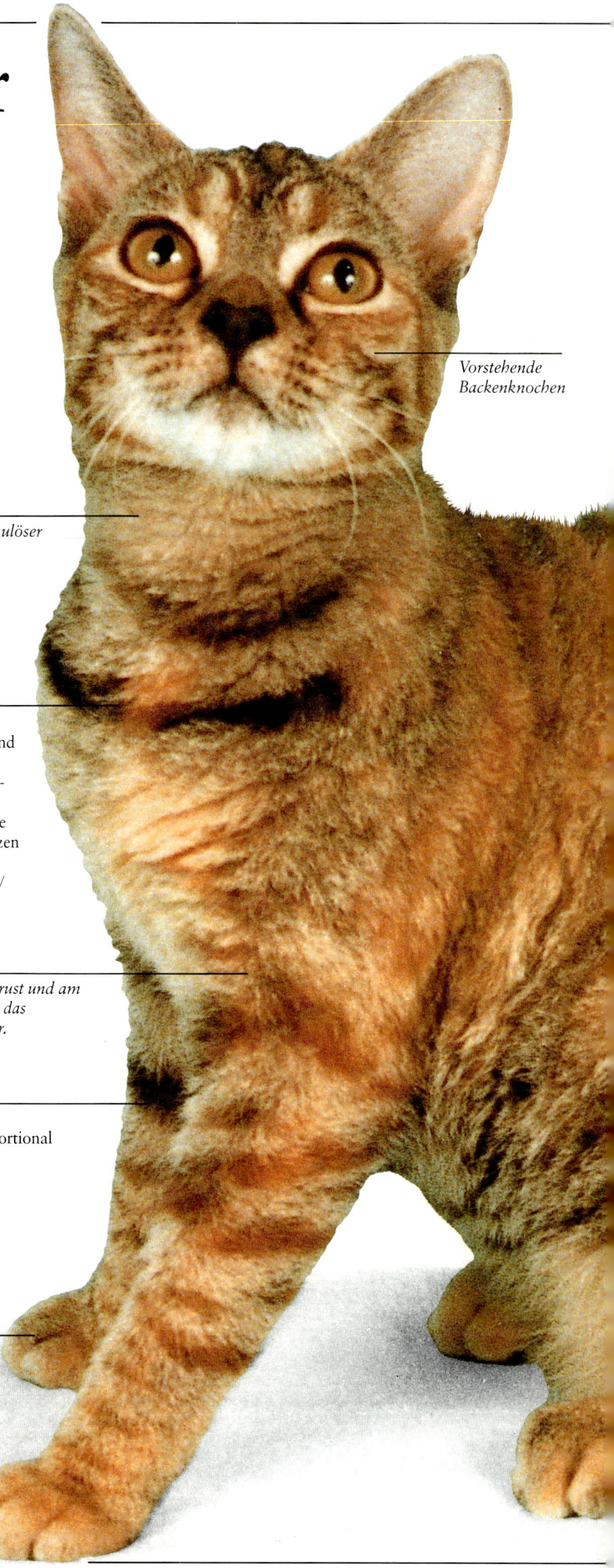

**Amerikanisch Drahthaar
Schildpatt mit Weiß**
Weiß, mit schwarzem und rotem Fellmuster.

*Vorstehende
Backenknochen*

*Kräftiger, muskulöser
Hals*

Fell
Das Fell ist halblang und sollte dicht gekräuselt sein, dick, federnd, elastisch und von grober Textur. Die Farbe sollte braun sein mit schwarzen Abzeichen und einer Musterung in Rot und/oder Creme.

An der Brust und am Bauch ist das Fell feiner.

Beine
Mittellang, proportional zum Körper und muskulös.

Füße
Die Pfoten sind oval und fest. Die Farbe der Ballen sollte mit der des Fells harmonieren.

Amerikanisch Drahthaar Rot-Tabby
Die Tabby-Abzeichen auf dem federnden Fell einer
Amerikanisch Drahthaar erinnern an Applikationen.

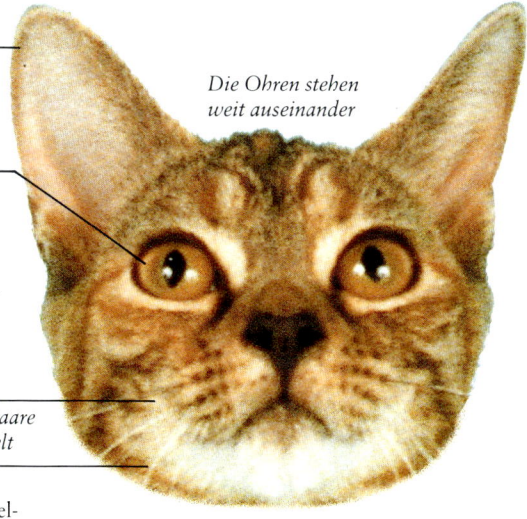

Ohren
Mittelgroß, mit
runden Spitzen.

*Die Ohren stehen
weit auseinander*

Augen
Groß und rund, weit
auseinanderstehend,
mit einem etwas hö-
her liegenden Außen-
winkel. Die Farbe
sollte ein glänzender
Goldton sein.

*Die Schnurrhaare
sind gekräuselt*

Kopf
Rund mit gutentwickel-
tem Mund und Kinn.
Die Nase ist mittellang.
Die Farbe des Nasen-
spiegels sollte zur
Fellfarbe passen.

Typische Gesichtsmerkmale
Amerikanisch Drahthaar Tabby mit braunem Fellmuster

**Amerikanisch Drahthaar Tabby mit
braungeflecktem Fellmuster**
Einkreuzungen von Amerikanisch-Kurzhaar-Katzen haben eine große Anzahl verschiedener Farbschläge der
Amerikanisch Drahthaar hervorgebracht, unter denen
die gefleckte Tabby eine der ungewöhnlichsten ist.
Solche Paarungen führen in der Regel zu Würfen,
die zu 50 Prozent aus Drahthaarkatzen bestehen.

Körper
Mittelgroß bis groß
und muskulös.

**Amerikanisch Drahthaar
Silber-Tabby mit Weiß**

Die Kombination von Tabby-Abzeichen
mit reinem Weiß ist immer attraktiv, und
Kätzchen sind im allgemeinen sehr gefragt.

Schwanz
Mittellang, in einer
abgerundeten Spitze
endend.

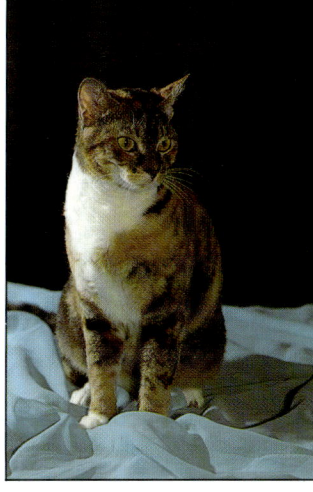

**Amerikanisch Drahthaar
Braun-Tabby mit Weiß**
Ein herrliches Exemplar.

Exotisch Kurzhaar

E ine Katze, die von allen etwas hat. So vereinigt sie viele ganz verschiedenartige Merkmale: den stämmigen Körperbau, die unwiderstehliche Stupsnase und das runde Gesicht einer Langhaarkatze mit dem kürzeren, plüschartigen Fell einer Kurzhaar, was Besitzern entgegenkommt, die weder genügend Zeit noch Lust zu regelmäßiger und ausgiebiger Fellpflege haben.

Herkunft

Die Exotisch Kurzhaar kam in den USA in den späten 60er Jahren durch Kreuzungen zwischen Langhaarkatzen, Amerikanisch Kurzhaar und Burmakatzen auf. Als Kreuzungsprodukt ist sie eine außergewöhnlich gesunde und robuste Katze.

Temperament

Wie zu erwarten, besitzt die Exotisch Kurzhaar eine Kombination der Eigenschaften ihrer Vorfahren. Sie ist sanft und anhänglich wie die Langhaarkatze, besitzt aber die Spielfreudigkeit und wache Intelligenz einer Amerikanisch Kurzhaar.

Varianten

Alle Fellarten und -muster, die man bei Langhaarkatzen und bei Amerikanisch-Kurzhaar-Katzen findet, sind auch bei der Exotisch Kurzhaar erlaubt — das ergibt über fünfzig verschiedene Farbschläge, unter denen man wählen kann. Die Farbe der Augen, des Nasenspiegels und der Pfotenballen hängt von dem jeweiligen Farbschlag ab, sollte aber immer zur Fellfarbe passen.

Schwanz

Kurz und buschig. Er wird normalerweise gestreckt getragen und setzt unterhalb der Rückenlinie an.

Exotisch Kurzhaar Colourpoint
Siamesen-Abzeichen, dunkler in der Farbe als der übrige Körper, zeichnen diesen Farbschlag aus.

Abgerundete Schwanzspitze

Körper
Mittelgroß bis groß, fest, untersetzt und stämmig.

Beine
Kurz, dick und stämmig.

Exotisch Kurzhaar Blau-Tabby
Einer der Gründe für die andauernde Beliebtheit der Exotisch Kurzhaar ist der reizvolle, putzige Gesichtsausdruck, der durch das runde Gesicht und die Stupsnase hervorgerufen wird — Erbteile von ihren langhaarigen Vorfahren.

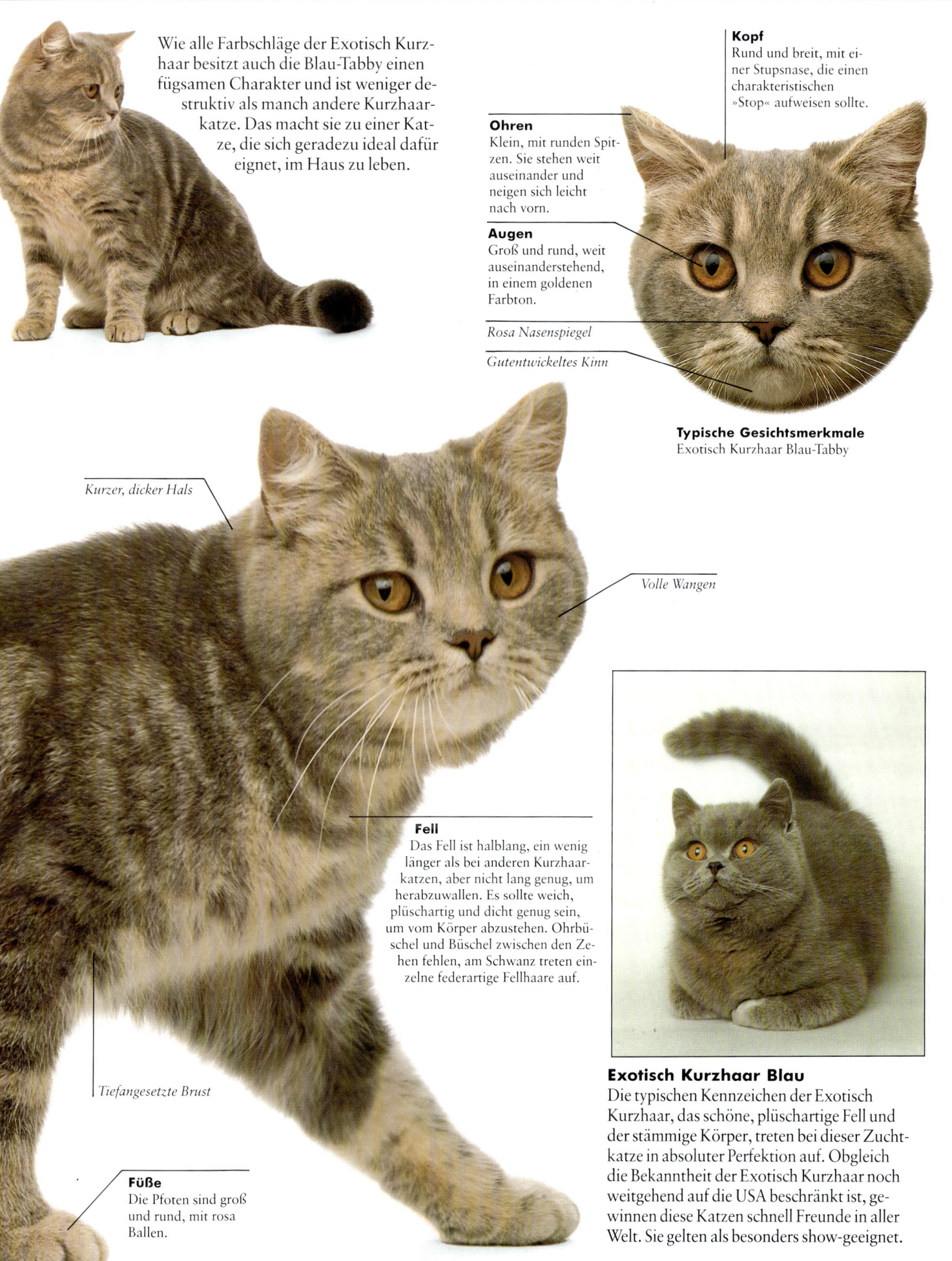

Wie alle Farbschläge der Exotisch Kurzhaar besitzt auch die Blau-Tabby einen
fügsamen Charakter und ist weniger de-
struktiv als manch andere Kurzhaarkatze. Das macht sie zu einer Katze, die sich geradezu ideal dafür
eignet, im Haus zu leben.

Kopf
Rund und breit, mit ei-
ner Stupsnase, die einen
charakteristischen
»Stop« aufweisen sollte.

Ohren
Klein, mit runden Spit-
zen. Sie stehen weit
auseinander und
neigen sich leicht
nach vorn.

Augen
Groß und rund, weit
auseinanderstehend,
in einem goldenen
Farbton.

Rosa Nasenspiegel

Gutentwickeltes Kinn

Typische Gesichtsmerkmale
Exotisch Kurzhaar Blau-Tabby

Kurzer, dicker Hals

Volle Wangen

Fell
Das Fell ist halblang, ein wenig
länger als bei anderen Kurzhaarkatzen, aber nicht lang genug, um
herabzuwallen. Es sollte weich,
plüschartig und dicht genug sein,
um vom Körper abzustehen. Ohrbüschel und Büschel zwischen den Zehen fehlen, am Schwanz treten einzelne federartige Fellhaare auf.

Tiefangesetzte Brust

Füße
Die Pfoten sind groß
und rund, mit rosa
Ballen.

Exotisch Kurzhaar Blau
Die typischen Kennzeichen der Exotisch
Kurzhaar, das schöne, plüschartige Fell und
der stämmige Körper, treten bei dieser Zuchtkatze in absoluter Perfektion auf. Obgleich
die Bekanntheit der Exotisch Kurzhaar noch
weitgehend auf die USA beschränkt ist, gewinnen diese Katzen schnell Freunde in aller
Welt. Sie gelten als besonders show-geeignet.

Siamkatze

Herrisch, aufdringlich, frech, arrogant, reserviert, laut, vulgär, heikel, betörend — das alles und noch viel mehr ist eine Siamkatze. Diese Katze mit ihrem grazilen fremdländischen (Foreign) Körperbau, ihrem wundervoll pointierten Fell und den saphirblauen Augen verlangt viel Aufmerksamkeit — in jeder Beziehung.

Herkunft

Die Nationalbibliothek in Bangkok besitzt eine Sammlung von Manuskripten, die *Cat Book Poems* (Katzengedichte), vermutlich aus dem 14. Jahrhundert, mit der Zeichnung einer Siamkatze, der sogenannten »vichien mas«. Man schloß daraus, daß ähnliche Katzen schon seit Jahrhunderten im heutigen Thailand leben. Siamkatzen wurden erstmals um 1880 in England eingeführt, und wenig später begann die Zucht auch in den USA.

Temperament

Die Siamkatze ist extravertierter als jede andere Rassekatze. Sie hat eine laute Stimme, die man unmöglich ignorieren kann. Sie ist hochintelligent und im allgemeinen sehr anhänglich — manchmal in einem solchen Maß, daß sie keine Rivalen duldet.

Varianten

Es gibt vier klassische Farbschläge: Seal-Point, Blue-Point, Chocolate-Point und Lilac-Point. Jüngere Farbschläge, die durch die Paarung von Siamkatzen mit anderen Rassen entwickelt wurden, heißen in den USA, wo sie von dem größten Katzenzuchtverein anerkannt werden, Colourpoint Shorthairs; in Großbritannien werden sie jedoch nicht gesondert ausgestellt.

Ein Seal-Point Tabby-Kätzchen
Siamkätzchen werden schneeweiß und ohne Abzeichen geboren.

Körper
Mittelgroß, lang, geschmeidig und grazil — eine ästhetische Erscheinung.

Beine
Lang und dünn, proportional zum Körper

Siam Seal-Point

Der erste Farbschlag, der anerkannt wurde, die Siam Seal-Point, ist der genetischen Herkunft nach eine schwarze Katze. Die Farbpigmente wurden verdünnt und auf die Extremitäten beschränkt.

Füße
Die Pfoten sind zierlich, klein und oval.

Siam Lilac-Point

Man nimmt an, daß die erste Siamkatze, die nach England importiert wurde, ein Geschenk des Hofes von Siam an den Britischen Konsul war. Heute sehen die Zuchtkatzen ein wenig anders aus als im 19. Jahrhundert. Das Gesicht ist nicht mehr so rund und das Fell heller. Die Lilac-Point wurde als letzter der vier klassischen Farbschläge anerkannt.

Siam Chocolate-Point Tabby
Ein Farbschlag mit einem elfenbeinfarbenen Körper und Abzeichen in der Farbe von Milchschokolade auf hellerem Untergrund.

Ohren
Groß und spitz.

Kopf
Keilförmig, lang und schmal, mit einer langen Nase.

Nasenspiegel in Lavendelrosa

Augen
Mittelgroß, mandelförmig und schräggeschnitten in Saphirblau. Schielen oder Silberblick, einst üblich bei Siamesen, wird jetzt auf Ausstellungen als Fehler gewertet.

Typische Gesichtsmerkmale
Siam Lilac-Point

Fell
Das Fell sollte kurz, fein strukturiert und glänzend sein, magnolienfarben und mit eisgrauer Schattierung der Abzeichen an Maske, Ohren, Beinen und Schwanz.

Schwanz
Lang, dünn und spitz zulaufend.

Der Schwanz sollte frei von Knicken sein.

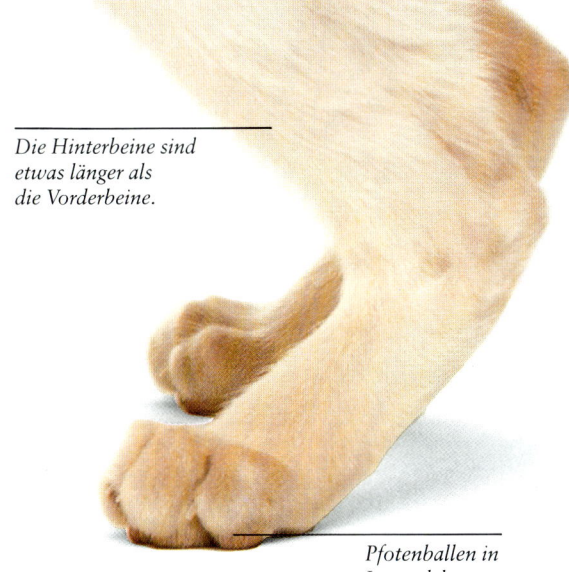

Das Fell sollte eng anliegen.

Die Hinterbeine sind etwas länger als die Vorderbeine.

Pfotenballen in Lavendelrosa

Farbschläge	Fell	Abzeichen
Seal-Point	Warmer Cremeton	Sealbraun
Blue-Point	Bläuliches Weiß	Schieferblau
Chocolate-Point	Elfenbeinfarben	Helles Schokoladenbraun
Lilac-Point	Magnolienfarben	Gräuliches Rosa
Red-Point	Klares Weiß mit einer aprikosenfarbenen Schattierung	Rötliches Gold
Cream-Point	Weiß mit einer Schattierung in hellem Cremeton	Warmer Cremeton
Tabby-Point	Weiß	Tabby
Seal Tortie-Point	Blasses Sealbraun	Sealbraun, Musterung in Creme
Blue Tortie-Point	Blaßblau	Blau mit Musterung in Creme
Chocolate Tortie-Point	Helles Schokoladenbraun	Schokoladenbraun mit Musterung in Creme
Lilac Tortie-Point	Blasses, gräuliches Rosa	Gräuliches Rosa mit Musterung in Creme

Russisch Blau

Das typische Merkmal der Russisch Blau ist ein Doppelfell, das eine plüschartige Beschaffenheit besitzt, wie sie keine andere Katze hat. Das wahrscheinlich berühmteste und bestimmt verwöhnteste Exemplar dieser Rasse war Vashka, die dem Zaren Nikolaus I. gehörte. In Rußland betrachtet man diese Katze als Glücksomen.

Herkunft

Die Vielfalt von Bezeichnungen, die man der Russisch Blau schon gegeben hat, zeugt davon, wie wenig man über ihren Ursprung weiß. Vieles spricht dafür, daß es sich um eine natürliche Rasse aus Rußland handelt. Diese Annahme wird unterstützt durch die große Anzahl von Katzen dieser Art, die man vor langer Zeit in Schweden entdeckt hat. Ihre weitere Geschichte ist jedoch weniger gesichert. Ursprünglich wurde sie Archangelsk-Katze genannt, weil Seeleute zur Zeit Elisabeths I. einige Exemplare vom russischen Hafen Archangelsk nach England mitgebracht hatten. Später wurde sie als Spanische und auch als Malteser Katze bekannt. Die letzte Bezeichnung blieb in den USA bis zum Anfang dieses Jahrhunderts geläufig. Während des Zweiten Weltkrieges ging die Zucht stark zurück, und Versuche, sie durch Einkreuzung von blauen Britisch Kurzhaar und Siamkatzen wieder zu beleben, führten statt dessen zu ihrem Untergang. Es entstand eine blaue Siamkatze, und das charakteristische Doppelfell ging dabei fast völlig verloren. In den 60er Jahren gelang mit vereinten Anstrengungen von Züchtern auf beiden Seiten des Atlantiks eine Rückzüchtung des Originaltypus.

Temperament

Die Russisch Blau ist zurückhaltend, fast scheu und ruhig. Diese Katzen sind so ruhig, daß es sogar schwierig ist festzustellen, ob ein Weibchen in der Hitze nach einem Partner ruft.

Varianten

Versuchsweise wurden völlig weiße und auch schwarze Katzen gezüchtet, aber außerhalb von Neuseeland haben sich diese Farbschläge nicht durchgesetzt.

Mandelförmig geschnittene Augen

Russisch Blau
Nur ein strenges Zuchtprogramm hat es ermöglicht, daß diese Zuchtkatze in der ursprünglichen Form überleben konnte.

Das dicke Fell läßt das Gesicht über den Augen breit erscheinen.

Blauer Nasenspiegel

Beine
Lang und grazil. Bei den Russisch Blau in Großbritannien sind die Vorderbeine kürzer als die Hinterbeine.

Füße
Die britischen Russisch Blau haben kleine, ovale Pfoten mit blauen Ballen; die der amerikanischen sind rundlicher und haben rosa oder mauvefarbene Ballen.

Ohren
Groß und leicht spitz. Die Haut ist dünn und nur leicht von sehr feinem Fell bedeckt, was das Ohr fast transparent erscheinen läßt.

Augen
Sie sollten von lebhaft grüner Farbe sein und weit auseinanderstehen. In Großbritannien sind sie mandelförmig geschnitten, in den USA runder.

Kopf
Er muß keilförmig geschnitten und kurz sein, mit einer mittellangen Nase. In Großbritannien ist der Nasenspiegel blau, in den USA schieferblau.

Starkes Kinn

Auffallende Schnurrhaare

Typische Gesichtsmerkmale
Russisch Blau

Der lange, schlanke Hals der Russisch Blau ist am besten zu erkennen, wenn sie ihn hochstreckt, da er sonst durch das dicke Fell kürzer wirkt.

Körper
Lang, schlank und elegant.

Die Russisch Blau ist muskulös und sieht durch ihren feinen Knochenbau athletisch aus.

Fell
Das kurze, plüschartige Fell hat eine sealartige Struktur. Das Doppelfell ist so dicht, daß es vom Katzenkörper absteht. Es sollte gleichmäßig blau sein, mit einem typischen Glanz, der von den Silberspitzen der Leithaare hervorgerufen wird.

Schwanz
Lang und spitz zulaufend; am Ansatz mittelstark.

Abessinier

W er wäre wohl von diesem wild ausschauenden Geschöpf nicht fasziniert? Mit Sicherheit waren es die alten Ägypter, die, wenn man der Überlieferung Glauben schenken will, die Vorfahren der Abessinierkatze als Inkarnationen der Göttin Bastet verehrten.

Herkunft

Es paßt zu ihrer geheimnisvollen Aura, daß die Geschichte ihres Ursprungs im Laufe der Zeit immer rätselhafter wurde. Die Rasse ist wohl tatsächlich alt und natürlicher Herkunft. In jüngerer Zeit wurde sie wahrscheinlich von einer Katze mit Namen Zula begründet, die 1868 von Äthiopien nach England gebracht wurde. Weil Zula, von der ein Foto existiert, den heutigen Abessinierkatzen in keiner Weise ähnlich sieht, gibt es Leute, die glauben, daß die Abessinier entweder das Produkt zufälliger Paarungen zwischen gewöhnlichen Tabby-Katzen oder das Ergebnis früherer Züchtungen »ägyptisch aussehender« Katzen ist. Andere Liebhaber der Abessinier führen ins Feld, daß die Römer Katzen aus Ägypten nach England gebracht haben und dadurch die Gene für den »Ägypten-Look« in die einheimische Katzenpopulation eingebracht hätten.

Temperament

Der lebhafte Gesichtsausdruck der Abessinierkatze spiegelt sich wider in einer reizvollen Persönlichkeit. Sie ist liebenswürdig, intelligent und wird von einigen sogar als gehorsam beschrieben.

Varianten

Es gibt eine ganze Anzahl von Farbschlägen (siehe Tabelle), von denen aber einige zur Zeit bei Ausstellungen nur in den Sonderschauen bewertet werden.

Ohren
Groß, weit auseinanderstehend und spitz zulaufend.

Ohrbüschel

Augen
Groß und mandelförmig. Sie sollten grün, bernstein- oder haselnußfarben sein.

Die Augen sind schwarz oder braun umrahmt; unmittelbar um die Augen ist das Fell blasser als sonst.

Kopf
Rund und leicht keilförmig geschnitten, mit einer mittelgroßen Nase.

Ziegelroter Nasenspiegel

Typische Gesichtsmerkmale
Abessinier Wildfarben

Im Profil, der »Schokoladenseite« dieser wildfarbenen Abessinierkatze, sieht sie wie eine Sphinx aus und fordert unweigerlich den Vergleich mit den Katzen auf altägyptischen Fresken heraus — ein Grund mehr für die Annahme, daß die Katzen, die von den Pharaonen verehrt wurden, genauso aussahen.

Abessinier Wildfarben

Dieser erste Farbschlag wurde früher als kaninchen- oder hasenfarben bezeichnet — ein Hinweis auf das ähnliche Fellticking, das wie bei allen Farbschlägen der Abessinierkatze durch ein typisches Agouti-Fell (ein Farbschlag der Tabby-Katzen) mit zwei oder drei dunkler gefärbten Bändern an jedem Haar entsteht.

Schwanz
Dick am Ansatz, ziemlich lang und spitz am Ende.

Schwarze Schwanzspitze

Farbschläge	Grundfarbe	Tickingfarbe
Wildfarben	Rotbraun	Schwarz oder dunkelbraun
Rot (Sorrel)	Kupferrot	Schokoladenbraun
Blau	Warmes Blaugrau	Stahlblau
Rehbraun	Mittleres Rehbraun	Dunkles Rehbraun
Lilac	Helles gräuliches Rosa	Dunkleres gräuliches Rosa
Silber	Silber	Schwarz
Silber Sorrel	Silbrige Pfirsichfarbe	Schokoladenbraun
Silber Blau	Silbriges Blaugrau	Tiefes Stahlblau

Elegant gebogener Hals

Abessinier Silber Sorrel
Schokoladenfarbiges Ticking über einer Grundfarbe von silbrigem Pfirsichton verleiht diesem erst kürzlich entwikkelten Farbschlag einen sanften, anmutigen Charme.

Abessinier Blau
Es ist ungewöhnlich, daß das Ticking dieses auf natürliche Weise entstandenen Farbschlags blau und nicht schwarz ist, wie man es eher erwarten würde. Die Grundfarbe ist blaugrau.

Wildfarbenes Abessinierkätzchen
Die Würfe von Abessinierkatzen sind im allgemeinen klein und bestehen vorwiegend aus Katern. Die Kätzchen reifen schnell heran (es kann allerdings etwa achtzehn Monate dauern, bis das Fell sich voll entwickelt hat) und sind besonders lebhaft und freundlich.

Fell
Glänzend und weich, aber auch dicht und federnd bei Berührungen. Das Fell ist kurz, aber doch lang genug, um zwei oder drei Bänder mit schwarzem oder dunkelbraunem Ticking über einer rotbraunen Grundfarbe Platz zu geben.

Beine
Lang, schlank und grazil. Wenn die Katze steht, hat man den Eindruck, sie stünde auf Zehenspitzen.

Körper
Mittellang, geschmeidig und elegant, aber doch muskulös.

Füße
Die Pfoten sind klein und oval.

Schwarze Ballen

Koratkatze

Die Koratkatze, eine der ältesten, natürlichen Rassen, soll ihren Namen nach der thailändischen Provinz Korat erhalten haben, wo sie von König Rama V. gezüchtet wurde. In ihrem Ursprungsland ist sie als Si-Sawat bekannt und gilt als Glücksbringer. Mit ihrem wunderschönen silberblauen Fell und dem herzförmigen Kopf unterscheidet die moderne Zuchtkatze sich nicht wesentlich von ihren Vorfahren.

Herkunft
Die erste Koratkatze, die offiziell in Europa ausgestellt wurde, wurde 1896 auf einer Show eines englischen Katzenvereins gezeigt — als blaue Siamkatze. 1956 brachte man ein Koratpärchen in die USA, wo sie 1966 anerkannt wurden. In Großbritannien erfolgte die Anerkennung erst 1975.

Temperament
Die intelligente und sehr gutmütige Koratkatze ist ein liebenswürdiger Gefährte und besonders für Kinder geeignet.

Varianten
Keine.

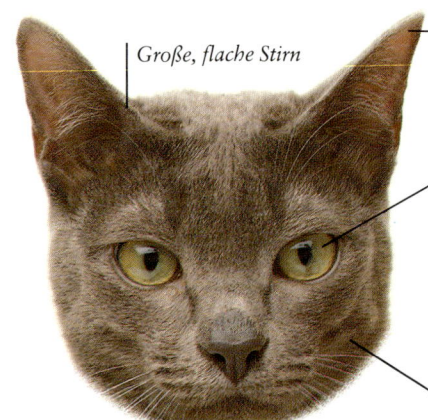

Große, flache Stirn

Ohren
Groß, mit runden Spitzen, hoch angesetzt.

Augen
Auffallend, rund und leuchtend grün. Kätzchen und heranwachsende Katzen können gelbe oder gelbgrüne Augen haben, die aber die Farbe wechseln, wenn die Katze geschlechtsreif wird.

Typische Gesichtsmerkmale
Koratkatze

Kopf
Herzförmig. Die Nase sollte, wie beim Löwen, unmittelbar oberhalb des Nasenspiegels, der dunkelblau oder lavendelfarben ist, eine Hohlkurve aufweisen.

Fell
Das Fell sollte kurz, flach anliegend, seidig und fein sein, mit einem deutlich silberblauen Schimmer. Das Fehlen eines Unterfells kann diese Rasse in kälteren Klimazonen anfällig für Erkältungskrankheiten machen.

Körper
Ein wenig untersetzt, geschmeidig und muskulös.

Koratkatze
»Die Haare sind weich, mit Spitzen wie Wolken und Wurzeln wie Silber. Die Augen glänzen wie Tautropfen auf einem Lotosblatt.« Diese wunderschöne Beschreibung der Koratkatze stammt aus den zwischen 1350 und 1767 entstandenen *Cat Book Poems* (Katzengedichten), die sich in der Nationalbibliothek von Bangkok befinden.

Charakteristisch für das Fell ist das »Aufbrechen« des Fells, wenn die Katze den Rücken beugt.

Die Vorderbeine sind ein wenig kürzer als die Hinterbeine.

Beine
Mittellang und schlank.

Füße
Kleine, ovale Pfoten, mit Ballen, die dunkelblau bis lavendelrosa sein sollten.

Schwanz
Mittellang, mit abgerundeter Spitze.

Havana

Die Havana wird ihrem Namen gerecht, nicht nur, weil ihr dichtes, braunes Fell in der Farbe dem teuren Zigarrentabak ähnelt, sondern auch weil sie die Eleganz und die feine Art einer vornehmen Abstammung besitzt.

Herkunft

Während der 50er Jahre wurde durch Kreuzung einer Siam Seal-Point mit einer schwarzen Kurzhaarkatze, die siamesische Vorfahren besaß, die Zucht begründet. 1958 wurde sie anerkannt. Während das britische Zuchtprogramm weiterhin die Einkreuzung von Siamkatzen vorsah, hatten die amerikanischen Züchter beschlossen, die Verwendung von Siamkatzen zu verbieten. Sie zogen es vor, das ursprüngliche, weniger orientalische Aussehen der Katze beizubehalten und nannten sie Havana Brown.

Temperament

Die Havana ist eine lebhafte, anhängliche und hochintelligente Katze.

Varianten

Es gibt nur einen einzigen anderen Farbschlag, »Frost«, und zwar ausschließlich in den USA. Dort gilt auch ein anderer Standard für die Bewertung als in Großbritannien. Die amerikanische Havana Brown ist eine stämmigere Katze mit einem mittellangen Rumpf, einem runden Gesicht, ovalen Augen, rund zulaufenden Ohren und einem längeren Fell.

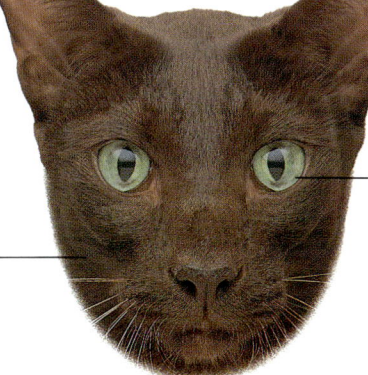

Ohren
Groß, mit leicht abgerundeten Spitzen.

Augen
Mandelförmig, schräg-geschnitten und in einem blassen bis mittleren Grün.

Kopf
Lang und keilförmig, mit einer kurzen, geraden Nase, die einen braunen oder rosaroten Spiegel haben sollte.

Typische Gesichtsmerkmale
Havana

Fell
Das Fell ist sehr kurz und glänzend. Die Farbe sollte ein gleichmäßiges, tiefes Kastanienbraun sein.

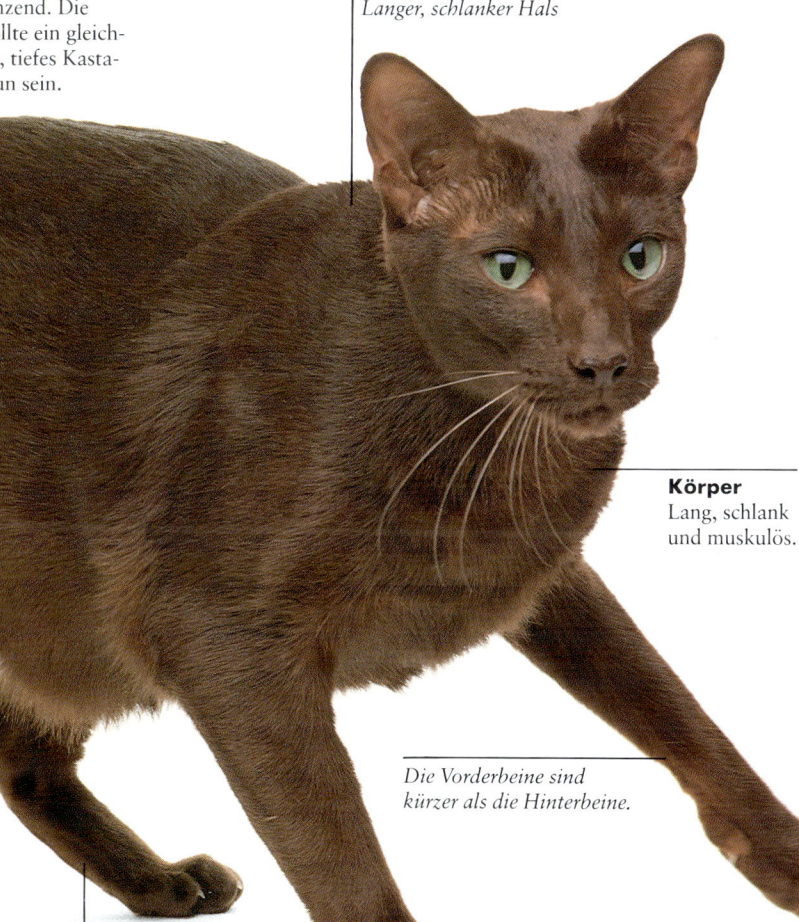

Langer, schlanker Hals

Körper
Lang, schlank und muskulös.

Die Vorderbeine sind kürzer als die Hinterbeine.

Schwanz
Lang und elegant.

Beine
Lang und schlank.

Havana Brown
Die amerikanische Havanakatze ist gewöhnlich ruhiger als ihre britischen Verwandten.

Füße
Die Pfoten sind klein und oval, mit Ballen, die entweder braun oder rosarot sein sollten.

Havana
Der ursprüngliche Name der Havana, Foreign Kurzhaar Chestnut Brown (kastanienbraun), gibt eine genauere Beschreibung ihres Aussehens.

Burmakatze

Im Gegensatz zur Balinesischen Katze hat die Burmakatze eine Verbindung zu dem Land, nach dem sie benannt wurde. Braune Katzen, ähnlich den heutigen Burmesen, die als »Rajahs« bekannt sind, sollen schon seit dem 15. Jahrhundert in buddhistischen Tempeln in Burma gelebt haben.

Herkunft

Die moderne Zucht wurde durch Wong Mau begründet, eine Katze, die im Jahre 1930 von Burma in die USA gebracht und mit einer Siamkatze gekreuzt wurde. Es hat sicherlich weitere Importe von burmesischen Katzen gegeben, und als sich die ersten Zuchterfolge einstellten, wurde die Burmakatze 1936 in den USA anerkannt. Allerdings hat der große Anteil von siamesischem Erbgut dazu geführt, daß der Originaltypus immer mehr verlorenging, so daß während der 40er Jahre die Anerkennung vorübergehend aberkannt wurde. Trotz des starken Anteils von siamesischem Blut wurde die Rasse in Großbritannien aber 1952 anerkannt. Ein Jahr später erfolgte eine erneute Anerkennung in den USA, mit einer amerikanischen Zucht, die dem ursprünglichen Typus näherkam.

Temperament

Diese Zuchtkatze ist berühmt für ihre Anhänglichkeit und Intelligenz. Sie ist ausgesprochen menschenfreundlich.

Varianten

Es gibt nicht nur viele unterschiedliche Farbschläge auf beiden Seiten des Atlantiks, auch die Standards weichen voneinander ab. Die amerikanische Burmakatze hat einen rundlicheren Körper und Kopf, runder geschnittene Augen und rundlichere Pfoten als die britische (britische Farbschläge auf der gegenüberliegenden Seite).

Burmakatze Lilac Ein beliebter britischer Farbschlag, dessen Tönung von bläulichem Lila bis zu cremigem Rehbraun reicht.

Burmakatze Schildpatt Blau

Diese Burmakatzen werden erzeugt durch Paarung von Roten und Cremefarbenen mit Braunen, Chocolates und Lilacs. Sie werden in erster Linie gezüchtet, um den Zuchttyp zu erhalten, erst in zweiter Linie wegen der Fellfarbe. Um dem Standard zu entsprechen, sollte dieser Farbschlag klar voneinander abgegrenzte Muster in Blau und Creme aufweisen.

Deutlicher Nasenstop

Hohe Wangenknochen

Fell
Das Fell ist kurz und hat einen ungewöhnlich samtigen Glanz.

Körper
Mittelgroß, muskulöser und rundlicher als der einer Siamkatze.

Beine
Lang und schlank.

Füße
Die Pfoten sind klein und oval, mit Ballen, deren Farbe zum Fell passen sollten.

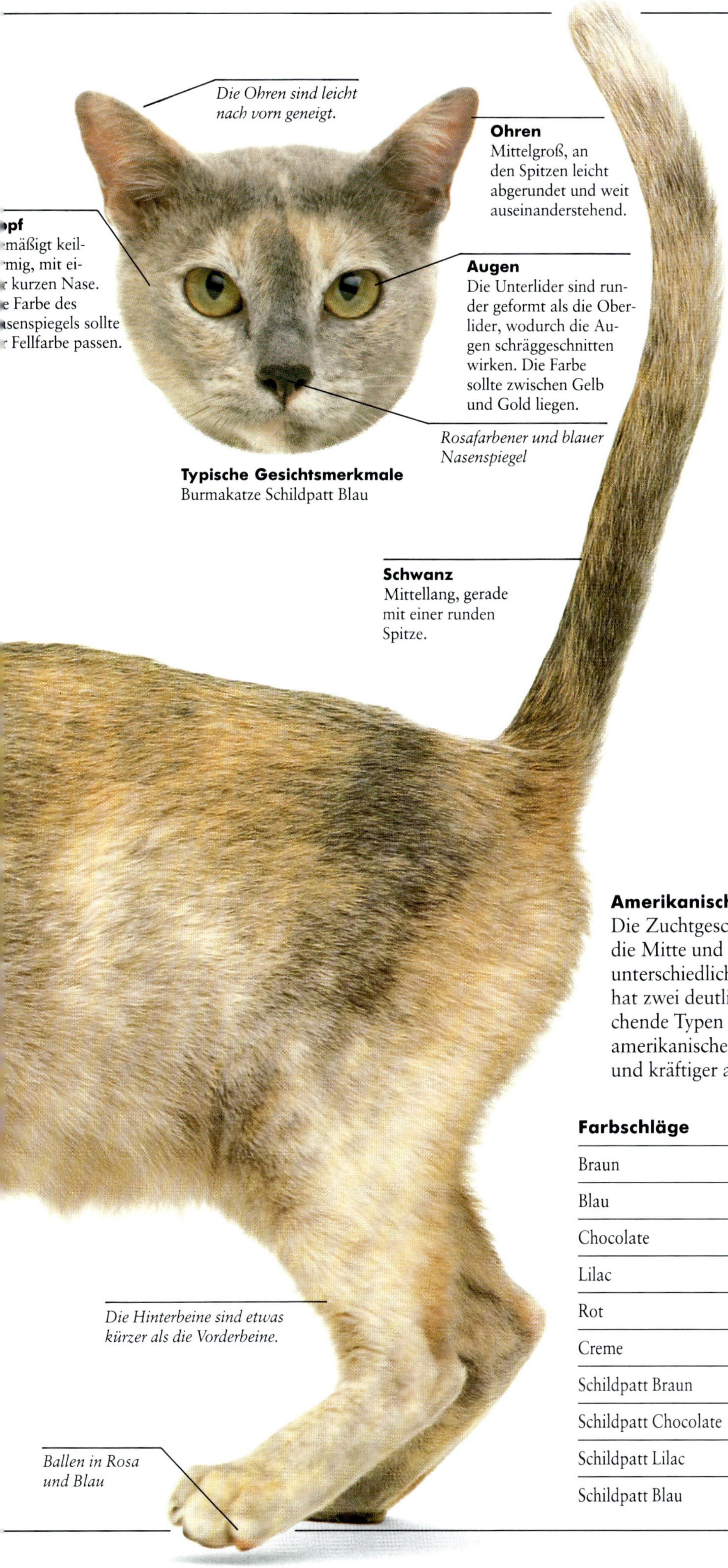

Die Ohren sind leicht nach vorn geneigt.

Ohren
Mittelgroß, an den Spitzen leicht abgerundet und weit auseinanderstehend.

opf
…mäßigt keil-
…rmig, mit ei-
…r kurzen Nase.
…e Farbe des
…senspiegels sollte
… Fellfarbe passen.

Augen
Die Unterlider sind runder geformt als die Oberlider, wodurch die Augen schräggeschnitten wirken. Die Farbe sollte zwischen Gelb und Gold liegen.

Rosafarbener und blauer Nasenspiegel

Typische Gesichtsmerkmale
Burmakatze Schildpatt Blau

Schwanz
Mittellang, gerade mit einer runden Spitze.

Die Hinterbeine sind etwas kürzer als die Vorderbeine.

Ballen in Rosa und Blau

Burmakatze Braun
Sie gilt als die echte Burmakatze und stellt für manche den Idealtypus dar.

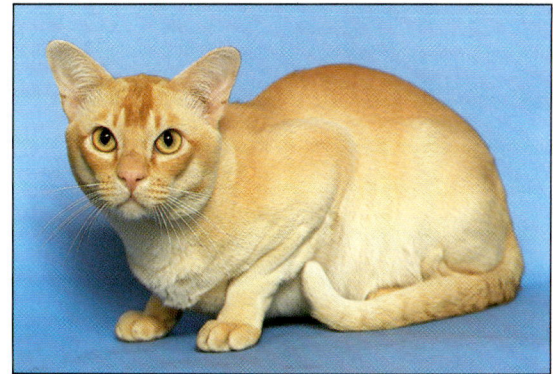

Burmakatze Rot
Ein relativer Neuling in Großbritannien.

Amerikanische Burmakatze Braun
Die Zuchtgeschichte der Burmakatze, die Mitte und Ende der 40er Jahre unterschiedliche Richtungen aufwies, hat zwei deutlich voneinander abweichende Typen hervorgebracht: Die amerikanische Burma ist stämmiger und kräftiger als die britische.

Farbschläge	Fell	Abzeichen
Braun	Zobelbraun	Unterseite heller schattiert
Blau	Silbergrau	Silberglänzend
Chocolate	Helles Schokoladenbraun	Keine
Lilac	Gräuliches Rosa	Keine
Rot	Hell mandarinenfarben	Ohren dunkler als der Rücken
Creme	Tief cremefarben	Keine
Schildpatt Braun	Braun	Rot gemustert
Schildpatt Chocolate	Schokoladenbraun	Rot gemustert
Schildpatt Lilac	Gräuliches Rosa	Cremefarben gemustert
Schildpatt Blau	Graublau	Cremefarben gemustert

Japanese Bobtail
(Japanische Stummelschwanzkatze)

Diese Katze ist mit anderen Kurzhaarrassen kaum vergleichbar. Sie hat einen deutlichen orientalischen Einschlag und erhielt ihren Namen sowohl nach ihrem Ursprungsland als auch wegen ihres wie eine Puderquaste aussehenden Schwanzes, der an den eines Häschens oder Kaninchens erinnert.

Herkunft

Obwohl die Wurzeln dieser Rasse im Fernen Osten bis ins 7. Jahrhundert zurückverfolgt werden können, zeigte man in Japan bis vor kurzem wenig Interesse an ihrer Eignung für Ausstellungen. Es blieb den Amerikanern vorbehalten, die Katze Ende der 60er Jahre ins Rampenlicht von Ausstellungen zu bringen und einen Standard aufzustellen.

Temperament

Die freundliche Japanese Bobtail besitzt eine ausgeprägte Persönlichkeit.

Varianten

Traditionelle Farbschläge in Japan sind die dreifarbigen Katzen (Schwarz und Rot mit Weiß sowie Schildpatt mit Weiß), die Mi-ke genannt werden, was soviel bedeutet wie »glücklich« oder »Glückskatze«. Alle anderen Farben und Muster mit Ausnahme der der Abessinier und Siamesen sind gleichfalls anerkannt.

Ohren
Groß, mit abgerundeten Spitzen, weit auseinanderstehend und im rechten Winkel am Kopfende angesetzt, was den Eindruck erweckt, als neigten sie sich nach vorn.

Augen
Groß und oval, die Hornhaut ist weniger vorgewölbt als bei anderen Rassen. Die Farbe sollte mit der des Fells harmonieren.

Typische Gesichtsmerkmale
Japanese Bobtail Rot mit Weiß

Japanese Bobtail Schwarz mit Weiß
Mi-ke-Figuren im Hintergrund.

Japanese Bobtail Rot mit Weiß und Schwarz mit Weiß

Diese Katzen heben oft eine Pfote, wenn sie sitzen — eine Geste, die Glück bringen soll. Man nennt sie Maneki-Neko (heranwinkende Katze) und sieht sie oft auf Drucken, als Figuren oder Werbeartikel in japanischen Häusern und an den Türen von Geschäften, um Besucher willkommen zu heißen. Ein Tempel in Tokio, der Gotokuji, besitzt eine Fassade, die mit solchen Katzenfiguren verziert wurde. Alle heben die Pfote, um die Gläubigen zu begrüßen.

Kopf
Er sollte fast ein Dreieck bilden. Die Nase ist lang, mit einem Nasenspiegel, der zur Fellfarbe passen sollte.

Von der Seite betrachtet, wirken die Augen schräggeschnitten.

Fell
Das Fell sollte weich, seidig und halblang sein. Die Farbe: Rot mit Weiß oder Schwarz mit Weiß.

Das Fell neigt nicht zum Haarwechsel.

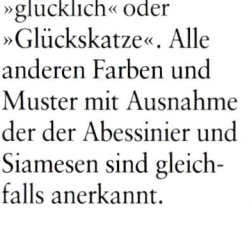

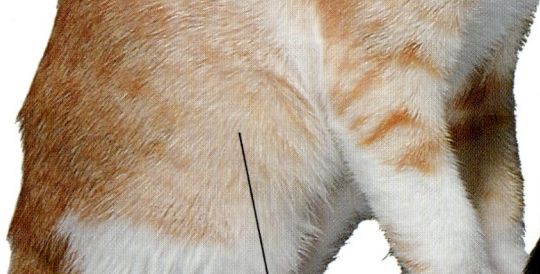

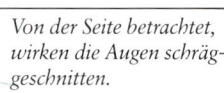

Japanese Bobtail Schwarz mit Weiß
Ein sehr beliebter Farbschlag.

Am Schwanz ist das Fell länger und dicker, wodurch seine geringe Länge überspielt wird.

Körper
Mittelgroß, schlank und elegant.

Schwanz
Sehr kurz und wellig.

Beine
Lang und schlank. Die Hinterbeine sind länger als die Vorderbeine.

Füße
Die Pfoten sind mittelgroß und oval. Die Farbe der Ballen paßt zur Fellfarbe.

Singapura

Singapura ist der malaiische Name für die Insel-republik Singapur, von der diese Katze stammt. Wie die Abessinier besitzt die Singapura ein Fell mit Ticking, das sich jedoch weicher anfühlt — fast so, als läge ein Stück Satin über der Katze.

Herkunft
Die Singapura wurde 1975 in die USA importiert und schon ein Jahr später auf einer Ausstellung gezeigt. Sie errang rasch die Anerkennung der meisten Katzenver-eine. In Europa ist die Rasse sehr selten, und selbst in den USA ist sie noch ziem-lich ungewöhnlich.

Temperament
Weil die Singapura in ihrer Heimat in Ab-flußrohren (drains) Schutz und einen Platz zum Schlafen zu suchen scheint, war sie früher als »Drain Cat« bekannt, ein ziem-lich unglücklich gewählter Spitzname, der auf eine minderwertige Katze schließen läßt und nun ausgemerzt wurde. Obwohl die Singapura zurückhaltend und etwas scheu ist, ist sie trotzdem ein geselliges Tier und liebt es, mit Menschen zusam-men zu sein.

Varianten
Es gibt keine anderen Varianten.

Stumpf zulaufendes Schwanzende

Singapurakatze mit Jungen
Die erste Singapura, die im Jahre 1989 nach England importiert wurde, brachte noch in der Quarantäne, als dieses Foto aufgenom-men wurde, Junge zur Welt. Singapuraweibchen sind berühmt gute Mütter.

Ohren
Groß und leicht zugespitzt.

Augen
Groß, mandelförmig und schräggeschnit-ten. Sie sollten hasel-nußbraun, grün oder gelb sein.

Lachsfarbener Nasenspiegel

Gutentwickeltes Kinn

Typische Gesichtsmerkmale
Singapura

Kopf
Rundlich, mit einer kurzen Nase.

Singapura
Es gibt zahlreiche Katzen, die der Singapura ähnlich sehen, nicht nur in Singapur, sondern in ganz Asien. Seit ihrer Einfuhr in die USA wurde aber eine Zucht entwickelt und ein Standard festgelegt. Die Singapura ist eine sehr seltene Rasse.

Körper
Klein bis mittelgroß, muskulös und leicht stämmig.

Die Augen sind dunkel umrandet.

Der Nasenspiegel ist gleichfalls umrandet.

Schwanz
Ziemlich kurz und schlank.

Fell
Das Fell ist sehr kurz, sei-dig und liegt eng an. Es sollte die Farbe von altem Elfenbein haben, mit Bän-dern in dunklem Bronze-ton und einem Ticking in warmem Creme, was der Katze ein vornehmes Aus-sehen verleiht.

Beine
Mittellang und muskulös.

Füße
Die Pfoten sind klein und oval, mit Ballen, die braun-rosa sein sollten.

Tonkanese

Trotz des orientalischen Namens sind diese Katzen eine amerikanische Züchtung aus Kreuzungen zwischen Siam- und Burmakatzen. Es heißt, daß sie die besten Eigenschaften der beiden vereinigen.

Herkunft

Die »Tonks« wurden während der 30er Jahre in den USA in kleiner Anzahl gezüchtet. Sie wurden als Golden-Siam-Katzen bekannt und lange Zeit nicht beachtet. Erst gegen Ende der 60er Jahre, als die Zucht unter dem Namen Tonkanese einen neuen Aufschwung nahm, erzielten sie die ihnen gebührende Aufmerksamkeit. Bis jetzt wurde diese Rasse noch nicht in allen Ländern anerkannt; in den USA erfolgte die Anerkennung in den 80er Jahren.

Temperament

Die außerordentlich anhänglichen Tonkanesen sind eine der menschenanhänglichsten Kurzhaarkatzen.

Varianten

In den USA werden nur fünf Farbschläge anerkannt (siehe Tabelle), aber in Großbritannien hat die einzige Vereinigung, die diese Rasse anerkennt, einen neuen Standard geschaffen, der alle Farbschläge der Burmakatzen zuläßt.

Körper
Mittelgroß, geschmeidig und muskulös. Eine Mischung zwischen dem schlanken Körper einer Siamkatze und dem stämmigen einer Burmakatze.

Tonkanese mit roten Abzeichen (Red-Point)
Ein neuer, ausschließlich britischer Farbschlag, der farblich der roten Burmakatze entspricht, zusätzlich aber Siam-Abzeichen in einer dunkleren Schattierung aufweist.

Fell
Das Fell ist nicht ganz kurz, weich und enganliegend wie bei einem Nerz, mit natürlichem Glanz. Der Farbton sollte gleichmäßig sein, auf der Unterseite ein wenig heller, mit Abzeichen, die sich klar abheben, aber weniger scharf als bei der Siam.

Alle Tonkanesen, nicht nur die Red-Point, sind neugierig und »superschlau«.

Füße
Die Pfoten sind zierlich und eher oval als rund. Die Farbe der Ballen sollte mit der des Fells harmonieren.

Rosa Ballen

Farbschläge	Fell	Abzeichen
Naturnerz	Warmes Braun	Dunkles Schokoladenbraun
Blauer Nerz	Bläuliches Grau	Schieferblau
Honignerz	Rotbraun	Schokoladenbraun
Champagnernerz	Warmes Beige	Blasses Braun
Platinnerz	Helles Silber	Pudergrau

Tonkanese Naturnerz
Die Bezeichnung »Nerz« verweist nicht nur auf den sanften Farbton des Fells, sondern auch auf die Struktur der Fellhaare. Viele halten die Tonkanese Naturnerz für den Prototyp dieser Rasse.

Kopf
Ein leicht keilförmiger Schnitt, mit einem rechtwinklig verlaufenden Mund und einer langen Nase. Die Farbe des Nasenspiegels sollte mit der Fellfarbe harmonieren.

Ohren
Mittelgroß, breit am Ansatz mit oval geformten Spitzen.

Augen
Mittelgroß, mandelförmig und weit auseinanderstehend. Sie sollten blaugrün sein.

Rosa Nasenspiegel

Typische Gesichtsmerkmale
Tonkanese mit roten Abzeichen (Red-Point)

Die Hinterbeine sind etwas länger als die Vorderbeine.

Schwanz
Im Verhältnis zum Körper lang und zugespitzt.

Mittellanger Hals

Beine
Lang, schlank und elegant.

Nicht alle britischen Vereine erkennen die Tonkanesen an, weil nur 50 Prozent der Kätzchen, die aus einer Paarung gleichartiger Partner hervorgehen, Tonkanesen sind. Doch die exquisit getönte Red-Point ist sicher ein guter Repräsentant ihrer Rasse und wird für die gebührende Anerkennung sorgen.

Tonkanese Platinnerz
Ein wunderschönes Exemplar dieser Rasse. Das Fell braucht im allgemeinen bis zu sechzehn Monaten für seine volle Entfaltung, und manche Züchter glauben, daß der Fellglanz sich auch danach noch vertieft und verbessert. Andere wiederum sind der Meinung, daß man Tonkanesen am besten im Alter von zwei Jahren ausstellt.

Bombaykatze

Wenn es eine Steigerung der Farbe Schwarz gibt, so trifft sie auf das außergewöhnliche Fell dieser Katze zu, das, wie es oftmals heißt, den Glanz von Lackleder haben soll. Wegen ihrer Ähnlichkeit mit dem indischen schwarzen Panther wurde diese Katze nach der Stadt Bombay benannt.

Herkunft
Begründet wurde die Rasse in den 50er Jahren durch Kreuzung einer Burmakatze mit einer schwarzen Amerikanisch Kurzhaar. In Großbritannien ist sie noch nicht anerkannt.

Temperament
Die Bombaykatze schnurrt immerzu, liebt menschliche Gesellschaft und ist nicht gern allein: Sie ist vollkommen zufrieden, nur im Hause zu leben.

Varianten
Es gibt keine.

Fell
Die Farbe sollte ein glänzendes Pechschwarz sein. Das Fell ist kurz und liegt eng an.

Bombaykatze
Außerhalb der USA ist sie noch ziemlich selten, aber ihre elegante Schönheit wird diese Katze sicher sehr bald sehr beliebt machen.

Die Ohren stehen weit auseinander und sollten etwas nach vorn gestellt sein.

Ohren
Sie sollten mittelgroß sein, breit am Ansatz und sanft abgerundete Spitzen haben.

Schwarzer Nasenspiegel

Augen
Rund, weit auseinanderstehend, mit einem Farbton, der zwischen Gold und leuchtendem Kupfer liegt.

Kopf
Rundlich, mit einem vollen Gesicht, das nach unten hin schmaler wird und einen kleinen, gutentwikkelten Mund besitzt.

Typische Gesichtsmerkmale
Bombaykatze

Schwanz
Er sollte mittellang sein.

Körper
Mittelgroß und muskulös.

Beine
Im Verhältnis zum Körper mittellang.

Füße
Die Pfoten sollten klein und schmal sein, mit schwarzen Ballen.

Snowshoe
(Schneeschuh)

Eine weitere amerikanische Rasse, die noch nicht sehr alt ist. Sie wurde mit dem Ziel entwickelt, die typischen Abzeichen der Siamkatze mit den weißen Füßen der Birmakatze zu kombinieren — das letztere Merkmal brachte ihr den Spitznamen „Silver Laces" (Silberspitzen) ein. Der Körper ist ähnlich der Orientalisch Kurzhaar, im allgemeinen aber größer und schwerer, mit weniger stark ausgeprägten Abzeichen. Sie erinnert an die Siamkatze, wie sie vor 30 oder 40 Jahren gezüchtet wurde.

Herkunft
Drei Siamkätzchen, die mit weißen Füßen zur Welt kamen, bildeten die Grundlage dieser Zucht. Als ein selektives Zuchtprogramm aufgestellt wurde, hat man zweifarbige Amerikanisch Kurzhaar eingekreuzt, um die Snowshoe zu entwickeln.

Temperament
Die Snowshoe wird als strahlende und nicht leicht zu irritierende Persönlichkeit beschrieben — Eigenschaften, die ideal für Ausstellungen sind.

Varianten
Es gibt bisher zwei Farbschläge: Die Seal-Point hat ein Fell in warmem Rehbraun, wobei Bauch und Brust heller sind, mit sealbraunen Abzeichen. Die Blue-Point hat einen Körper in bläulichem Weiß, Bauch und Brust sind ebenfalls heller, mit Abzeichen in tiefem Graublau.

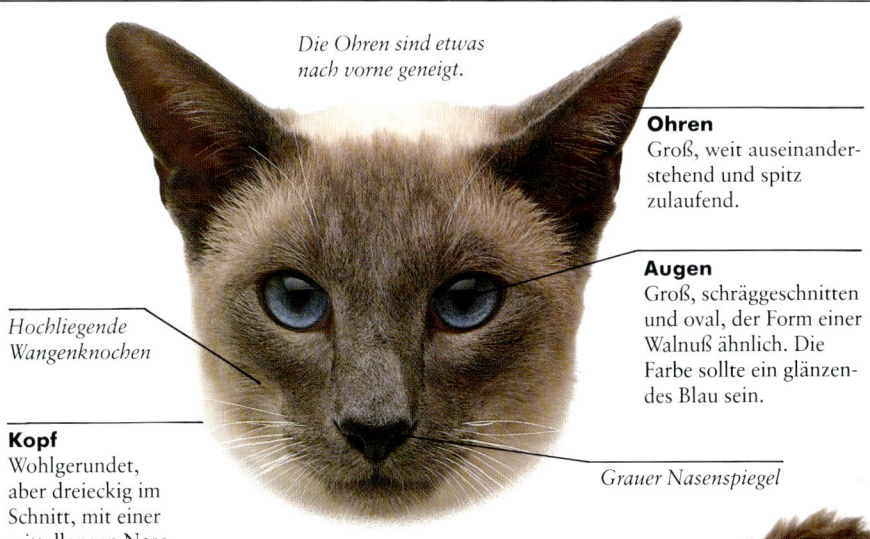

Die Ohren sind etwas nach vorne geneigt.

Ohren
Groß, weit auseinanderstehend und spitz zulaufend.

Augen
Groß, schräggeschnitten und oval, der Form einer Walnuß ähnlich. Die Farbe sollte ein glänzendes Blau sein.

Hochliegende Wangenknochen

Kopf
Wohlgerundet, aber dreieckig im Schnitt, mit einer mittellangen Nase, die, im Profil gesehen, gerade verläuft.

Grauer Nasenspiegel

Typische Gesichtsmerkmale
Snowshoe Blue-Point

Snowshoe Blue-Point
Die noch relativ seltene Snowshoe wird bisher nur in zwei Farbschlägen, Blau und Seal, von amerikanischen Vereinen anerkannt. In Zukunft werden zweifellos auch andere Siam-Farbschläge anerkannt werden.

Schwanz
Mittellang und leicht zugespitzt.

Fell
Das Fell ist kurz, glänzend und in seiner Struktur mittelstark. Maske, Ohren, Beine und Schwanz sollten wesentlich dunkler schattiert sein im Vergleich zur Körperfarbe, Brust und Bauch hingegen heller. Die Füße sollten weiß sein.

Körper
Mittelgroß bis groß, geschmeidig und muskulös.

Füße
Die Pfoten sind mittelgroß und oval.

Beine
Mittellang.

Pfotenballen in Rosa und Grau

Snowshoe Seal-Point
Ein umgekehrtes »V« auf der Stirn ist erwünscht.

Foreign Kurzhaar

Die Foreign oder Orientalisch Kurzhaar werden in einer Vielzahl von Farb- und Fellmustern gezüchtet. Diese eleganten Tiere, die den Körperbau der Siamkatzen haben, weisen ein eigenwilliges Aussehen auf, das sie unverwechselbar macht.

Herkunft

In den USA und Großbritannien wurden Siamkatzen mit anderen Kurzhaarkatzen gekreuzt, um eine elegante Katze vom Typus der Foreign Kurzhaar jedoch ohne Abzeichen zu erzeugen. Die Anerkennung erfolgte in den späten 70er Jahren.

Temperament

Diese Katzen besitzen die gleiche energische und neugierige Veranlagung wie die Siamesen. Sie sind liebenswerte Gefährten.

Varianten

Es gibt folgende Farbschläge: Schwarz, Weiß, Blau, Lilac, Rot, Creme, Silber, Cameo, Kastanie, Zimt, Karamel, Rauchschwarz, Kastanie Smoke, Cameo Smoke, Tabby und Schildpatt. In den meisten Fällen sind die Augen grün, bei der Amerikanisch Foreign Kurzhaar in Weiß können sie blau oder orange sein, bei der Britisch Foreign Kurzhaar in Weiß müssen sie blau sein. Bernsteinfarbene Augen sind bei der schwarzen Foreign Kurzhaar erlaubt, Farbtöne von Kupfer bis Grün sind bei den cremefarbenen und roten zugelassen. In Großbritannien werden einfarbige Katzen als Foreign Kurzhaar bezeichnet, wogegen Tabbys, gefleckte Katzen und Katzen mit Ticking Orientalisch Kurzhaar genannt werden. Es gibt aber gegenwärtig Bestrebungen für eine neue Definierung der Begriffe und eine neue Gruppierung der Farbschläge.

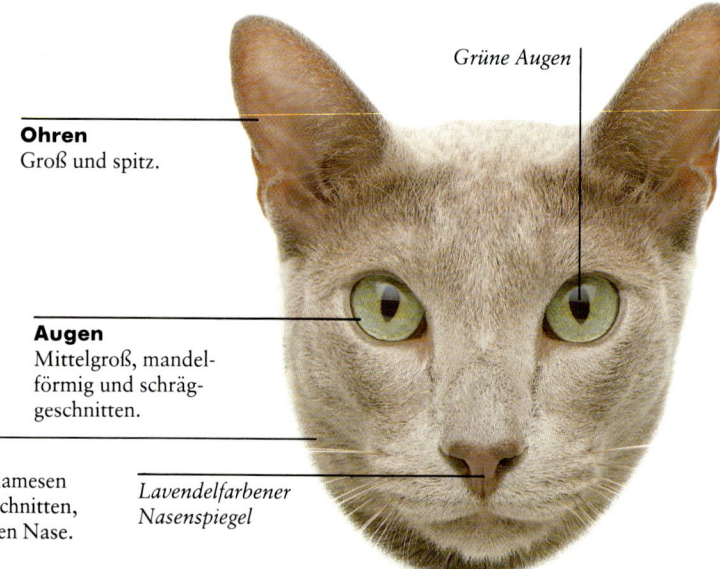

Ohren
Groß und spitz.

Grüne Augen

Augen
Mittelgroß, mandelförmig und schräggeschnitten.

Kopf
Wie bei den Siamesen keilförmig geschnitten, mit einer langen Nase.

Lavendelfarbener Nasenspiegel

Typische Gesichtsmerkmale
Foreign Kurzhaar Lilac

Foreign Kurzhaar Blau
Eine Katze mit einem außergewöhnlich interessanten Profil.

Fell
Das Fell ist kurz, fein strukturiert und enganliegend. Die Farbe sollte ein frostiger Grauton mit einem Stich ins Rosa sein.

Körper
Mittelgroß, lang, schlank und geschmeidig.

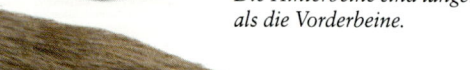

Die Hinterbeine sind länger als die Vorderbeine.

Foreign Kurzhaar Schwarz
Die Quintessenz feliner Eleganz.

Schwanz
Lang, am Ansatz dünn, in einer feinen Spitze auslaufend.

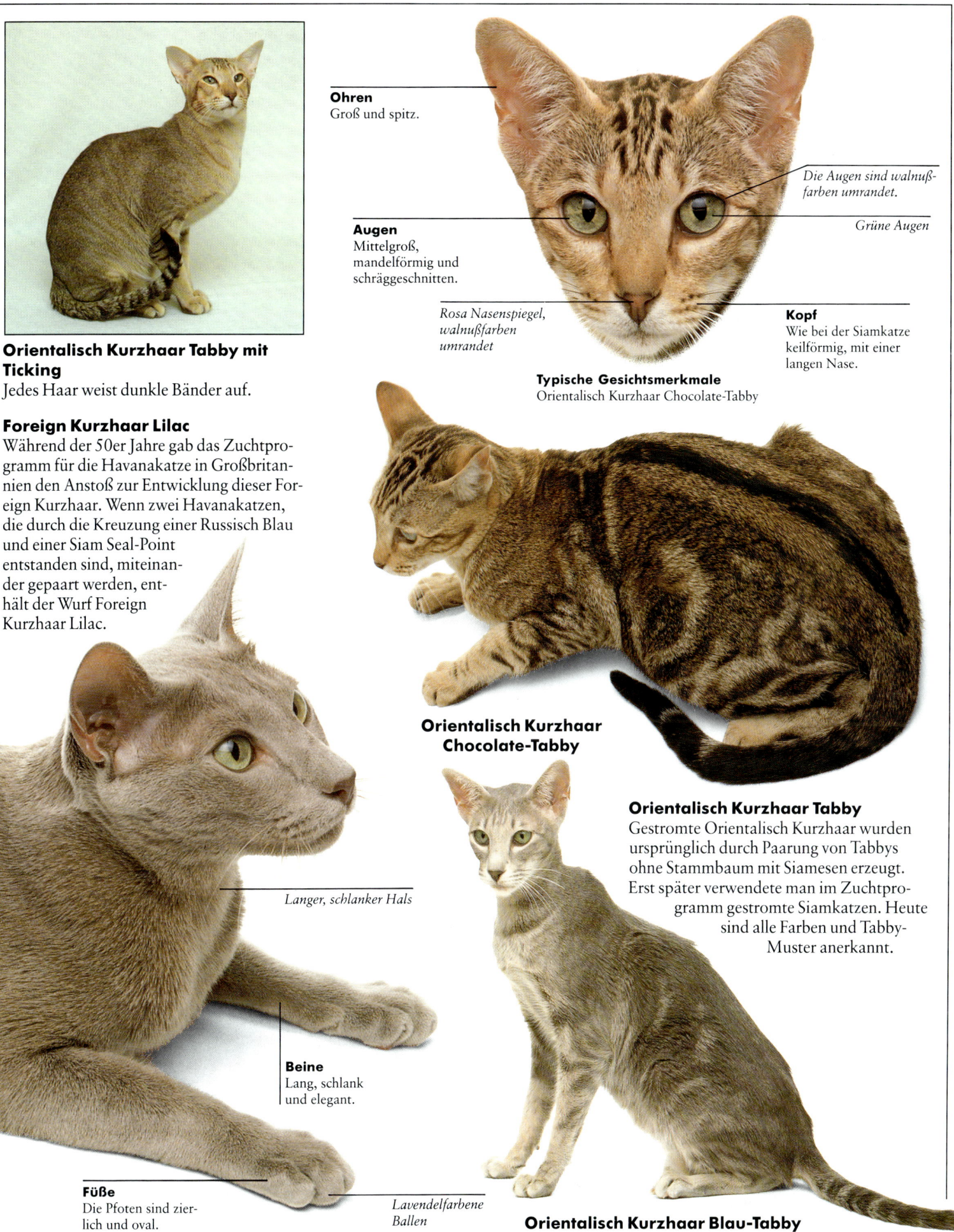

Orientalisch Kurzhaar Tabby mit Ticking
Jedes Haar weist dunkle Bänder auf.

Foreign Kurzhaar Lilac
Während der 50er Jahre gab das Zuchtprogramm für die Havanakatze in Großbritannien den Anstoß zur Entwicklung dieser Foreign Kurzhaar. Wenn zwei Havanakatzen, die durch die Kreuzung einer Russisch Blau und einer Siam Seal-Point entstanden sind, miteinander gepaart werden, enthält der Wurf Foreign Kurzhaar Lilac.

Ohren
Groß und spitz.

Die Augen sind walnuß-farben umrandet.

Grüne Augen

Augen
Mittelgroß, mandelförmig und schräggeschnitten.

Rosa Nasenspiegel, walnußfarben umrandet

Kopf
Wie bei der Siamkatze keilförmig, mit einer langen Nase.

Typische Gesichtsmerkmale
Orientalisch Kurzhaar Chocolate-Tabby

Orientalisch Kurzhaar Chocolate-Tabby

Langer, schlanker Hals

Beine
Lang, schlank und elegant.

Füße
Die Pfoten sind zierlich und oval.

Lavendelfarbene Ballen

Orientalisch Kurzhaar Tabby
Gestromte Orientalisch Kurzhaar wurden ursprünglich durch Paarung von Tabbys ohne Stammbaum mit Siamesen erzeugt. Erst später verwendete man im Zuchtprogramm gestromte Siamkatzen. Heute sind alle Farben und Tabby-Muster anerkannt.

Orientalisch Kurzhaar Blau-Tabby

Burmilla

W ie schon der Name nahelegt, ist die Burmilla das Kreuzungsprodukt zwischen
einer Burma- und einer Chinchillakatze. Sie
besitzt den Körperbau einer Burmakatze, hat
aber ein weicheres Fell, das schattiert ist
oder ein Tipping aufweist. Die Entwicklung
der Burmilla hat eine Lücke im Repertoire
der Katzenrassen gefüllt, nämlich die einer
Kurzhaarkatze vom Foreign-Typus in
Silber mit Tipping.

Herkunft
1981 ergab in Großbritannien eine zufällige
Paarung zwischen einem Burmaweibchen in
Lilac und einem Chinchillakater, die beide der
Baronin Miranda von Kirchberg gehörten, vier
Kätzchen, die die Burmillazucht begründeten.
Die Möglichkeit, eine neue, echte Zucht zu
etablieren, wurde schnell in die Tat umgesetzt,
und mit dem gleichen Ziel wurde 1984 der
Burmilla-Katzenverein gegründet. Noch steht
die Anerkennung für die Burmilla in Großbritannien aus, aber man ist dabei, sie in Amerika
einzuführen. Die Burmilla wird in zunehmendem Maße auf Ausstellungen gezeigt und hat
mittlerweile eine große Menge von Freunden
und Bewunderern gewonnen.

Temperament
Diese Katze ist bekannt für ihren feinen, ausgeglichenen Charakter.

Varianten
Die Burmilla wird mit einem silber- oder gold-
farbenen Fell gezüchtet. Die Haarspitzen sind
schwarz oder haben eine andere bei Burmakatzen auftretende Farbe.

Die Augen sind schwarz umrandet.

Eine schwarze Linie umrahmt den Mund.

Beine
Mittellang und schlank.
Die Vorderbeine sind
etwas kürzer als die
Hinterbeine.

Burmilla mit schwarzem Tipping
Die Burmilla ist dabei,
rasch eine der beliebtesten
neuen Kurzhaarzucht-
katzen zu werden.

Füße
Die Pfoten sind zier-
lich, oval geformt, mit
schwarzen Ballen.

Ein leichtes Tabby-Muster und ein deutlich gezeichnetes »M« schmücken die Stirn.

Die Augen sind braun umrandet.

Braune Mundumrandung

Ohren
Mittelgroß bis groß, mit mittlerem Ohrenabstand. Sie sind am Ansatz breit, haben abgerundete Spitzen und neigen sich leicht nach vorn.

Augen
Groß, weit auseinanderstehend, mit einem rundgeschnittenen Unterlid und einem gerade verlaufenden Oberlid. Alle Schattierungen in Grün sind anerkannt.

Kopf
Sanft gerundet, zwischen den Ohren mittelbreit. Die Nase ist kurz, mit einem schwarzumrandeten Nasenspiegel in der Farbe von Terrakotta.

Schwache Ringe an den Beinen

Typische Gesichtsmerkmale
Burmilla mit schwarzem Tipping

Schwanz besitzt Ringe und Haarspitzen in Braun.

Körper
Mittellang, geschmeidig, aber muskulös.

Das Fell fühlt sich an den Spitzen rauh an.

Fell
Das Fell ist kurz, aber länger als bei der Burmakatze, dicht und weich.

Burmilla mit braunem Tipping
Bei der Burmilla mit braunem Tipping entspricht die Farbe der Pfoten, der Umrandung der Augen sowie der Lippen der Farbe des Tippings.

Burmilla mit schwarzem Tipping
Eine sanfte Schattierung, die einen Kontrast zu der Silberfarbe des Unterfells bildet, und feine Tabby-Abzeichen an den Points geben diesem Farbschlag ein unaufdringliches Erscheinungsbild.

Die Schwanzringe haben dieselbe Farbe wie das Tipping.

Schwanz
Mittellang bis lang. Er sollte in einer runden Spitze enden.

Rexkatze

Die Rexkatze, die aussieht, als hätte man ihr beim Friseur eine ziemlich altmodische Dauerwelle verpaßt, wurde nach dem Rex-Kaninchen benannt, das gleichfalls ein derart lockiges Fell besitzt.

Herkunft

Obwohl Kätzchen mit gekräuseltem Fell nach dem Zweiten Weltkrieg sowohl in Europa als auch in den USA aufgetaucht sein sollen, wurde die Zucht erst nach 1950 ernsthaft betrieben. Damals war auf einem Bauernhof in Cornwall, England, ein Wurf Katzen zur Welt gekommen, in dem sich ein wunderhübsches cremefarbenes Katerchen mit gewelltem Fell befand, das mit seiner Mutter gepaart wurde und eine neue echte Rasse, die Cornish Rex, begründete. Im Jahre 1966 tauchte ein ganz ähnliches Kätzchen in Devon auf, das man später mit der Rasse aus Cornwall kreuzte. Die daraus hervorgegangenen Kätzchen besaßen ein glattes Fell, was beweist, daß das gewellte Fell der Katzen von Cornwall und Devon durch verschiedene Gene bestimmt wurde und daß man die beiden getrennt züchten sollte. 1967 wurden die Rexkatzen in Großbritannien anerkannt, und heute sind sie auf der ganzen Welt zu Ausstellungen zugelassen.

Temperament

Sowohl die Cornish Rex als auch die Devon Rex sind verspielt und anhänglich.

Varianten

Die Rexkatzen sind in allen Farben und Fellmustern anerkannt, mit Ausnahme der zweifarbigen. Katzen mit Siam-Abzeichen sind als Si-Rex bekannt.

Kopf
Keilförmig, mit einer langen Nase. Die Farbe des Nasenspiegels sollte zur Fellfarbe passen.

Ohren
Groß, an den Spitzen sanft abgerundet, hoch am Kopf angesetzt.

Augen
Mittelgroß und oval geschnitten. Die Augenfarbe sollte mit der Fellfarbe harmonieren.

Gekräuselte Schnurrhaare

Brauner Nasenspiegel

Typische Gesichtsmerkmale
Cornish Rex Chocolate-Schildpatt

Cornish Rex Blau
Das blaue Fell besitzt einen besonderen Glanz.

Körper
Lang und schlank, mit einem von Natur aus gebogenen Rücken.

Fell
Das gekräuselte Fell ist seidig, kurz und enganliegend, ohne Leithaare. Die Farbe sollte eine Mischung von Chocolate, Rot und Creme sein.

Schwanz
Lang und schlank, am Ende zugespitzt und außerordentlich beweglich.

Das Fell sollte an Rükken und Schwanz besonders stark gekräuselt sein.

Beine
Sehr lang, gerade und schlank.

Die Katze ist hochbeinig.

Braune Ballen

Füße
Die Pfoten sind zierlich und leicht oval. Die Farbe der Ballen sollte zur Fellfarbe passen.

Cornish Rex Chocolate-Schildpatt

Für die Cornish Rex, eine Katze vom Typus Foreign Kurzhaar, ist das gekräuselte, sehr kurze und feine Fell charakteristisch. Es ist weniger dicht als das der Devon Rex und besitzt, wenn überhaupt, nur wenige Leithaare, so daß das Fell im allgemeinen nur aus Unterfell und Grannenhaaren besteht.

Kopf
Leicht keilförmig, mit vollen Wangen und einer kurzen Nase, was zu der koboldhaften Erscheinung dieser Katze beiträgt.

Ohren
Sehr groß, niedrig am Kopf angesetzt, mit abgerundeten Spitzen. Sie können Ohrbüschel besitzen.

Augen
Groß, oval geschnitten und weit auseinanderstehend. Die Farbe sollte mit der Fellfarbe harmonieren.

Betonte Wangenknochen

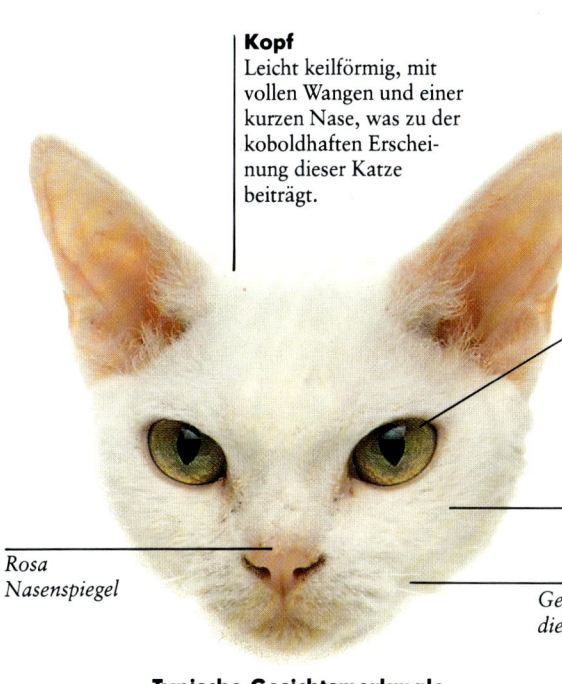

Rosa Nasenspiegel

Gekräuselte Schnurrhaare, die zum Abbrechen neigen.

Typische Gesichtsmerkmale
Devon Rex Weiß

Devon Rex Silber-Tabby
Die Tabby-Merkmale akzentuieren die Wellen des Fells.

Fell
Das Fell ist sehr kurz, fein, wellig und weich, ein wenig dichter als das der Cornish Rex. Die Farbe sollte rein-weiß sein, ohne irgendwelche Abzeichen.

Körper
Mittelgroß, schlank, fest und muskulös.

Schwanz
Lang, fein und zugespitzt, mit reichlich Fell.

Schlanker Hals

Devon Rex Weiß
Obwohl der Körperbau dem einer Foreign Kurzhaar entspricht, besitzt die Devon Rex ein »Kobold-Gesicht«, durch das sie sich von der Cornish Rex unterscheidet. Auch fühlt sich ihr Fell anders an, das wie bei fast allen anderen Katzen, drei Haartypen besitzt. Die Angewohnheit der Devon Rex, mit dem Schwanz zu wedeln, wenn sie glücklich ist, hat ihr den Spitznamen »Pudel-Katze« eingebracht.

Breite Brust

Beine
Lang und dünn.

Füße
Die Pfoten sind klein und oval. Die Farbe der Ballen sollte mit der Fellfarbe harmonieren.

Braune Ballen

Ägyptische Mau

Mau oder Miu hießen die Hauskatzen im alten Ägypten, und von allen domestizierten Katzen ist die Ägyptische Mau wahrscheinlich die ehrwürdigste.

Herkunft

Katzen, die der Ägyptischen Mau ähneln, haben eine lange Geschichte, besonders im Mittleren Osten. Man glaubt, daß die Mau-katze eine natürliche Rasse ist, die aus der Gegend von Kairo stammt. In Europa er-schien sie erstmals Mitte der 50er Jahre auf einer Katzenausstellung in Rom; 1953 wur-de sie in die USA importiert, wo sie fünfzehn Jahre später die Anerkennung erhielt. In Australien und Großbritannien ist sie noch nicht anerkannt. Dort gibt es von Siamesen abstammende gefleckte Katzen, die formell Maukatzen genannt werden und als Orien-talisch Kurzhaar Gefleckt bekannt wurden.

Temperament

Die Ägyptische Mau ist liebevoll und ver-spielt. Angeblich ist es leicht, ihr »Kunst-stückchen« beizubringen. Sie gehört zu den ganz wenigen Rassen, die gern an der Leine spazierengehen.

Varianten

Es gibt fünf Farbschläge: Die silberfarbene Maukatze hat ein silbernes Fell mit schwarzen Abzeichen, die bronzefarbene hat ein hellbraunes Fell mit dunkelbrau-nen Abzeichen, die zinnfarbene hat ein Fell in einem gräuli-chen Rosa mit schwarzen oder braunen Abzei-chen, die rauchfar-bene (Smoke) hat ein Fell in einem hellen Silberton mit schwarzen Abzeichen und die schwarze hat dieselben Farben wie die Smoke, aber ohne wei-ßes Unter-fell.

Ohren
Mittelgroß bis groß, weit aus-einanderstehend und sanft zugespitzt.

Ohrbüschel

Skarabäus-Zeichen auf der Stirn

Augen
Mandel-förmig und blaßbrün.

Kopf
Keilförmig, aber leicht gerundet, mit einer kurzen Nase.

Typische Gesichtsmerkmale
Ägyptische Mau Zinnfarben

Ägyptische Mau Zinnfarben

Es ist eine weitverbreitete Ansicht, daß die Mau von der Katze abstammen könn-te, die im alten Ägypten durch den Gott Ra und die Göttin Bastet symbolisiert wurde. Als Untermauerung dieser Theo-rie dient das einem kleine Skarabäus ähnelnde Zeichen auf der Stirn der Kat-zen. Auf ägyptischen Fresken wurde die-ser Käfer oft auf den Köpfen von Katzen dargestellt.

Ägyptische Mau Rauchfarben (Smoke)
Das Fell der Smoke kann Diebe anlok-ken — Besitzer einer solchen Katze sollten deshalb wachsam sein.

Körper
Mittellang, grazil und muskulös.

Die Hinter-beine sind län-ger als die Vorderbeine.

Fell
Das Fell ist fein und sei-dig, aber dicht und bei Berührung elastisch. Es ist mittellang und besteht aus Fellhaaren, die ein Ticking von zwei oder mehr Bändern aufweisen. Die Farbe sollte ein gräu-liches Rosa sein mit braunen Abzeichen.

Beine
Im Verhält-nis zum Körper mit-tellang.

Die Beine sind ge-streift.

Füße
Die Pfoten sind klein, zierlich und leicht oval geformt.

Deutlich er-kennbare Ringe am Schwanz

Schwanz
Mittellang und leicht zugespitzt.

Sphinx

Eine Katze in dem Kleid, in dem sie auf die Welt gekommen ist! Eine Katze ohne das übliche Fellkleid, wie die praktisch haarlose Sphinx, ist nicht jedermanns Geschmack, erregt aber zweifellos viel Aufmerksamkeit.

Herkunft

Haarlose Katzen sollen schon von den Azteken gezüchtet worden sein, und es gibt in Büchern Berichte über die »Haarlose Mexikanische Katze« aus der Zeit um die Jahrhundertwende. Die moderne Zucht hat sich jedoch erst nach 1966 entwickelt, ausgehend von einem Mutantenkätzchen, das in Ontario, Kanada, zur Welt kam. Außerhalb Nordamerikas ist sie selten.

Temperament

Im Gegensatz zur allgemeinen Annahme ist die Sphinx eine anhängliche Katze, die es genießt, wenn sie geknuddelt wird.

Varianten

Die Sphinx kann jede anerkannte Fellfarbe und jede Musterung aufweisen. Die Augenfarbe sollte zur Körperfarbe passen.

Augen
Tiefliegend, zitronenförmig und schräggeschnitten. Die Farbe sollte mit der Körperfarbe harmonieren.

Kopf
Weder rund noch keilförmig, eher etwas länger als breit. Die Nase sollte kurz sein und einen Spiegel haben, der farblich zum Körper paßt.

Ohren
Sehr groß, mit abgerundeten Spitzen.

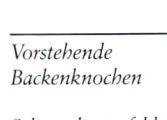

Vorstehende Backenknochen

Schnurrhaare fehlen

Typische Gesichtsmerkmale
Sphinx Schwarz mit Weiß

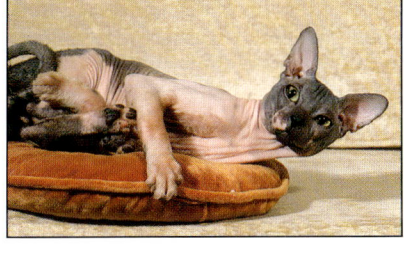

Sphinx Blau mit Weiß

Obwohl sie kein Fell besitzt, hat die Sphinx eine höhere Hauttemperatur als andere Rassen und fühlt sich warm an, was ihr den Spitznamen »lederne Wärmflasche« einbrachte. Sie ist eine Katze, die schwitzt — eine absolute Ausnahme — und regelmäßig gewaschen werden muß, um die Schuppen zu entfernen, die sich bilden.

Sphinx Schwarz mit Weiß

Die heutige Sphinx stammt von einer Mutation in den späten 60er Jahren ab. Etwas früher, in den 30er Jahren, wurde ebenfalls von haarlosen Katzen berichtet, aber damals wurden sie weitgehend ignoriert.

Beine
Lang und schlank. Sie hat O-Beine, die durch die walzenförmig geformte Brust entstehen.

Füße
Die Pfoten sind zierlich und oval und haben lange Zehen. Die Farbe der Ballen sollte mit der Körperfarbe übereinstimmen.

Körper
Mittelgroß, grazil, aber muskulös, mit walzenförmig gebauter Brust.

Fell
Haarlos, abgesehen von einem feinen Flaum auf Gesicht, Ohren, Füßen und Schwanz. Die Haut ist an einigen Stellen des Kopfes, des Körpers und der Beine faltig, sollte sonst aber straff sein.

Schwanz
Lang, hart und zugespitzt.

Neue Kurzhaarrassen

M ehr noch als bei den Langhaarkatzen zeigen die bemerkenswerten Ergebnisse bei den Kurzhaarkatzen, was Züchter leisten. Zu den neuen Kurzhaarrassen gehören die Amerikanisch Curl, deren Ohren sich vom Gesicht wegbiegen, die Amerikanische Stummelschwanzkatze, mit einem Schwanz, der eher einer Puderquaste ähnelt, die gefleckte Kalifornische Spangled und die drei hier abgebildeten Katzen: die Bengalkatze, die Ocikatze und die Schottische Faltohrkatze.

Herkunft
Katzenliebhaber versuchten schon immer, das Repertoire der Rassen zu erweitern, aber sie sind wohl nie so einfallsreich gewesen wie gerade in den letzten Jahren — ein Trend, der zweifellos anhalten und zur Erzeugung immer neuer Zuchten führen wird.

Temperament
Das Temperament der neuen Rassen ist so verschiedenartig wie ihr Ursprung.

Varianten
Bei jeder neuen Zucht ist man bestrebt, weitere Farbschläge zu entwickeln.

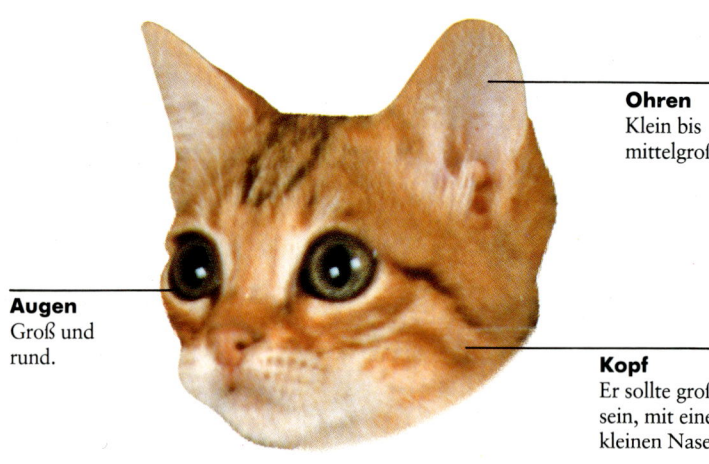

Ohren
Klein bis mittelgroß.

Augen
Groß und rund.

Kopf
Er sollte groß sein, mit einer kleinen Nase.

Typische Gesichtsmerkmale
Bengalkatze

Bengalkatze
Eine außergewöhnlich teure Katze, von der es in ihrem Ursprungsland, den USA, erst bis zu 200 Exemplare gibt. Sie wurde durch Kreuzung von asiatischen Leopardenkatzen mit einer Tabby-Katze erzeugt. Das Zuchtziel war eine Katze, die das Aussehen einer Wildkatze hat, aber das sanfte Temperament von domestizierten Kurzhaarkatzen besitzt. Das Ergebnis ist eine der bezauberndsten Katzen — ein Zuchterfolg von hohem Stellenwert.

Fell
Das Fell ist kurz bis mittellang, seidig, weich und dick. Auf rotbraunem Grund sollten schwarze Flecke erscheinen, zufällig verteilt oder in horizontalen Linien angeordnet. »Rosetten«, helle Flecke mit einer dunklen Umrandung, werden gleichfalls anerkannt.

Körper
Lang, geschmeidig und muskulös.

Bengalkätzchen
Obwohl Bengalkätzchen bereits gefleckt geboren werden, verbirgt das anfangs rauhe Fell die Musterung etwa drei bis vier Monate lang.

Schwanz
Lang und muskulös.

Beine
Relativ kurz. Die Hinterbeine sind kürzer als die Vorderbeine, was zu einem »steifbeinigen« Gang führt.

Füße
Die Pfoten sind sehr groß und rund.

Ocikatze

Diese amerikanische Katze war das unbeabsichtigte Ergebnis eines Versuchs, eine Siamkatze mit Abessinier-Abzeichen zu erzeugen. Ihr geflecktes Fell, das Tabby-Gesicht und die Ähnlichkeit mit einem kleinen Ozelot erregten sogleich Bewunderung, so daß rasch Zuchtlinien aufgestellt wurden. Später wurden Amerikanisch-Kurzhaar-Katzen in die ursprüngliche Zucht von Abessinier und Siamkatzen eingekreuzt, um die Anzahl der Farbschläge zu vergrößern. Die Ocikatze errang 1987 den Champion-Status und ist für ihre fast hundeartige Ergebenheit gegenüber ihrem Besitzer berühmt.

Kopf
Leicht keilförmig mit einem breiten Mund und einer kurzen Nase.

Ohren
Mittelgroß.

Augen
Groß, mandelförmig und leicht schräggeschnitten.

Typische Gesichtsmerkmale
Ocikatze

Körper
Groß, stark, muskulös, anmutig und geschmeidig.

Schwanz
Ziemlich lang und schlank, mit einer sanften Zuspitzung.

Beine
Mittellang und kräftig, proportional zum Körper.

Füße
Die Pfoten sind kräftig und oval. Die Hinterpfoten haben vier, die Vorderpfoten fünf Zehen.

Fell
Das Fell ist kurz, glänzend, fein, enganliegend und besitzt ein Ticking von mehreren Farbbändern. Die dunklen Flecke sollten sich klar von dem hellen Hintergrund abheben.

Augen
Groß, rund und weit auseinanderstehend.

Ohren
Sie sollten klein und zierlich sein, an den Spitzen gerundet und weit auseinanderstehend. Das Ohr ist so gefaltet, daß die Ohröffnung vollständig bedeckt ist.

Typische Gesichtsmerkmale
Schottische Faltohrkatze

Schottische Faltohrkatze

Wenn man den alten Berichten glauben kann, so ist das Gen für Faltohrkatzen schon seit etwa 150 Jahren in der domestizierten felinen Population vorhanden. Die moderne Zucht stammt jedoch von einem Mutantenkätzchen ab, das 1966 in Schottland zur Welt kam und in den frühen 70er Jahren in die USA exportiert wurde.

Kopf
Gutgerundet, mit vollen Wangen und einer kurzen, geraden Nase.

Fell
Das Fell sollte kurz, dicht und elastisch sein. Fast alle Farben und Fellmuster werden anerkannt.

Beine
Mittellang und ziemlich muskulös.

Füße
Die Pfoten sind zierlich und rund.

Körper
Mittelgroß, rundlich und gut gepolstert.

Schwanz
Mittellang und beweglich.

Kurzhaarkatzen ohne Stammbaum

Alle Katzen, sowohl die gezüchteten als auch die natürlichen Kreuzungen, haben dieselben Vorfahren — die heiligen Katzen der Pharaonen. Das trifft auf die einfache Muschi ebenso zu wie auf den hochdekorierten Grand Champion. Jede Katze besitzt zwar ihre eigene Individualität, aber alle haben den gleichen Charme, die gleiche Anmut und das gleiche rätselhafte Katzenwesen.

Herkunft

Kurzhaarkatzen haben schon vor Tausenden von Jahren die menschliche Gesellschaft bereichert. Die Differenzierung in Zuchtrassen begann erst gegen Ende des 19. Jahrhunderts, als die schönsten Exemplare britischer Haus- und Straßenkatzen selektiv für Ausstellungszwecke gekreuzt wurden.

Temperament

Muschis sind ursprüngliche Gefährten der Menschen am Feuerplatz, nicht wegen ihrer ehrwürdigen Vorfahren, sondern weil sie ansprechend und liebenswert sind. In einem freundlichen Haus schließen sie alle enge und anhaltende Freundschaften.

Varianten

Die »Farbschläge« sind allein von dem Einfallsreichtum und den Gaben der Mutter Natur abhängig.

Amerikanisch Kurzhaar Silber ohne Stammbaum
Diese amerikanische Kurzhaar besitzt ihre eigene, einmalige Ausstrahlung.

Schwache Tabby-Merkmale

Körper
Stark und muskulös.

Obwohl das Muster ungleichmäßig ist und deutliche Tabby-Merkmale auftreten, läßt die zufriedene Würde dieser Katze in Ginger (Ingwer) mit Weiß jeden Gedanken daran, daß sie zu den »armen« Verwandten der Zuchtkatzen gehört, im Keim ersticken.

Beine
Kurz und gutproportioniert.

Füße
Die Pfoten sind groß und rund.

Britisch Kurzhaar Tabby ohne Stammbaum
Tabby-Merkmale bilden das grundlegende Fellmuster der Katze, wodurch sie in der freien Natur hervorragend getarnt ist. Weil die Tabby-Gene dominant sind, treten gestromte Katzen am häufigsten auf.

Fell
Kurz und dicht.

Kopf
Breit und rund mit einer kurzen, geraden Nase.

Ohren
Mittelgroß mit abgerundeten Spitzen.

Augen
Groß und rund.

Rosa Nasenspiegel

Typische Gesichtsmerkmale
Britisch Kurzhaar Ginger mit Weiß ohne Stammbaum

Ringe am Schwanz

Schwanz
Kurz und dick.

Rosa Ballen

Britisch Kurzhaar Ginger mit Weiß ohne Stammbaum
Das wissenschaftlich erwiesene Prinzip von der Vitalität der Bastarde gibt Katzen ohne Stammbaum, so wie diesem offensichtlich robusten Exemplar, eine bessere Konstitution als den Zuchtkatzen, die nur für Ausstellungen gezüchtet werden.

Die Haltung einer Katze

Es kann vorkommen, daß eine Katze sich entschließt, bei Ihnen leben zu wollen. So ist es mir bereits mehrmals ergangen. Sie macht zunächst Stippvisiten, ganz im Stil eines Inspektors, der Lebensmittel kontrolliert, und mustert dabei Ihr Haus, das mögliche zukünftige Heim. Das geschieht im allgemeinen mehr als einmal. Wie es der Art eines Lebensmittel-Inspektors entspricht, widmen Mister oder Miss Felix (natürlich ohne ihre Identität preiszugeben) der Qualität und der Verfügbarkeit von Speisen große Aufmerksamkeit. Aber mindestens genauso wichtig sind für sie die Begrüßung und die Bequemlichkeiten ihres neuen Zuhauses. Wenn Sie auf diese Weise von einer Katze auserwählt werden und nicht gerade zu der bizarren Minderheit von Katzengegnern gehören, die unbegreiflicherweise nicht das geringste Gefühl für Katzen aufbringen, dann haben Sie Ihre Katze — oder Ihre Katze hat Sie.

Es gibt eine Vielzahl von Gründen, warum sich Menschen entschließen, eine Katze zu erwerben. Manche wünschen sich Gesellschaft — fast nie wird sie als Schädlingsbekämpfungsmaßnahme angesehen —, sehr viele möchten jedoch eine Katze, weil es einfach großartig ist, eine um sich zu haben. Welches andere Haustier verbindet so sehr Kultiviertheit mit Freundschaft und ist darüber hinaus noch in der Lage, Ihren Schoß zu wärmen, Mäuse fernzuhalten und frühzeitig vor Erdbeben zu warnen? Und all das zu Unterhaltskosten, die sich in einem vernünftigen Rahmen bewegen.

Ihre neue Katze

Wenn Sie Ihr Zuhause mit einer Katze teilen wollen, gibt es mehr zu tun, als nur den richtigen Katzenzüchter im Telefonbuch herauszusuchen. Vor allem stellt sich die Frage: Sind Sie in der Lage, Ihrer Katze ein guter Gefährte zu sein?

Aber auch folgende Punkte müssen überdacht werden. Was für Tiere leben bereits im Haushalt, und wie mögen sie auf den Neuankömmling reagieren? Wird die Katze ständig eingesperrt sein, weil Sie in einem hochgelegenen Ein-Zimmer-Apartment wohnen? Wenn die Katze nach draußen darf, ist es möglich, ein Katzentürchen an einer Tür oder einem Fenster anzubringen? Haben Sie die Zeit und die Geduld, einer bestimmten Katzenart die Fellpflege zu geben, die sie regelmäßig braucht? Können Sie für das Wohlergehen der Katze während Ihres Urlaubs Vorsorge treffen und können Sie die nötigen Mittel für die Grundausstattung, den täglichen Bedarf an hochwertigem Katzenfutter und die Kosten sowohl für vorbeugende Behandlungen als auch für unerwartete Zwischenfälle aufbringen?

Die Wahl der Katze

Dem Erwerb einer Katze müssen sorgfältige Überlegungen und Vorbereitungen vorausgehen. Zuerst müssen Sie entscheiden, welche Katze für Sie die richtige ist. Wenn Sie die Absicht haben, Katzen auszustellen und/oder zu züchten, kommt natürlich nur eine Rassekatze in Betracht. Wenn Sie aber einfach einen Hausgefährten wollen, eine Katze, die Tag für Tag um Sie herum ist, dann sollten Sie sich an Tierheime wenden. Sie sind voll von heimatlosen, unerwünschten Katzen — die meistens getötet werden, wenn sie nicht innerhalb eines bestimmten Zeitraumes ein gutes Zuhause finden. Wenn Sie ein Neuling in Katzenfragen sind, dann machen Sie sich von dem Gedanken frei, daß es so etwas wie eine »ideale« Katze gibt. Jede Katze ist individuell, eine eigenständige Persönlichkeit.

Es gibt für Sie jedoch noch weitere Entscheidungen zu treffen: Möchten Sie ein Kätzchen oder lieber gleich eine erwachsene Katze? Kätzchen durchlaufen, genau wie Kinder, schwierige Wachstumsphasen. Sind Sie fähig und bereit, damit fertig zu werden? Soll es ein Kater sein oder ein Weibchen? Unkastrierte Kater *können* wunderbare Gefährten sein, bleiben aber wesensmäßig eine Mischung aus Arnold Schwarzenegger und Don Juan — ständig bereit zum Kampf oder besessen von der letzten amourösen Begegnung. Und einige Kater hinterlassen tatsächlich überall ihre starken, charakteristischen Duftnoten, markieren Ihr Heim als ihr Territorium oder sind der Grund dafür, daß rivalisierende Kater streng riechenden Urin vor Ihrer Haustür verspritzen. Weibchen wiederum neigen natürlich dazu, mit schöner Regelmäßigkeit Kätzchen zur Welt zu bringen, und für Kätzchen ohne Stammbaum findet man schwer Abnehmer. Sind Sie wirklich bereit, all das auf sich zu nehmen?

Ein Papierkorb — eine Wonne für diese drei Kätzchen.

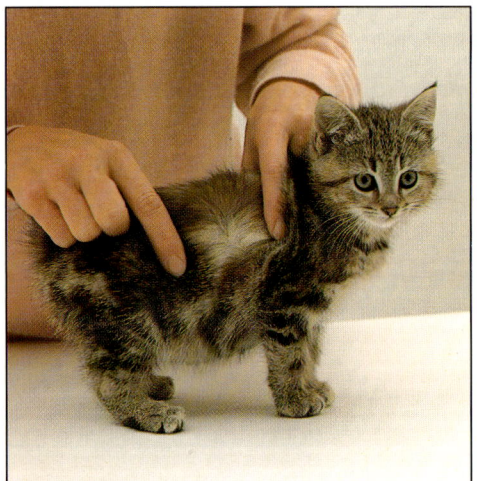

1 Wenn Sie ein Kätzchen auswählen, müssen Sie es sorgfältig untersuchen, um zu sehen, ob es sich in guter Verfassung befindet. Teilen Sie das Fell, um nach Anzeichen für Parasiten zu sehen, besonders dem feinen »Kohlenstaub«, der das Vorhandensein von Flöhen anzeigt.

2 Auch die Ohren sollten Sie genau inspizieren. Vergewissern Sie sich, daß kein Ausfluß vorhanden ist und daß die Ohren keinen Schmutz enthalten, der auf eine Infektion oder Parasiten hinweisen könnte.

3 Die Augen sollten glänzen und klar sein, frei von Ausfluß.

Eine wirkungsvolle Lösung für einige der dargestellten Probleme ist die Kastration.

Wenn Sie eine Rassekatze wollen, sollten Sie Ihre Wahl nicht nur nach ästhetischen Gesichtspunkten treffen. Langhaarkatzen benötigen eine regelmäßige Fellpflege und werden Sie zeitlich viel mehr in Anspruch nehmen als Kurzhaarrassen. Langhaarkatzen oder die Russisch Blau eignen sich im allgemeinen besser dazu, nur im Haus gehalten zu werden, als die meisten Kurzhaarkatzen. Abessinier und Somalikatzen sind dagegen sehr freiheitsliebend und nicht dafür geschaffen, nur in einer Wohnung zu leben. Einige Katzen, wie die Siam, verlangen viel Aufmerksamkeit und Zuwendung, andere wie z. B. die Sphinx, benötigen eine spezielle Pflege und Behandlung. Alle Rassekatzen, besonders die berühmteren, können das Interesse von Katzendieben auf sich ziehen.

Der Kauf einer Katze

Ob Zuchtkatze oder gewöhnliche Hauskatze, Sie sollten sich Ihre Katze nicht in irgendeiner Tierhandlung holen. Setzen Sie sich statt dessen mit einem Züchter in Verbindung, der einen guten Ruf hat, mit einem Freund oder einem Nachbarn. Aber wie finden Sie die richtige Katze oder das richtige Kätzchen? Manche Leute glauben, daß sie die Katze ihres Lebens mit Hilfe der Sterne entdecken. Es gibt Astrologen, die für Tiere Horoskope erstellen, vorausgesetzt Sie kennen das Geburtsdatum der von Ihnen erwählten Katze. Vergleicht man dieses Horoskop mit dem eigenen und fällt das Ergebnis positiv aus, so erhöhen sich nach Ansicht dieser Leute die Chancen einer positiven Beziehung. Jungfrau-Katzen (24. August bis 23. September) zum Beispiel sollen ausgezeichnete, gewissenhafte, hingebungsvolle, mit allen vier Pfoten auf der Erde stehende Katzen sein, die besonders gut zu Besitzern passen, die im Tierkreiszeichen Stier oder Skorpion geboren sind. Für die meisten von uns sind jedoch prosaische Überlegungen ausschlaggebend. Tatsächlich sind die Schwierigkeiten bei der Wahl einer Katze mit denjenigen beim Kauf eines Gebrauchtwagens vergleichbar. Wie soll man herausfinden, ob etwas nicht in Ordnung ist? Befindet sich das Tier tatsächlich in guter Verfassung? Obwohl es unwahrscheinlich ist, daß man einen kostspieligen Fehler macht, wenn man

4 Schauen Sie unbedingt auch in den Mund, um Flecken, Wunden, entzündetes Zahnfleisch oder deformierte Zähne festzustellen. Fassen Sie den Kopf des Kätzchens von hinten, wie Sie es auf diesem Bild sehen, und drücken Sie vorsichtig den Mund auf.

5 Unter dem Schwanz sollte es sauber und trocken aussehen; es sollten keine Durchfall- oder Urinreste dasein.

6 Die Katze sollte lebhaft und neugierig sein, keine Anzeichen von Unbehagen zeigen, wenn man sie anfaßt, und freundlich reagieren, wenn man sie hochnimmt. Fassen Sie ein junges Kätzchen beim Hochnehmen behutsam an, denn sein Brustkorb ist zerbrechlich und kann leicht Verletzungen davontragen.

eine einfache Hauskatze kauft, kann, im übertragenen Sinn, ihr Getriebe voller Sägemehl sein oder ihr Kilometerzähler rückwärtslaufen. Wenn Sie eine Zuchtkatze kaufen, *müssen* Sie den Rat eines Sachverständigen einholen, bevor Sie eine große Summe für einen potentiellen Champion hinblättern.

Bevor Sie eine Katze kaufen, ob gezüchtet oder nicht, sollten Sie die Punkte der nebenstehenden Liste checken. Genau wie beim Kauf eines glänzenden neuen Wagens sollten Sie nicht blindlings dem Verkäufer trauen, sondern sorgfältig und kritisch die Verfassung und den Gesundheitszustand der Katze begutachten. Jeder verantwortungsbewußte Verkäufer wird nichts dagegen einwenden, wenn Sie ein zukünftiges neues Haustier sorgfältig untersuchen. Wenn Ihnen das Tier gesund erscheint, kaufen Sie die Katze — wenn möglich unter Vorbehalt —, und lassen Sie es sobald wie möglich von einem Tierarzt untersuchen. Kaufen Sie *niemals* eine Katze in irgendeiner Tierhandlung oder von einer »Katzenfarm«, denn junge Katzen sind sehr anfällig für Krankheiten und Infektionen und können diese leicht weitergeben. Und kaufen Sie auch *keinesfalls* ein Kätzchen, das jünger als zehn Wochen ist.

Eine Katze sollte

● lebhaft und an ihrer Umgebung interessiert sein.

● fröhlich mit hocherhobenem Kopf herumlaufen.

● mühelos aus Tischhöhe auf den Boden springen können.

● klare, glänzende Augen haben, ohne einen weißen Film (Nickhaut).

● saubere Ohren, Mund und Nase haben, ohne Ausfluß.

● saubere weiße Zähne haben, ohne Anzeichen von Zahnstein, sowie lachsrosa Zahnfleisch und Zunge.

● eine weiche, saubere Haut haben mit einem glänzenden Fell, das aus einem vollen, buschigen Unterfell und einem glänzenden Oberfell besteht.

Eine Katze sollte nicht

● an Durchfall leiden.

● niesen, husten oder keuchen.

● den Eindruck erwecken, daß es ihr weh tut, wenn man sie anfaßt oder hochhebt.

● Spuren von Blut aufweisen.

● kahle Stellen, Haarbrüche oder andere Schäden im Fell haben.

Eine Zuchtkatze auszuwählen, erfordert mehr, als das Tier einem Fitneßtest zu unterziehen. Nur das Auge eines Experten kann die Qualität, die Abzeichen und die Anlage zur Erringung von Preisen beurteilen. Deshalb sollten Sie jemanden mitnehmen, der sich mit der Rasse, die Sie kaufen möchten, auskennt und auch weiß, was Sie sich von der Katze versprechen.

Zuchtkatzen sind teuer, aber wenn Sie nicht den vollen Preis aufbringen können, ist es vielleicht möglich, einen »Handel« abzuschließen, indem Sie eine Zuchtvereinbarung treffen oder eine Katze kaufen, die zwar nicht den Standard, der für Ausstellungen verlangt wird, erreicht, sich aber hervorragend als Haustier eignet. Unter einer Zuchtvereinbarung versteht man den Kauf einer Katze, die Ausstellungs-Qualität besitzt, die man aber dem Züchter an vorher vereinbarten Terminen zur Weiterzucht überlassen muß. Wichtig ist auch, daß man sich darüber einigt, wem die zu erwartenden Kätzchen gehören sollen, und daß alles schriftlich festgehalten wird.

Alle Zuchtkatzen sollten registriert werden, wenn sie etwa fünf Wochen alt sind, und zwar mit ihrem Namen, Einzelheiten über ihren Farbschlag und ihrer Abstammung. Solange dies nicht erfolgt ist, werden sie nicht zu Katzenausstellungen in der Zuchtklasse zugelassen.

Wenn Sie eine Katze auswählen, achten Sie immer darauf, daß sie verspielt und lebhaft ist und sich bereitwillig anfassen läßt. Bei Kätzchen entscheiden Sie sich lieber für das kühnere, das rasch herbeikommt, als für dasjenige, das sich zurückzieht, es könnte sich um ein schwächliches oder kränkliches Tier handeln.

Überprüfen Sie, ob das Kätzchen gegen Katzenseuche und Katzenschnupfen geimpft worden ist, und zwar mindestens eine Woche

Nach einigen Augenblicken der Unsicherheit entsteht eine feste Freundschaft. Solche Begegnungen gehen fast immer gut aus, sollten aber sorgsam überwacht werden.

Philodendron   *Kaladie*   *Kirschlorbeer*

Efeu   *Weihnachtsstern*   *Dieffenbachie*   *Nachtschatten*

Einige Zimmerpflanzen, die für Katzen und andere Haustiere gefährlich sind.

vor dem Kauf, und ob erwachsene Katzen als Jungtiere geimpft wurden und die Impfung später regelmäßig wiederholt wurde. Impfzeugnisse mit der Unterschrift eines Tierarztes sollten als Beweis ausreichen. Wenn Sie bereits andere Katzen haben und befürchten, daß diese sich an Katzenleukämie anstecken könnten, bitten Sie einen Tierarzt, das neue Tier einem einfachen Bluttest zu unterziehen und Ihnen eine Bescheinigung darüber zu geben, wenn der Test negativ ausfällt.

Die Ankunft der neuen Katze

Erst wenn Sie alles vorbereitet und die Grundausstattung besorgt haben, sollten Sie Ihre neue Katze zu sich holen. Befördern Sie sie in einem dafür geeigneten Behälter, die es in verschiedenen Ausführungen und Materialien gibt. Robuste Transportkartons kann man billig in Tierhandlungen, bei Tierschutzvereinen und Tierärzten bekommen.

Wenn Sie von Freunden eine erwachsene Katze bekommen, versuchen Sie, ein ihr vertrautes Stück des Katzenzubehörs mitzunehmen, z.B. das Katzenbett oder das Katzenklo. Erlauben Sie der Katze, ihr neues Heim sorgfältig und auf eigene Faust zu erkunden, und sorgen Sie dafür, daß sie einen neuen Raum ohne Störungen durch Kinder oder andere Haustiere entdecken kann. Halten Sie Ihre anderen Tiere so lange fern, bis der Neuling Gelegenheit gehabt hat, das neue Terrain zu durchstreifen. Dann lassen Sie die »angestammten« Tiere in den Raum, in dem sich der Familienzuwachs gerade aufhält. Überwachen Sie aufmerksam die ersten Begegnungen, und lassen Sie Ihre Zuneigung und Aufmerksamkeit gleichmäßig beiden Seiten zukommen. Es ist möglich, daß zwischen den Tieren eine gewisse Antipathie auftritt, weil Katzen besonders revierbewußt sind. Dieser Zustand kann Stunden oder sogar Wochen andauern, wird aber schließlich schrittweise abklingen und in eine vernünftige gegenseiti-

ge Anpassung und im allgemeinen gute Freundschaft übergehen. Kätzchen werden von anderen Haustieren bereitwilliger akzeptiert als erwachsene Katzen.

Die erste Woche

In der ersten Woche sollten Sie Ihre Katze verwöhnen und bemuttern und bereit sein, mit ihr zu spielen. Erkundigen Sie sich beim Vor-

Gefahren

Ein normaler Haushalt weist viele Gefahrenquellen für Katzen auf. Bevor Ihre Katze eintrifft, sollten Sie sorgfältig über diese Risiken nachdenken.

Alle Zimmerpflanzen sollten ungiftig sein. Achten Sie darauf, daß die aufgelisteten Pflanzenarten für Ihre Katze nicht zugänglich sind, besonders, wenn sie gerne an Pflanzen knabbert.

> Philodendron
> (*Philodendron* ssp.)
> Dieffenbachie
> (*Dieffenbachia* ssp.)
> Efeu
> (*Hedera* ssp.)
> Kaladie
> (*Caladium* ssp.)
> Weihnachtsstern
> (*Euphorbia pulcherrima*)
> Nachtschatten
> (*Solanum capiscastrum*)
> Oleander
> (*Nerium oleander*)
> Rhododendron und Azalee
> (*Rhododendron* ssp.)
> Kirschlorbeer
> (*Prunus laurocerasus*)
> Mistel
> (*Viscum* ssp.)

● Halten Sie Katzen von heißen Öfen, kochenden Flüssigkeiten und Feuerstellen fern. Stellen Sie um einen offenen Feuerplatz ein Sicherheitsgitter.
● Halten Sie die Türen von Waschmaschine, Kühlschrank, Gefriertruhe und Öfen geschlossen.
● Sorgen Sie dafür, daß die Katze nicht in die Mülltonnen klettern kann.
● Lassen Sie Ihre Katze nicht an Elektrokabeln knabbern. Ziehen Sie die Stecker aus den Steckdosen, wenn sie nicht benötigt werden.
● Bringen Sie zerbrechliche Gegenstände außer Reichweite — denken Sie daran, wie gerne eine Katze Regale inspiziert.
● Lassen Sie keine scharfen Küchengeräte herumliegen.
● Bewahren Sie giftige Haushaltsmittel nur an unerreichbaren Plätzen auf, und achten Sie auf Pfützen von Gefrierschutzmitteln in der Garage.
● Lassen Sie keine Plastiktüten herumliegen, denn eine Katze kann darin ersticken.
● Räumen Sie kleine Gegenstände fort. Katzen könnten daran kauen wollen und sie verschlucken.
● Stellen Sie ein heißes elektrisches Bügeleisen so ab, daß die Kazte es nicht umstoßen kann.
● Lassen Sie Katzen nicht auf einen hochgelegenen Balkon oder ein hochgelegenes Fensterbrett.

besitzer nach ihren Futtergewohnheiten und ob sie besondere Vorlieben hat, und versuchen Sie, diesen gerecht zu werden. Lassen Sie die Katze eine Woche lang nicht ins Freie. Danach sollten Sie das Tier begleiten, wenn es seine ersten Erkundungsgänge draußen machen darf. Erlauben Sie einer neuen Katze *nie*, die Nacht draußen zu verbringen, auch dann nicht, wenn sie bereits erwachsen ist.

Grundausstattung

Eine Katze zu halten, kostet nicht viel, aber sie muß mit einigen wichtigen Dingen versorgt werden. Als Grundausstattung braucht sie einen Schlafplatz, ein Katzenklo, eine Futter- und eine Wasserschale, ein Halsband, einen Behälter zum Transportieren und einige Utensilien zur Fellpflege. Nützliche, aber nicht unbedingt notwendige Extras sind z.B. ein Kratzbrett oder ein Kratzpfosten, ein Katzentürchen, wenn Ihre Katze ins Freie darf, einen Laufstall und etwas Spielzeug.

Katzentürchen und Laufstall

Ein Katzentürchen sollte nicht höher als sechs Zentimeter über der Türschwelle oder dem Fensterbrett angebracht werden, und es sollte abzuschließen sein. Einige haben an den Seiten Magnetstreifen, die Luftzug vermeiden helfen, da sie luftdicht schließen. Ein Laufstall ist sinnvoll für Kätzchen, bis sie sich in ihrem neuen Zuhause akklimatisiert haben.

Spielzeug

Spielsachen kann man in einer Zoohandlung kaufen, man kann aber auch einfache Dinge wie leere Garnrollen verwenden, an denen die Tiere endlos Freude haben. Vermeiden Sie Spielzeug aus Weichgummi, es kann Erstickungsanfälle und andere Probleme hervorrufen.

Katzenklo

Katzen sind saubere Tiere. Es ist relativ einfach, sie an ihr Katzenklo zu gewöhnen.

Pflegeutensilien

Außer einer Bürste und Kämmen, wie hier gezeigt, brauchen Sie noch Nagelclipper (siehe S. 153).

Halsband und Leine

Katzen sollten immer Halsbänder tragen, und zwar mit Adreßanhängern und einer elastischen Einlage, die verhindert, daß die Katze erstickt, wenn sie irgendwo damit hängenbleibt. Wenn Ihre Katze bereit ist, an der Leine zu gehen, ist ein verstellbares Geschirr einem Halsband vorzuziehen. Wählen Sie jedoch eine leichte Leine.

Kratzbrett oder -pfosten

Besonders nützlich für Katzen, die nur im Haus leben.

Futter- und Wasserschale

Jede Katze sollte ihr eigenes Freßgeschirr besitzen. Es sollte getrennt vom Haushaltsgeschirr
aufbewahrt und immer sauber gehalten werden.

**Tragekorb oder
-behälter**

Katzenbett

Katzenbetten gibt es in großer Auswahl,
von traditionellen Weidenkörben über Kat-
zen-Iglus aus Plastik bis zum guten alten
Pappkarton, der mit Zeitungspapier
ausgelegt wird.

Ernährung

Die Katze ist ein Fleischfresser. Das bedeutet jedoch nicht, daß Katzen kein Gemüse auf ihrem Speiseplan mögen und brauchen. Die wilde Flachkopfkatze in Malaysien und Indonesien zum Beispiel hat eine besondere Vorliebe für Früchte und süße Kartoffeln.

Obwohl Proteine eine wichtige Rolle in der Ernährung einer Katze spielen, besonders in bestimmten Lebensphasen, wäre eine reine Protein-Nahrung unnötig teuer und verschwenderisch. Und auch gesundheitliche Aspekte sprechen dagegen. Proteine erzeugen bei der Verdauung viele unbrauchbare Stoffe, die von den Nieren abgebaut werden müssen, die bei älteren Tieren leicht überlastet sein können. Ein Luxusmenü, das einzig und allein aus rohem Rinderfilet besteht, enthält viel zuwenig Kalzium und Vitamine, um eine Katze gesund zu ernähren.

Abwechslung ist deshalb das Schlüsselwort für die gesunde Ernährung der Katze. Durch ein vielseitiges Fut-

und das vielleicht schon lange im Ladenregal gestanden und sämtliche Nährwerte verloren hat.

Proteine

Wie bereits erwähnt, sind Proteine ein wesentlicher Bestandteil des Katzenfutters. Sie sollten bei einer erwachsenen Katze mindestens 25 Prozent der Nahrung bilden und bei Kätzchen 35 bis 40 Prozent. Der tägliche Bedarf einer erwachsenen Katze liegt bei drei Gramm Protein pro 450 Gramm Körpergewicht, bei Kätzchen bei 8,5 Gramm. Proteinhaltige Nahrung kann in Form von abgepacktem Spezialfutter für Katzen verabreicht werden, aber

*Gewöhnen Sie Ihre Kätzchen
an ein abwechslungsreiches Futter.*

terangebot kann sich die Katze instinktiv ausgewogen ernähren. Gewöhnen Sie also ein Kätzchen an eine breitgefächerte Futterauswahl. Selbst bei einem älteren Tier, das an seinen Freßgewohnheiten festhält und lieber bis zum Tode fastet, als irgend etwas anderes als Languste oder Kaviar zu sich zu nehmen, besteht die Chance, es mit ein wenig Mühe umzuerziehen. Als Küchenchef Ihrer neuen Katze sollten Sie das sorgfältig geplante Futter schrittweise einführen. Vollziehen Sie den Wechsel vom alten zum neuen Menü ganz allmählich, über einen Zeitraum von etwa zwei Wochen.

In der Ernährung Ihrer Katze ist *frisches* Futter genauso wichtig wie ein abwechslungsreicher Speiseplan. Geben Sie ihr deshalb kein abgestandenes Futter und keines, das Sie gekauft haben, weil es billig war,

auch noch als Frischfutter wie Fleisch, Geflügel, Fisch, Eier, Milch und Käse.

Fette

Außer Proteinen braucht Ihre Katze Fette als wichtige Kalorienquelle, besonders wenn das Tier älter wird. Fette sollten 15 bis 40 Prozent der Tagesration ausmachen. Sie haben den Vorteil, daß sie die Nieren nicht mit schwer abzubauenden Stoffen belasten. Es ist wichtig, keine alten oder ranzigen Fette zu verfüttern, auch wenn eine hungrige Katze solches Futter vielleicht akzeptiert, denn sie können Krankheiten verursachen. Fette sind im allgemeinen in proteinhaltigem Futter, wie es oben angeführt ist, enthalten. Für ältere Tiere, die die Nährstoffe nicht mehr so gut verwerten können und die isolierenden Fettschichten

verloren haben, kann der Fettanteil erhöht werden, indem man dem Futter einen Teelöffel Fett zufügt. Am besten eignen sich dafür hochwertige, weiche tierische Fette wie Hühnerfett, Schinkenspeck, Butter und Schmalz.

Kohlehydrate und Ballaststoffe

Oft erhalten Katzen auch Energiezufuhr in Form von Ballaststoffen und Kohlehydraten. Diese sind nicht unbedingt notwendig für die Katze, wenn ihr Futter genügend Eiweiß und Fett enthält. Sie können aber als zusätzlicher Energiespender dem Futter bis zur Hälfte beigefügt werden. Kohlehydrate sind in Nährmitteln wie Brot, Nudeln und Getreideerzeugnissen enthalten. Obst und Gemüse zählen zu den Ballaststoffen und sollten nur gekocht und in kleinen Mengen dem Futter beigemischt werden.

Mineralstoffe und Vitamine

Mineralstoffe aller Art sind von grundlegender Bedeutung für das Wachstum der Katze und für die Aufrechterhaltung ihrer Lebensfunktionen. Wenn Sie Ihre Katze mit einer gut ausgewogenen, abwechslungsreichen Kost versorgen, ist es höchst unwahrscheinlich, daß ein Mangel an Mineralstoffen auftritt. Das gleiche gilt für die Vitamine. Normalerweise ist eine besondere Zufuhr an Vitaminen für eine gesunde Katze nicht erforderlich, es sei denn, sie wird vom Tierarzt empfohlen. Die Katze hat nicht den gleichen Bedarf an Vitamin B 12, C und K wie der Mensch.

Wasser

Solange ständig frisches, sauberes Wasser zur Verfügung steht, machen Sie sich keine Sorgen darüber, wieviel Flüssigkeit Ihre Katze zu sich nimmt, es sei denn, Sie geben ihr aus Faulheit ausschließlich Hartfutter. Es ist allgemein bekannt, daß Katzen bei einer Ernährung, die aus Fisch und Fleisch besteht, ausgezeichnet überleben können, ohne jemals Wasser zu trinken. Fleisch besitzt einen hohen Wassergehalt, und die Nieren der Katze sind in der Lage, den

Eine Doppelschale für Wasser und Futter. Wasser sollte Katzen immer zur Verfügung stehen.

Urin zu konzentrieren und daher mit wenig Wasser auszukommen. Katzen, die ins Freie dürfen, werden natürlich bisweilen auch aus Pfützen trinken.

Es besteht also kein Grund zur Besorgnis, wenn Ihre Katze wirklich ohne Wasser auszukommen scheint — das ist ein allgemein übliches Phänomen. Außer aus dem Futter erhalten alle Lebewesen einen großen Teil ihres täglichen Wasserbedarfs auf Grund von chemischen Reaktionen in ihrem Körper — bei der Verwertung der Fette und Kohlehydrate werden Wassermoleküle erzeugt. Überdies verlieren Katzen auch sehr wenig Wasser durch Hecheln oder Schwitzen, und selbst durch die Atmung verdunstet nur eine sehr geringe Menge. Selbst große Wildkatzen

wie Löwen können, wie man weiß, bis zu zehn Tage ohne einen Schluck Wasser auskommen. Trotzdem muß Ihrer Katze stets frisches, sauberes Wasser zur Verfügung stehen.

Wir wollen an dieser Stelle kurz innehalten und uns an einen gewissen Jack erinnern, einen schwarzen Kater, der in Brooklyn lebte und 1937 im Alter von drei Jahren aufhörte, Wasser zu trinken, und statt dessen nur noch Milch mit einem Schuß Pernod akzeptierte. Mit zunehmendem Alter verlangte er immer stärkere »Milchmixgetränke«, und schließlich kam es sogar soweit, daß der Pernod mit ein wenig Milch »gespritzt« wurde. Jack starb im Alter von acht Jahren in der Bar, in der er lebte. Nach seinem Tode zeigte sich, daß seine Leber sich in einem außerordentlich traurigen Zustand befand.

Gewürze und andere Zusätze
Die meisten Katzen schätzen liebevoll gewürzte Speisen. Ich hatte Katzen, die geradezu abgöttisch Curryhuhn und Spaghetti mit Muschelsauce liebten und sehr kultiviert und genießerisch verspeisten. Falls Sie für Ihre Katze selber kochen, so würzen Sie das Futter nach (Ihrem) Ge-

Hefetabletten

Mineral-/ Vitamin-Pulver

Katzen- »Vitaminbonbons«

Angereichertes Milchpulver

Vitamine und Mineralstoffe, die Sie Ihrer Katze zusätzlich geben können.

schmack mit jodiertem Salz. Auf diese Weise bekommt das Tier genügend Jod. Dieses Spurenelement ist besonders wichtig für trächtige Weibchen, um einer Rückbildung der Feten im Mutterleib vorzubeugen. Bouillonwürfel enthalten alle wesentlichen Salze. Wenn Sie Fertigfutter verwenden, trocken oder feucht, denken Sie daran, daß diese Produkte meist nur einen geringen Fettanteil besitzen. Fügen Sie auf 500 Gramm acht Teelöffel Fett, Butter oder Schmalz, hinzu.

MÄRCHEN UND IRRTÜMER

Grasessen
Wenn Sie sich nun wie Escoffier um Ihre Katze bemüht haben, erschrecken Sie nicht, wenn sie immer noch bei der nächstbesten Gelegenheit Gras kaut. Gras ist gut für Katzen. Es enthält bestimmte Vitamine und ist auch ein wirksames Brechmittel, das dem Tier hilft, unerwünschte Gegenstände wie z.B. Haarbällchen wieder auszuscheiden. Wenn Sie mit Ihrer Katze in einem hochgelegenen Apartment ohne Zugang zu einem Garten wohnen, so säen Sie etwas Gras in einem Fensterkasten aus. Es ist kein Zeichen für eine Erkrankung, wenn eine Katze Gras kaut.

Mäusefang
Katzen fangen Mäuse, Vögel, Insekten usw. aus Jagdtrieb und nicht, weil sie hungrig sind. Sicher mögen sie gelegentlich ihre Beute teilweise oder ganz verzehren,

Entgegen einem weitverbreiteten Märchen ist das Fressen von Gras eine ganz normale Sache.

aber grundsätzlich sind sie aus Freude an der Jagd hinter ihnen her. Es ist daher eine Illusion, zu denken, daß Ihre Katze Ihr Grundstück von kleinen Nagetieren säubert, wenn Sie ihr wenig oder gar nichts zu essen geben. Das Gegenteil ist der Fall. Gutgenährte Katzen sind die besten Mäusefänger. Sie verfügen über die Vitalität, die Energie und die schnellen Reaktionen, die dieser Sport verlangt.

Fliegen
»Katzen, die Fliegen fangen und auffuttern, werden dünn«, lautet ein gebräuchliches Sprichwort. Obwohl die Möglichkeit besteht, daß eine Katze eine Schmeißfliege erwischt und damit Krankheitserreger aufnimmt, ist diese Gefahr sehr gering. Manchmal können Wurmeier durch Fliegen von einer Katze auf eine andere übertragen werden, aber abgesehen von diesem geringfügigen Risiko erleiden Katzen, die Fliegen fressen, selten Schaden.

*Eine gut zusammenge-
stellte Mahlzeit ist
immer willkommen.*

Die Futtermenge

Wissenschaftler haben errech-
net, daß der tägliche Futterbedarf
einer Katze 25 Prozent Protein enthalten muß, das entspricht 15 Gramm
Futter pro 400 Gramm Körpergewicht.
Aber das ist nur eine theoretische Hilfestel-
lung. In der Praxis haben Katzen, ebenso
wie ihre menschlichen Gefährten, ganz unterschiedlichen Appetit. Die alten Griechen
glaubten, daß die Katzen bei zunehmendem
Mond zu- und bei abnehmendem Mond
abnähmen. Ich glaube, daß Gewichtspro-
bleme bei Katzen im allgemeinen nicht zu
gesundheitlichen Störungen führen, wie es
z.B. bei Hunden der Fall ist. Bei Ausstellungskatzen muß man wohl auf die »Linie«
achten, aber für Hauskatzen trifft dies nicht
zu. Ich rate deshalb, sie gut zu füttern.

Die folgende Tabelle führt die durch-
schnittliche tägliche Futtermenge für Kätzchen und Katzen in verschiedenen Altersstufen auf.

Alter	Anzahl der Mahlzeiten pro Tag	Futter-menge in Gramm
Von der Entwöhnung bis zu 3 Monaten	4—6	80—190
Von 4 bis 5 Monaten	4—6	275
Von 6 bis 7 Monaten	3—4	370
Von 7 bis 8 Monaten	3	370
Ab 9 Monaten	2—3	400
Tragende Weibchen	3—5	420—460
Alte Katzen	3—6	300—370

Katzen brauchen unbedingt frisches Futter
und frisches Wasser. Ihre Nasen sind so
fein wie die eines Testers vom *Guide Mi-
chelin,* so daß sie beim ersten Anzeichen
von Schalheit davonstolzieren. Will man
Futterreste und Verdauungsstörungen vermeiden, ist es ratsam, frisches Futter in
kleineren Portionen und dafür häufiger zu
geben.

In extremen Situationen können Katzen
wochenlang ohne Futter auskommen —
und bis zu 40 Prozent ihres Gewichtes verlieren, ohne zu sterben. Ein Flüssigkeitsverlust von 10 bis 15 Prozent ist allerdings
meistens tödlich.

DIE WICHTIGSTEN FUTTERARTEN

Es gibt so viel verschiedene Katzenfutter,
daß unzählige Zusammenstellungen möglich sind. Deshalb werde ich mich nur auf
das Wichtigste beschränken.

Dosenfutter

Diese Produkte bestehen aus Fleisch und/
oder Fisch, Salz, Gelierungsmitteln, Vitaminen, chemischen Farbstoffen, Konservie-
rungsstoffen, Zucker, Wasser, und gelegentlich sind auch Getreideprodukte dabei. Der
Vorteil von Dosenfutter besteht darin, daß
es sehr nahrhaft ist, ein Nachteil ist jedoch,
daß es relativ teuer ist.

*Dosenfutter ist beliebt und nahrhaft. Es ist au-
ßerdem praktisch, steril und läßt sich gut
aufbewahren. Die heute erhältlichen Marken
stellen auch mäkelige Katzen zufrieden.*

*Für alle Katzen ist Wasser ein lebensnotwendi-
ges und zugleich faszinierendes Element.*

Oft weist Dosenfut-
ter einen großen Was-
seranteil auf, besonders
dann, wenn die Dose viel Gelee enthält. Außerdem kann beim Abfüllen der
Dose und während der Lagerung eine Ver-
minderung des Vitamingehaltes eintreten.
Das betrifft vor allem hitzeempfindliche
Vitamine wie z.B. Vitamin B.

Feuchtfutter

Es sieht gut aus, schmeckt nicht ganz so gut
und enthält Fleisch, Sojabohnen, Fett, Vitamine, Konservierungsmittel, Farbstoffe
und meistens Andickungsmittel und Zuk-
ker. Feuchtfutter ist wie Dosenfutter im allgemeinen sehr nahrhaft und kann einen großen Anteil des Futters bestreiten. Sein Was-
seranteil ist jedoch geringer, und man kann
es gut lagern, wenn
auch nicht so gut
wie Dosen- oder Trok-
kenfutter. Leider ist
es teuer und enthält
im allgemeinen zu
wenig Fett.

*Feuchtfutter ist nahr-
haft, enthält aber nur
wenig Fett.*

Trockenfutter

Diese Mini-Biskuits enthalten Getreide,
Fisch, Fleisch, Hefe, Vitamine, Fett und
Farbstoffe. Die Vorteile von Trockenfutter
sind, daß es ziemlich ausgewogen ist, daß es
billiger ist und weniger Wasser als Dosen-
oder Feuchtfutter enthält, sich gut aufheben
läßt und angenehm zu handhaben ist. Darüber hinaus ist es gut gegen Zahnstein.
Nachteilig wirkt sich sein häufig viel zu geringer Fettanteil aus,
der, wenn man es
als Alleinfutter gibt,
Blasenprobleme und
Schwierigkeiten beim
Urinlassen verursa-
chen kann. Der nied-
rige Wassergehalt
zusammen mit dem
Salzanteil man-
cher Marken kann
»Grieß« im Urin der

*Die meisten Katzen mö-
gen diese Mini-Biskuits.*

Katze erzeugen, der das Wasserlassen der
Katze unter Umständen total blockiert.
Wenn viel Trockenfutter gegeben wird, muß

Am besten ist es, frisches Futter in kleinen Mengen und in mehreren Mahlzeiten zu verabreichen.

stets frisches Wasser in ausreichender Menge zur Verfügung stehen. Am besten aber ist es, die Bröckchen mit Fleischsoße oder -brühe, Milch oder Wasser zu mischen. Sehr sparsam — wenn überhaupt — sollte man Trockenfutter Katzen geben, die schon einmal Schwierigkeiten mit dem Urinlassen hatten. Am besten ist es wahrscheinlich, Katzen Trockenfutter nur in Maßen und nur zur Abwechslung zu geben.

Fleisch

Es kann vom Rind, Lamm oder Schwein sein. Außer Schweinefleisch, das unbedingt gegart werden *muß*, sollte man gelegentlich rohes, durchgedrehtes Fleisch verfüttern. Kaufen Sie es beim Fleischer und nicht an der Theke in einem Supermarkt, wo es wahrscheinlich billiger, dafür aber oft von Bakterien verseucht ist. Gegartes Fleisch sollte besser gebraten oder gegrillt als gekocht werden, damit die Nährstoffe und der wohlschmeckende Saft erhalten bleiben. Wenn das Fleisch aber gekocht wird, sollte man das Garwasser aufheben und als Saft für trockeneres Futter verwenden. Innereien (Lunge, Kutteln, Euter usw.) sollten dagegen immer gekocht und wie alles gegarte Fleisch in kleine Würfel geschnitten werden.

Geflügel

Reste von gekochtem Geflügel, die beim Familientisch übrigbleiben, ergeben einen guten Imbiß für die Katze. Nur wenige Menschen essen Hühnerteile wie die Nieren oder den Bürzel mit, von Katzen aber werden sie sehr geschätzt. Die meisten Geflügelknochen splittern leicht und sollten deshalb auf keinen Fall an Haustiere verfüttert werden. Das trifft auch auf Futter vom Kaninchen zu.

Eier

Eier sind ein guter Proteinlieferant, man gibt sie aber besser gekocht und zerkleinert als roh. Eiweiß sollte nie roh verfüttert werden, weil es einen Bestandteil enthält, der ein lebenswichtiges Vitamin B neutralisiert. Pro Woche sollte eine Katze nicht mehr als zwei ganze Eier erhalten. Eidotter allein können Sie dem Tier hingegen öfter geben.

Milch

Nicht alle Katzen mögen Milch. Wenn Ihre Katze keine Milch trinkt, müssen Sie sich also nicht sorgen. Während Wasser für alle Katzen notwendig ist, gilt dies nicht für Milch. Einige Katzen können den Milchzucker (Laktose) in der Kuhmilch nicht verdauen und bekommen Durchfall, wenn sie Milch trinken.

Käse

Käse ist eine ausgezeichnete Proteinquelle. Er wird entweder roh verfüttert, in diesem Fall sollte er gerieben oder gewürfelt werden, oder mit anderem Futter zusammen gekocht.

Fisch

Frischer Fisch, geschuppt und entgrätet, wenn er größer ist als ein Hering, ist ein großartiges Futter ein- oder zweimal pro Woche. In England verfüttert man Fisch oft roh, in Amerika wird er im allgemeinen gegart gegeben. Man gart den Fisch besser durch Dämpfen oder Braten als durch Kochen, um den maximalen Nährwert zu erhalten. Dosenfisch wie Sardinen kann man sowohl in Öl als auch in Tomatensoße geben. Öl hat eine wohltuende Wirkung auf den Darm und hilft der Katze, Fellbällchen auszuscheiden, die sich besonders bei Langhaarkatzen manchmal im Darm ansammeln. Mahlzeiten, die jedoch nur aus Fisch bestehen, sind nicht ausgewogen und können eventuell bei älteren Katzen zu Schwierigkeiten führen. Daß zuviel Fisch, wie es in manchen Büchern steht und wie es auch im Volksmund heißt, eine giftige Wirkung habe oder eine Krankheit verursache, die man »Fisch-Ekzem« nennt, stimmt jedoch nicht.

Gemüse

Gekochte Kartoffeln können einer Fleisch- oder Fischmahlzeit zugeführt werden und dürfen etwa ein Drittel der Futtermenge ausmachen. Gewöhnen Sie eine Katze frühzeitig an Beilagen wie gekochtes Blattgemüse, gedämpften jungen Spinat, geriebene rohe Möhren, Erbsen u. ä.

Stärkereiches Futter

Zerbröckeltes, getoastetes Brot kann wie Kartoffeln mit Fleischsoße oder -brühe vermischt werden, ebenso Makkaroni, Spaghetti oder andere Nudeln. Auch Getreideerzeugnisse wie Cornflakes, Weizenflocken, Porridge oder Babybrei kann man, mit Milch vermischt, der Katze geben. Diese Speisen sind besonders geeignet als Morgenmahlzeit und für junge Kätzchen.

Obst

Wenn Ihre Katze gern gelegentlich ein Stück Mandarine oder Apfel nimmt (und das machen überraschend viele Katzen, besonders Siamesen), so ist das gut für sie. Man nimmt an, daß etwa 75 Prozent aller Katzen eine Vorliebe für Grapefruit besitzen.

Jede Katze sollte eine eigene Futterschale haben.

Eine Katze im Haus

Wie faßt man eine Katze an?

Ihre Katze hat es gern, wenn Sie sie streicheln und hochnehmen, doch denken Sie bitte immer daran, den ganzen Körper zu stützen. Packen Sie die Katze nicht einfach hinter den Vorderpfoten an, so daß der übrige Körper herabbaumelt. Die Katze nimmt das übel und

Kätzchen lernen schnell, ihre Katzentoilette zu benutzen. Stellen Sie eine bereit, wenn die Kätzchen drei bis vier Wochen alt sind.

Der Anfang einer schönen, lebenslangen Freundschaft. Es ist wichtig, daß Kinder so früh wie möglich lernen, wie man Haustiere richtig anfaßt

kann möglicherweise anfangen zu strampeln oder sogar zu beißen.

Wenn Sie eine erwachsene Katze hochnehmen, so legen Sie eine Hand unter die Brust, knapp hinter den Vorderpfoten, und die andere unter das Hinterteil, wobei Sie den Schwanz einschlagen. Wenn Sie das Tier im Arm haben, lassen Sie es in Ihrer Armbeuge sitzen, wobei es die Vorderpfoten auf Ihre Schulter stützt oder Sie beide in der anderen Hand halten.

Kätzchen sollten ganz besonders vorsichtig angefaßt werden, da ihr Brustkorb sehr weich ist und sie durch rauhe Handhabung leicht innere Verletzungen erleiden können.

Obwohl Katzenmütter ihre Kätzchen am Nackenfell hochnehmen und herumtragen, sollten Sie das nicht tun, höchstens mal für einen Augenblick, wenn Sie ein Kätzchen hochnehmen wollen, das nicht »mitspielen« oder gerade ausbrechen will. Wenn man eine Katze so am Nackenfell anfaßt, daß man die lockere Haut an der Halsrückseite fest zwischen die Finger nimmt, tut es einer Katze nicht weh, aber es ist eine ziemlich unwürdige Prozedur. Ist eine Katze verletzt, insbesondere bei Kno-

chenbrüchen, ist das Hochnehmen am Nakkenfell zulässig.

Häusliche Erziehung

Katzen sind sauber und intelligent, und hält man sie im Haus, entstehen nicht die Probleme, wie sie bei Hunden auftreten. Wenn es notwendig ist, können sie ständig im Haus leben und selbst das kleinste Apartment als ihr Territorium in Besitz nehmen. Einige Züchtungen sind dafür besonders geeignet. Ich habe bereits auf die Grundausrüstung hingewiesen, die nötig ist, um eine Katze gesund und glücklich zu erhalten. Hier möchte ich noch auf zwei Dinge besonders eingehen: die Handhabung des Katzenklos und das Krallenwetzen an der richtigen Stelle.

Man muß einige Zeit darauf verwenden, Katzen, besonders den jüngeren, beizubringen, wie sie sich zu verhalten haben. Aber das ist wichtig, und je eher Sie damit anfangen, desto besser. Wenn die Kätzchen im Alter von drei oder vier Wochen beginnen, festes Futter zu sich zu nehmen, sollte man mit der Erziehung zur Stubenreinheit beginnen. Stellen Sie eine Katzentoilette an einen bequem zu erreichenden und ruhigen Platz. Sobald das Tier den Eindruck macht, als wolle es urinieren oder defäkieren (was man daran erkennen kann, daß es sich mit erhobenem Schwanz und einem ganz bestimmten, weltentrückten Ausdruck in den Augen hinhockt), setzen Sie es auf seine Toilette. Stupsen Sie niemals ein Kätzchen mit der Nase in das »Unglück«, das ihm passiert ist. Katzen sind sauber und lernen schnell. Sehr alte Katzen können vergeßlich werden oder bei Gelegenheit die Kontrolle über sich verlieren. Tragen Sie es gemeinsam mit Geduld.

Ein Katzenklo sollte aus Metall oder Plastik bestehen und groß genug sein, daß die Katze darin stehen kann. Es sollte mit Zeitungen ausgelegt und dann mit einer vier Zentimeter hohen Schicht Marken-Streu oder Torfmoos bedeckt werden. Man kann auch Asche verwenden, obwohl sie ziemlich stark staubt. Sägemehl ist ebenfalls eine staubige Angelegenheit, wenn es trocken ist, und es wird rasch glitschig und stinkt, wenn es feucht ist. Entfer-

nen Sie täglich die Streueinlage, und säubern und desinfizieren Sie die Katzentoilette einmal in der Woche. Dazu können Sie irgendein im Haushalt gebräuchliches Desinfektionsmittel verwenden, außer solchen, die Phenol, Karbolsäure oder eine Chemikalie mit Steinkohlenteer enthalten. Diese Stoffe werden von der Katze über die Haut resorbiert und können zu Vergiftungen führen. Spülen Sie die desinfizierte Katzentoilette immer gründlich aus.

Katzentürchen

Um eine Katze an das Katzentürchen oder die Katzenklappe zu gewöhnen, lassen Sie sie offenstehen und geben Sie der Katze die Möglichkeit, sich selber damit vertraut zu machen. Danach legen Sie ihr ein wenig Futter hin, um

Katzentürchen kann man leicht an einer Tür anbringen, und die intelligente Katze hat es schnell heraus, ihre eigene Tür zu benutzen.

sie dazu zu verlocken, durch das Türchen zu schlüpfen. Helfen Sie ihr beim ersten Mal, es aufzustoßen, dann wird sie es schnell lernen.

Gehorsam

Man sollte einer Katze beibringen, auf ihren Namen zu hören. Verwenden Sie ihn regelmäßig, besonders zur Futterzeit, und halten Sie die Futter- und Pflegezeiten pünktlich ein. Man kann Katzen einige Tricks beibringen, wie z. B. um Futter zu bitten, aber das läßt sich nur mit Freundlichkeit und Belohnungen in Form von Leckerbissen erreichen und hängt außerdem immer davon ab, ob die Katze in der richtigen Stimmung ist.

Man kann Katzen nicht zwingen, etwas gegen ihren Willen zu tun. Trotzdem ist es möglich, ihnen unerwünschte Verhaltensweisen, wie das Beißen und Anspringen von Leuten, abzugewöhnen. Nehmen Sie die Katze vom frühesten Alter an bestimmt, aber freundlich hoch, setzen Sie sie auf den Boden und sagen Sie »Nein«. Einige unsoziale Verhaltensformen verschwinden von selbst, wenn die Katze ins Freie darf oder einen Kratzpfosten erhält.

Krallenwetzen

Das Krallenwetzen ist eine sehr heikle Angelegenheit, besonders wenn Ihre Katze keinen Sinn für Ihre Inneneinrichtung hat und es ausgerechnet an Ihrem Louis-Quinze-Schreibtisch ausführt oder an dem Sofa, das Ihre Schwiegermutter Ihnen zur Hochzeit geschenkt hat. Man muß deshalb für ein Kratzobjekt von der richtigen Griffigkeit sorgen, das der Katze ein möglichst befriedigendes Gefühl gibt. Ein Stück Baumstamm mit Rinde, ein senkrechter Pfosten auf einem Ständer, mit grober Sackleinwand umkleidet, oder eine Preßröhre aus Wellpappe, wie man sie in Zoohandlungen bekommt, sind für diesen Zweck geeignet. Aber man muß der Katze beibringen, diese Gegenstände auch zu benutzen. Beim ersten Anzeichen dafür, daß sie ihr Mobiliar nachdenklich betrachtet, sollten Sie sie schnappen und zum »genehmigten« Kratzplatz bringen. Mit ein wenig Geduld wird sie die Sache kapieren.

Es ist möglich, die Katzenkrallen unter

Ein typischer Kratzpfosten für Katzen — er sieht verführerisch aus und lenkt vielleicht von Ihrem kostbaren Mobiliar ab.

Narkose von einem Tierarzt entfernen zu lassen, aber eine solche Verstümmelung nur den Möbeln zuliebe ist in keiner Weise vertretbar und in der Bundesrepublik Deutschland und in England deshalb verboten.

Schlafplatz

Sie können Ihrer Katze einen speziellen Schlafplatz in einem Korb oder einer Kiste einrichten, aber das ist nicht unbedingt notwendig. Die meisten Katzen wählen sich ihren Schlafplatz selber irgendwo im Haus. Jungen Kätzchen sollte man aber einen Behälter geben (ein einfacher Pappkarton genügt), in dem sie gemütlich schlafen können, vor Zugluft geschützt sind und sich nicht verletzen können. Man legt diesen mit einer Schicht Zeitungspapier und einer kleinen Decke aus, die regelmäßig gewechselt wird. Um Verunreinigungen zu vermeiden, sollten Sie ein Kätzchen nie an seinem Schlafplatz füttern. Ich bin nicht dafür, meine Katzen in meinem Bett schlafen zu lassen, denn wie alle anderen Tiere, die nah am Boden leben, beschnüffeln sich Katzen gegenseitig die Rückfront, erkunden Abflüsse und können in engen Kontakt mit Krankheiten übertragenden Nagetieren kommen. Die Wahrscheinlichkeit, daß Katzen Infektionen auf den Menschen übertragen, wächst, wenn sie sich von 24 Stunden am Tage acht auf meinem Kopfkissen ausstrecken. Für Säuglinge besteht Erstickungsgefahr, wenn man die Katze in das Zimmer läßt, in dem das Kind schläft.

Wenn Sie Ihre Katze allein lassen

Man kann eine Katze für 24 Stunden allein im Haus oder in der Wohnung lassen, wenn entsprechend genug Futter und Wasser und eine Katzentoilette bereitstehen. Wenn Sie wahrscheinlich länger als einen Tag fortbleiben, verabreden Sie mit einem Nachbarn, daß er regelmäßig (mindestens einmal innerhalb von 24 Stunden) nachsieht, um Futter und Wasser zu erneuern und die Katzentoilette zu entleeren. Es ist immer besser, einen Nachbarn darum zu bitten, daß er sich um die Katze kümmert, als die Katze ins Katzenheim zu bringen. Dadurch ist das Risiko wesentlich geringer, daß Ihr Haustier sich ansteckt, und außerdem wird es nicht aus seiner vertrauten Umgebung gerissen.

Auslauf und Bewegung

Es kommt vielen Katzenbesitzern entgegen, daß Katzen nicht wie Hunde spazierengeführt und bewegt werden müssen, obwohl Bewegung gut für die Gesundheit ist.

Kätzchen trainieren sich selbst beim Spie-

len und verschaffen sich endlos Spaß und Bewegung, wenn sie einem Pingpong-Ball nachjagen oder mehrfach in einen Karton hinein- und wieder herausspringen. Für die ständig ans Haus gebundene erwachsene Katze sollten ein Kletterbaum und ein Kratzpfosten angeschafft werden. Wenn Sie in einem hochgelegenen Apartment oder an einer verkehrsreichen Straße wohnen, halten Sie die Katze am besten immer im Raum. Rastlose Rassekatzen, die relativ viel Aufenthalt im Freien brauchen (Rex-, Somalikatzen und Abessinier) sollte man in solchen Wohnungen nicht halten. Obgleich auch erwachsene Katzen, die stets im Haus leben, sich durch Strecken und Spielen mit sich allein fit halten, tut es Ihrer Katze gut, wenn Sie mit ihr spielen — und es macht Spaß.

Man kann Katzen nicht so leicht an der Leine spazierenführen wie Hunde. Einige Katzen wehren sich dagegen, und man sollte sie nie zwingen, weiter zu gehen, als sie wollen. Gerade entwöhnte Katzen sind im richtigen Alter, um das Gehen an einer Leine zu üben. Die Spaziergänge sollten zunächst nur im Hause stattfinden, später im Garten und, nur wenn alles gutgeht, später dann auf dem Bürgersteig. Für Katzen verwendet man eine lange, dünne Leine aus Leder oder besser aus einer Kordel. Es gibt Rassen, die dem Leinen-Training zugänglicher sind als andere, dazu gehören Siam- und Burmakatzen, Russisch Blau, Foreign Weiß, Foreign Schwarz, Foreign Blau und Foreign Smoke.

Nur einige Katzen gehen bereitwillig an der Leine spazieren.

Mit einer Katze auf Reisen

Umzüge

Normalerweise irritiert ein Umzug die Katze nicht. Sie behält ihre geliebten menschlichen Gefährten und im allgemeinen auch viele ihr vertraute Möbel. In dem neuen Heim angekommen, wird die Katze rasch von ihrem Territorium Besitz ergreifen und ihre »Visitenkarte« für die Katzenpatriarchen der neuen Umgebung hinterlassen. Es kann vorkommen, daß eine Katze sich nach irgendeiner alten Flamme sehnt, die sie zurücklassen mußte, oder die Umgebung, in der sie aufgewachsen ist, vorzieht und in ihr ehemaliges Heim zurückkehrt. Der längste Weg, den eine Katze jemals zurückgelegt hat, war 950 Meilen lang — von Boston nach Chicago! Katzen können zwar Menschen, die wegziehen und die Katze zurücklassen, nicht wiederfinden, aber sie besitzen die Fähigkeit, Orte zu lokalisieren. Es hat den Anschein, daß das Gehirn der Katze während der Monate oder Jahre in ihrem alten Zuhause automatisch die geographische Lage durch die je nach Tageszeit unterschiedlichen Einfallswinkel der Sonnenstrahlen registriert hat. Katzen sind wie Menschen und viele andere Tiere mit einer inneren »biologischen Uhr« ausgestattet. Wenn die Katze in ein neues Heim gebracht wird, wo der Winkel der Sonneneinstrahlung zu einer bestimmten Stunde ein wenig anders ist, versucht sie ihn zu »berichtigen«. Nach der »Versuch und Irrtum«-Methode läuft sie erst in die eine Richtung und dann in eine andere, um den richtigen Winkel zu finden. All diese Berechnungen erfolgen unbewußt. Selbst wenn die Sonne hinter Wolken verschwunden ist, kann die Katze sie vermutlich durch polarisierte Lichtstrahlen orten. Möglicherweise verfügt sie auch wie Vögel über einen »biologischen Kompaß« im Schädel, der ihr beim Navigieren hilft. All das zeugt davon, daß Katzen einen geradezu unheimlichen Ortssinn haben.

Ist die Katze in der Nähe ihrer alten Heimat angelangt, beendet sie die Reise, indem sie sich an vertrauten Plätzen, Geräuschen und Gerüchen orientiert.

Tragekörbe

Jede Katze sollte einen Tragekorb besitzen. Für kurze Reisen, z. B. zum Tierarzt, eignet sich auch ein Karton, wie man ihn bei Tierärzten, Tierschutzvereinen und in Zoohandlungen kaufen kann. Für längere Reisen ist ein stabilerer Behälter erforderlich. Er muß gut zu verschließen, luftig genug und leicht zu säubern sein. Obwohl die Weidenkörbe sehr beliebt sind, sind sie doch nicht immer sicher genug und außerdem schwer zu reinigen und zu desinfizieren. Vorzuziehen ist ein Transportkorb aus Vinyl, Polyäthylen oder Viberglas. Bei kalter Witterung sollte der Transportbehälter mit einer Decke oder einer Isolationsschicht aus einem speziellen Webpelz ausgelegt werden. Bei warmem Wetter reicht eine dünne Decke aus. Wenn es heiß ist, sollte ein feuchtes Tuch über den Be-

Zwei Ausführungen von Transportkörben für kurze Reisen. Der Weidenkorb ist zwar heimeliger, aber nicht so gut zu reinigen und zu desinfizieren wie das mit Plastik überzogene Drahtmodell.

hälter gelegt werden (ohne die Ventilationslöcher zu blockieren), damit die Innentemperatur nicht ansteigt.

Die erste Bekanntschaft mit dem Tragekorb sollte Ihre Katze in einem geschlossenen Raum machen. Katzen lieben solche Behälter im allgemeinen nicht und ebensowenig die damit verbundenen Reisen. Einige protestieren heftig dagegen, in einen Tragekorb gesteckt zu werden. Vergewissern Sie sich, daß die Katze ihre Toilette benutzt hat, bevor es auf die Reise geht.

Falls Ihre Katze nicht zu den ganz wenigen gehört, die Autofahren gewohnt sind und dabei friedlich auf dem Rücksitz liegen, überlassen Sie nichts dem Zufall, sondern setzen Sie das Tier in einen Transportbehälter. Wenn die Reise länger als eine halbe Stunde dauert, halten Sie regelmäßig an, damit die Katze die Toilette benutzen und Futter und Wasser aufnehmen kann. Das alles sollte im Auto, bei geschlossenen Türen und Fenstern, geschehen, um eine Flucht zu vereiteln.

Bei heißen Temperaturen sollten Sie eine Katze und auch andere Tiere nicht längere Zeit im geschlossenen Wagen lassen. Es kann überraschend schnell eine Hyperthermie (Überhitzung) eintreten, die einen tödlichen Ausgang nehmen kann, besonders bei Tieren, die aufgeregt und verängstigt sind — und das sind fast alle, wenn sie eingesperrt sind.

Deshalb sollten Sie immer dafür sorgen, daß ein Fenster einen Spalt geöffnet ist, selbst wenn die Katze nur kurz al-

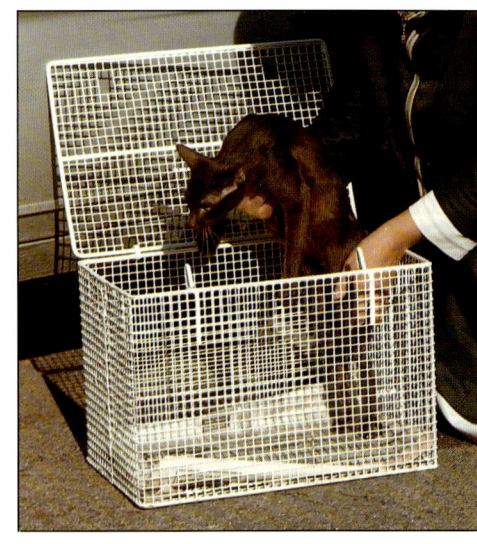

Machen Sie Ihre Katze mit ihrem Transportbehälter vertraut, bevor Sie mit ihr auf Reisen gehen.

Das ist ein durchschnittliches Katzenheim. Die Innenausstattung ist ordentlich und trocken, und für jedes Tier ist ein Auslauf vorhanden. Diese Anlage mit direktem Zugang ins Freie ist besser als Anlagen, die keinen Auslauf besitzen. Trotzdem können sich auch hier leicht Krankheiten ausbreiten. Ich ziehe auch ein Doppeltor mit einer Absicherung vor, die einem zufälligen Entweichen vorbeugt, wenn Leute kommen und gehen. Zwei Katzen aus demselben Haushalt können im allgemeinen eine Unterkunft teilen. Inspizieren Sie jedes Katzenheim, bevor Sie Ihr Haustier dorthin bringen.

Bahn- und Schiffsreisen

Im allgemeinen gelten hier die gleichen Richtlinien für Transportbehälter wie bei Flugreisen. Einige Eisenbahngesellschaften gestatten, daß Sie Ihre Katze in einem Tragekorb mit ins Abteil nehmen, andere hingegen bestehen darauf, daß die Katze in ihrem Behälter im Gepäckwagen mitfährt.

Seereisen dauern viel länger als Flugreisen, und unterwegs gibt es keine tierärztliche Hilfe. Wenn der Besitzer nicht selbst mit an Bord ist, muß die tägliche Versorgung der Katze durch die Crew geregelt sein. Seekrankheit tritt bei Katzen zum Glück selten auf.

lein im Auto zurückbleibt.

Katzen, die unter der Reisekrankheit leiden, kann man zwar Beruhigungsmittel oder andere Medikamente geben, aber man sollte dies eigentlich vermeiden. Holen Sie lieber den Rat eines Tierarztes ein, wenn Sie eine Katze haben, die Reisen haßt.

Flugreisen

Die Beförderung einer Katze in ein anderes Land bedarf einer sorgfältigen Planung. Die wichtigsten Faktoren sind die herrschenden Einfuhrbestimmungen des Landes, in das man einreisen möchte. Setzen Sie sich deshalb mit Ihrer Reiseagentur, der Schiffsagentur (falls Sie eine Strecke mit dem Schiff zurücklegen müssen), der Luftfracht-Gesellschaft und vor allem mit dem Konsulat des Einreiselandes in Verbindung, und klären Sie, ob Sie Quarantänebestimmungen oder Vorschriften für ein Gesundheitszeugnis berücksichtigen müssen und wie die Transportbedingungen sind.

Bei internationalen Reisen nimmt man Tiertransporte im allgemeinen am liebsten per Flug vor, und bei Fernreisen ist die damit verbundene Zeitersparnis einfach ideal. Bei Flugreisen müssen Sie einen Transportbehälter benutzen, der von der International Air Transport Association (IATA) genehmigt ist. Hier sind außerdem Vorschriften zu berücksichtigen, die sicherstellen, daß der Transportbehälter stabil genug, gut belüftet und mit einem Etikett versehen ist. Die meisten Fluglinien befördern keine Tiere, wenn nicht die Bestimmungen

der IATA eingehalten werden, und einige haben noch zusätzliche Auflagen. Sprechen Sie deshalb alle Einzelheiten mit Ihrer Fluggesellschaft genau ab, und zwar vor dem Flug.

Bevor Sie Ihre Katze zum Flugplatz bringen, sollten Sie dem Tier ungefähr zwei Stunden vor dem Aufbruch eine leichte Mahlzeit und etwas Wasser geben.

Hat Ihr Tierarzt ein Beruhigungsmittel empfohlen, so geben Sie es nach Vorschrift oder dann, wenn Sie die Katze übergeben.

Zwei ausgezeichnete Katzenbehälter, die für Flug-, Schiffs- und Bahnreisen genehmigt sind. Sie sind sicher und stabil, haben eine gute Lüftung, sind abzuschließen und bestehen aus Materialien, die leicht zu säubern und zu desinfizieren sind.

Fellpflege

Katzen sind anspruchsvoller im Hinblick auf ihr Äußeres als Hunde und pflegen sich regelmäßig und oft. Reihen von hakenförmigen, hornigen und nach hinten gerichteten Plättchen (papillae) auf der Zungenoberfläche bilden einen wirksamen Kamm zum Säubern von Haut und Fell.

Die Pflege dient sowohl dazu, das Fell ordentlich, sauber und glänzend zu halten, als auch der Entfernung von toten Haaren und Hautzellen. Gleichzeitig wird die Blutzirkulation der Hautoberfläche und der darunter liegenden Muskeln verstärkt.

Hauskatzen — und unter ihnen besonders die Langhaarkatzen — benötigen über das eigene oder gegenseitige Putzen hinaus eine zusätzliche Pflege. Dies ist Aufgabe des Besitzers. Langhaarkatzen haaren das ganze Jahr über und brauchen eine tägliche Fellpflege. Bei gutem Wetter erledigen Sie das am besten im Freien. Wenn Ihnen nur geschlossene Räume zur Verfügung stehen, wählen Sie das Badezimmer oder die Veranda dafür und stellen Sie die Katze auf eine Unterlage aus Plastik oder Zeitungspapier.

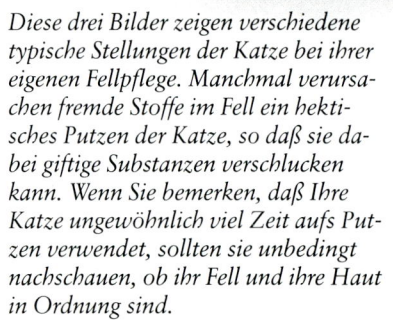

Diese drei Bilder zeigen verschiedene typische Stellungen der Katze bei ihrer eigenen Fellpflege. Manchmal verursachen fremde Stoffe im Fell ein hektisches Putzen der Katze, so daß sie dabei giftige Substanzen verschlucken kann. Wenn Sie bemerken, daß Ihre Katze ungewöhnlich viel Zeit aufs Putzen verwendet, sollten sie unbedingt nachschauen, ob ihr Fell und ihre Haut in Ordnung sind.

Vorbereitungen zur Pflege

Besondere Aufmerksamkeit sollte bei der Pflege dem Kopf gewidmet werden. Fangen Sie mit den Ohren, Augen und Zähnen an.

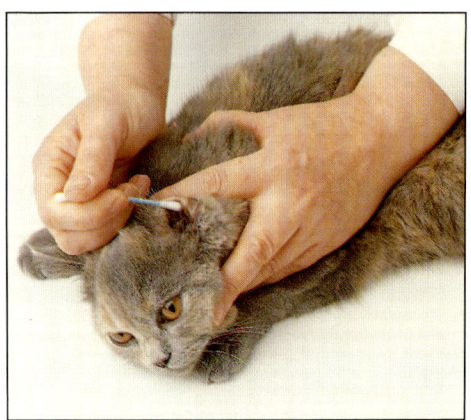

1 Schauen Sie nach, ob sich in den Ohren Schmutz oder dunkles Ohrenschmalz angesammelt hat. Säubern Sie die Ohren mit einem oder zwei Wattestäbchen aus Baumwolle, die leicht mit Olivenöl angefeuchtet werden.

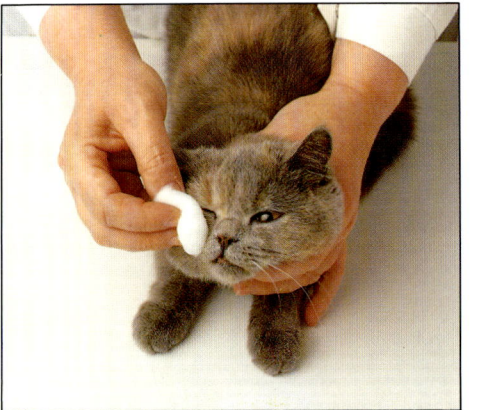

2 Kontrollieren Sie die Augen. Wenn Tränenfluß vorliegt, was bei Langhaarkatzen oft durch einen blockierten Tränenkanal auftritt, finden Sie unter dem inneren Augenwinkel dunkle Schmutzteilchen. In den Augenwinkeln selbst können sich Krusten von getrocknetem Schleim anhäufen. Säubern Sie das betreffende Gebiet sanft mit warmem Wasser, in dem etwas Salz gelöst ist. Hartnäckige Tränenabsonderungen verlangen eine tierärztliche Behandlung.

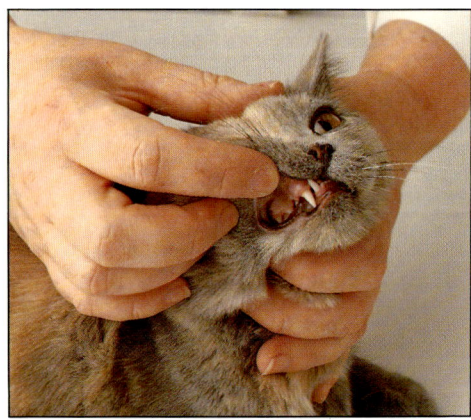

3 Untersuchen Sie die Zähne auf Ablagerungen von Zahnstein. Riecht der Atem gut? Ideal ist es, wenn Sie Ihre Katze daran gewöhnen, daß sie sich einmal wöchentlich mit einer weichen Zahnbürste (ihrer eigenen), Salz und Wasser die Zähne pflegen läßt. Man kann auch eine spezielle Zahncreme für Haustiere verwenden, wie sie jetzt erhältlich ist. Wenn sich der Zahnstein einmal festgesetzt hat, muß er von einem Tierarzt entfernt werden, der dazu die üblichen Instrumente oder ein Ultraschallgerät benutzt.

PFLEGE EINER KURZHAARKATZE

Kurzhaarkatzen besitzen nicht so ein üppiges Fell wie Langhaarkatzen und können sich daher besser selber säubern. Deshalb benötigen sie nur zweimal in der Woche eine Fellpflege.

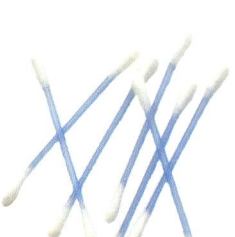

weiches Tuch

Bürste mit weichen Borsten

Gummibürste

feingezahnter Kamm

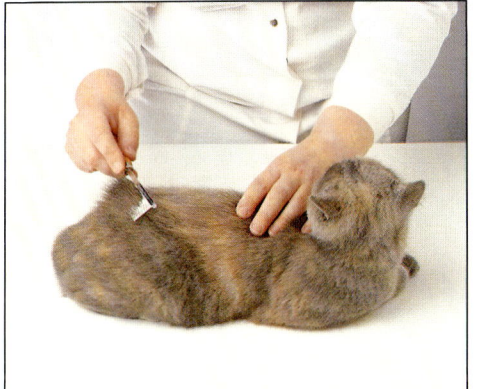

1 Mit einem feingezahnten Metallkamm gehen Sie das Katzenfell vom Kopf bis zum Schwanz durch. Beim Kämmen achten Sie bitte auf schwarze, glänzende Flecken — ein Anzeichen für Flöhe.

2 Benutzen Sie eine Gummibürste, um das Fell zu glätten. Wenn Sie eine Rexkatze haben, ist diese Gummibürste besonders wichtig, weil sie die Haut nicht zerkratzt.

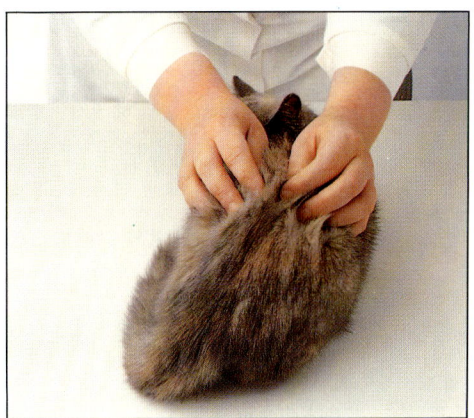

3 Nach dem Kämmen und Bürsten reiben Sie etwas Bayrum-Festiger ins Fell. Dadurch wird das überschüssige Fett aus dem Fell entfernt und die Leuchtkraft seiner Farbe verstärkt.

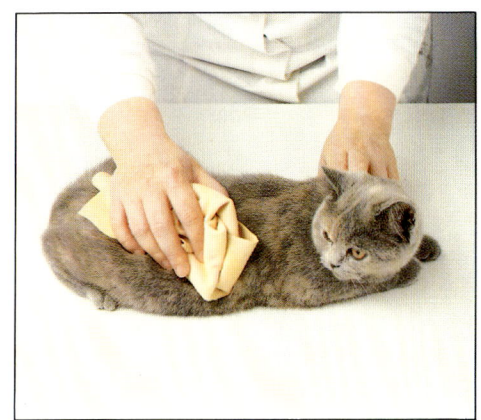

4 Abschließend »polieren« Sie das Fell mit einem Stück Seide, Samt oder Polierleder, um es zum Glänzen zu bringen.

Krallenpflege

Wenn Sie im Zweifel darüber sind, wie Sie die Krallen kürzen sollen, bitten Sie den Tierarzt, es vorzunehmen oder Ihnen zu zeigen.

Benutzen Sie entweder eine sehr scharfe Schere, Clipper für menschliche Zehennägel oder die tierärztlichen Krallen-Clipper vom Typ »Guillotine«. Halten Sie das Tier fest auf Ihrem Schoß, und drücken Sie mit den Fingern gegen die Unterseite seiner Pfote, damit es die Krallen ausfährt. Sehen Sie sich die Krallen genau an. Der größte Teil enthält das rosafarbene Mark mit den Nerven und Blutgefäßen. Das dürfen Sie auf *keinen Fall* verletzen! Die weißen Spitzen bestehen aus totem Gewebe und können abgeschnitten werden, aber nur bis auf eine Entfernung von zwei Millimetern zum Mark.

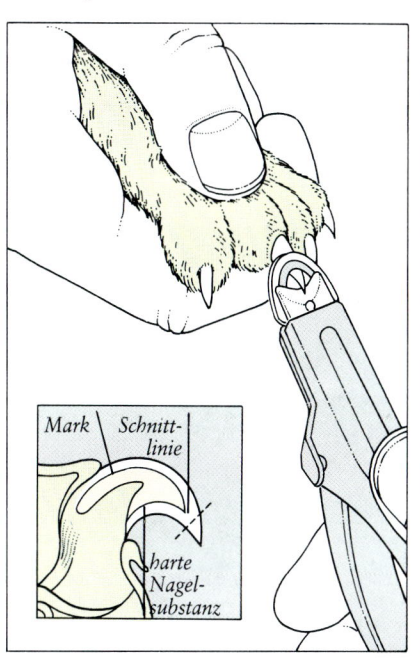

Mark | Schnittlinie

harte Nagelsubstanz

PFLEGE EINER LANGHAARKATZE

Für Langhaarkatzen ist die tägliche Fell-pflege lebensnotwendig. Ohne sie können sich Knoten von verfilztem Haar im Fell bilden, und die einzige Möglichkeit, diese zu entfernen, besteht darin, daß der Tier-arzt sie entfernt. Zweimal fünfzehn bis dreißig Minuten am Tag für die Fellpflege sollten ausreichen.

Wenn Sie trotz Ihrer besten Bemühungen auf eine stark verzottelte Haarpartie stoßen, halten Sie das Fell mit einer Hand fest und versuchen Sie, es mit der anderen zu entwir-ren. Schneiden Sie es nie mit einer Schere ab — es kann allzuleicht passieren, daß Sie bis auf die feine Haut der Katze vorstoßen und sie verletzen. Wenn Sie den Knoten nicht ohne größere Schwierigkeiten auflösen kön-nen, gehen Sie mit dem Tier zum Tierarzt.

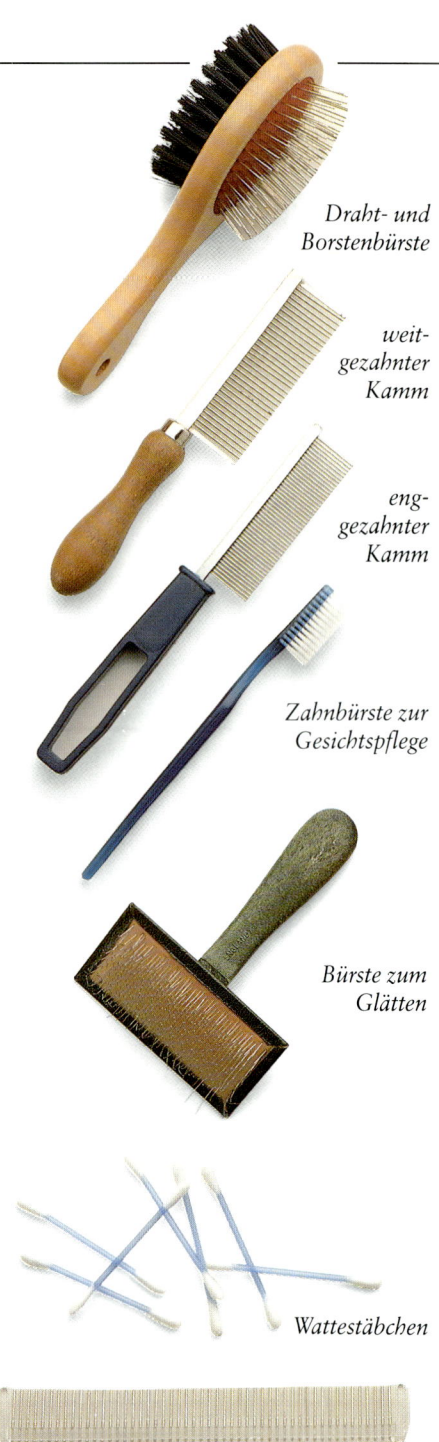

Draht- und Borstenbürste

weit-gezahnter Kamm

eng-gezahnter Kamm

Zahnbürste zur Gesichtspflege

Bürste zum Glätten

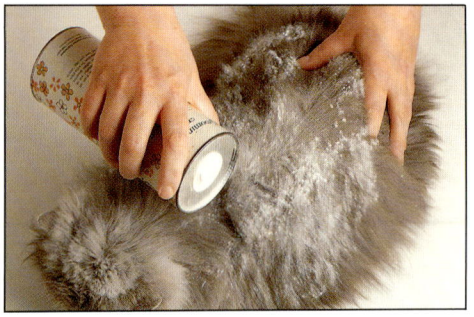

1 Einmal in der Woche pudern Sie zu Beginn das ganze Fell in einzelnen Abschnitten ein. Dazu können Sie entweder einen gebräuchlichen Pflegepuder verwenden oder eine Mischung von Getreidemehl und Talkumpuder. Das gibt mehr Fülle und trennt die Fellhaare voneinander.

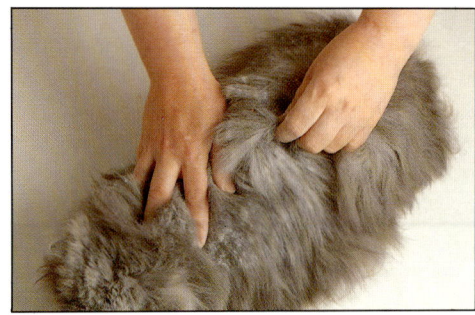

2 Verteilen Sie den Puder mit den Händen gut im Fell, achten Sie darauf, daß nicht einzel-ne Partien stärker eingepudert sind als andere. Die meisten Katzen lieben diese Behandlung, die sie offenbar als angenehme Ganzkörper-massage betrachten.

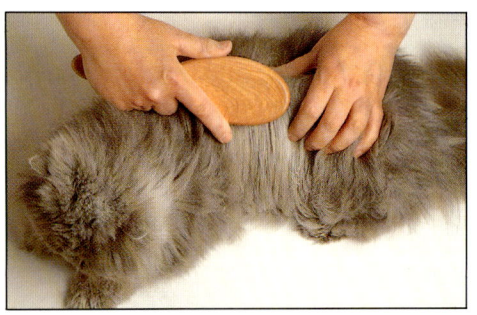

3 Mit einer echten Borstenbürste (die keine statische Elektrizität erzeugt und keine Haare abbricht) bürsten Sie die Katze gründlich von oben her durch. Das lockert das Fell und entfernt bereits Verunreinigungen und abge-storbene Haare.

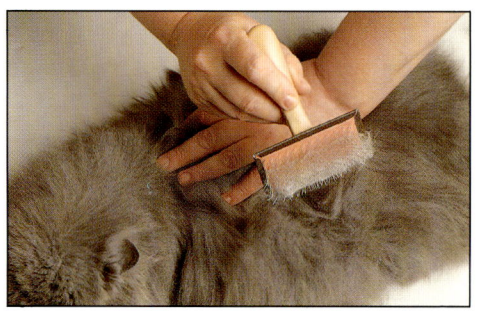

4 Wenn Sie mit dem Ergebnis zufrieden sind und alle Fellpartien bearbeitet haben, bür-sten Sie das Fell am ganzen Körper abwech-selnd von oben und unten, auch den Schwanz und die Bauchseite.

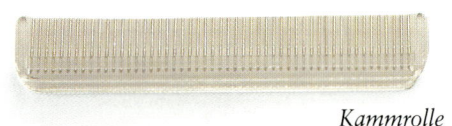

Wattestäbchen

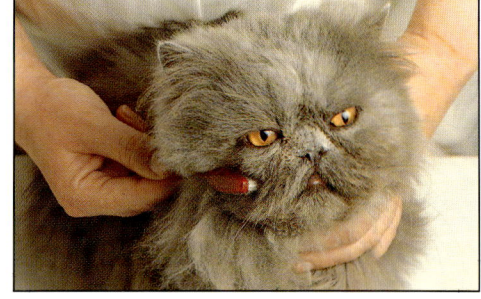

Kammrolle

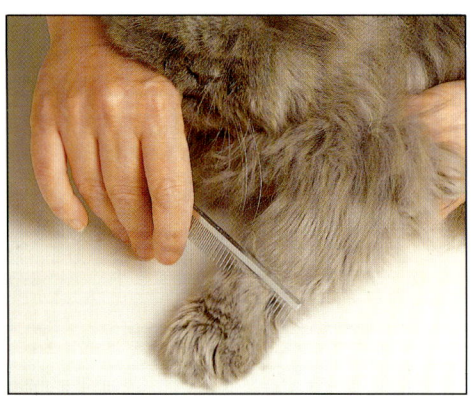

5 Nehmen Sie einen feingezahnten Kamm, um alle Knoten und Knäuel zu beseitigen.

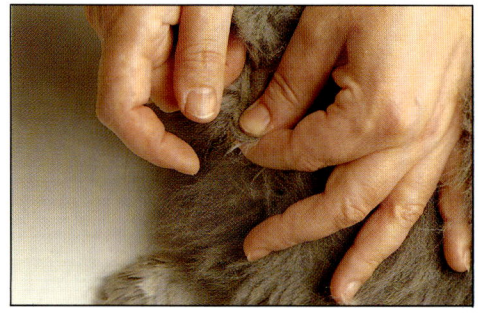

6 Sie können die Härchen oben am Ohr sanft auszupfen, damit die Ohren runder wirken, nötig ist das aber nicht.

7 Zum Schluß nehmen Sie eine Zahnbürste, um die Halskrause, die Seiten des Gesichts, die Stirn und die Nase in Form zu bringen. Seien Sie vorsichtig, damit Sie nicht zu nah an die Au-gen kommen.

WASCHEN

Ist das Fell Ihrer Katze sehr schmutzig geworden, sollten Sie ihr ein nasses oder trockenes Bad gönnen.

Wenn Ihre Katze sich heftig gegen Wasser sträubt, geben Sie ihr ein trockenes Kleiebad. Wenden Sie diese Methode aber nur bei Kurzhaarkatzen an, die nicht zu schmutzig sind. Erhitzen Sie zuerst ein bis zwei Pfund Kleie zwanzig Minuten lang bei 150 Grad Celsius in einem Ofen. Stellen Sie Ihre Katze dann auf eine Zeitung, und massieren Sie ihr die warme Kleie ins Fell. Nachdem das gesamte Fell mit Kleie bedeckt ist, kämmen Sie sie wieder heraus.

Das Waschen mit Wasser ist auf diesen Fotos vorgeführt. Sie können sich glücklich schätzen, wenn Ihre Katze sich dabei so ruhig verhält wie unser Modell!

1 Benutzen Sie eine Schale, ein Waschbecken oder die Badewanne. Schließen Sie alle Fenster und Türen. Legen Sie eine genoppte Gummieinlage hinein, damit die Katze nicht ausrutscht. Füllen Sie Wasser mit Körpertemperatur ein (testen Sie die Wärme mit Ihrem Ellenbogen).

2 Fügen Sie ein die Schleimhäute nicht reizendes Baby- oder Katzenshampoo hinzu, während Sie die Katze mit der anderen Hand festhalten.

3 Schäumen Sie das Fell ein, indem Sie es mit den Fingern sanft massieren. Seien Sie besonders vorsichtig mit dem Kopf, und passen Sie auf, daß weder Wasser noch Schaum in die Ohren und Augen gerät.

4 Spülen Sie den Schaum sorgfältig mit warmem Wasser ab — ein Sprühgerät ist dabei sehr nützlich.

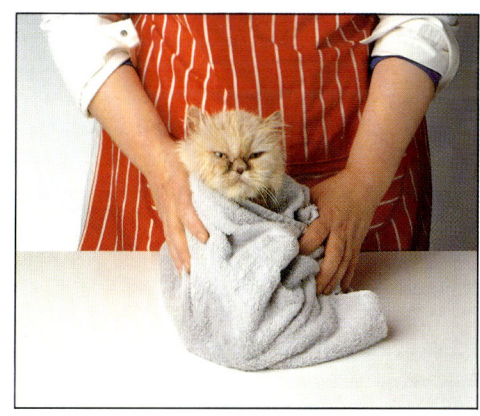

5 Wickeln Sie die Katze in ein großes, angewärmtes Handtuch.

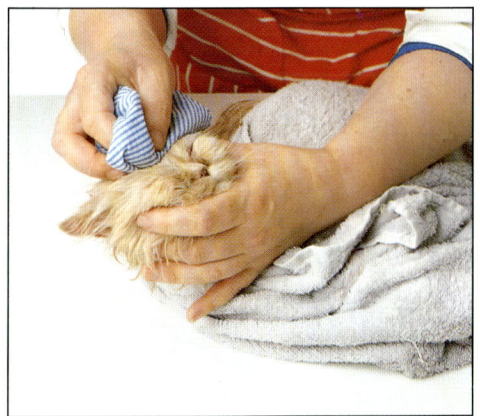

6 Jetzt waschen Sie ihr das Gesicht mit Baumwollwatte oder einem weichen Lappen, den sie in warmes Wasser getaucht haben.

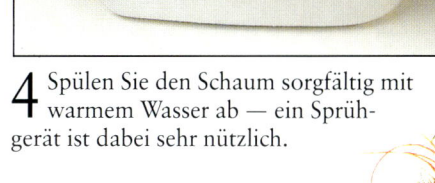

7 Lassen Sie die Katze an einem warmen Platz, bis sie völlig trocken ist. Man kann auch einen Haartrockner verwenden, wenn es die Katze nicht nervös macht — testen Sie die Wärme mit Ihrer Hand. Anschließend kämmen Sie das trockene Fell aus.

Die Gesundheit der Katze

DIE WAHL EINES TIERARZTES

Suchen Sie sich frühzeitig, und bevor Ihre neue Katze erkrankt, einen guten Tierarzt in Ihrer Gegend, der dann die nötigen Vorsorgeuntersuchungen vornimmt. Dieser wird Sie auch auf vorbeugende Medikamente oder besondere Pflegemaßnahmen hinweisen, falls Ihre Katze diese braucht. Er sollte über einen 24-Stunden-Bereitschaftsdienst für Notfälle verfügen.

Natürlich ist eine Tierarztpraxis, die auf Kleintiere spezialisiert ist, am besten. Andere Katzenbesitzer, Züchter und Tierkliniken in Ihrer Nähe werden Ihnen dabei behilflich sein, eine ausfindig zu machen. Es ist fast immer möglich, die Räume Ihres Katzendoktors nach vorheriger Vereinbarung zu besichtigen und dabei alle verfügbaren Einrichtungen zu sehen.

Ein Tierarzt hat viele Jahre eines tiermedizinischen und -chirurgischen Studiums hinter sich und mußte sich auch einige Zeit mit den besonderen Problemen der Feliden beschäftigen, so daß er jederzeit helfen kann, sowohl wenn ein Ernstfall eintritt als auch wenn Sie Fragen zur Züchtung, Ernährung oder anderen Aspekten der Behandlung Ihrer Katze haben. Versuchen Sie nicht, den

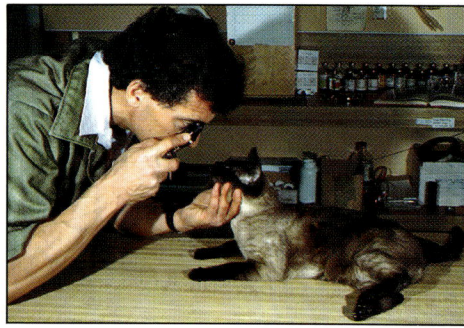

Manche Tierärzte spezialisieren sich auf Katzenkrankheiten oder aber auf Erkrankungen bestimmter Körperteile.

Tierarzt zu belehren, nachdem Sie dieses Buch gelesen oder mit dem dogmatischen Züchter gesprochen haben, der Ihnen Ihre Katze beschaffte. Der Tierarzt kann Ihnen am besten einen unvoreingenommenen Rat geben.

Wenn Sie mit der tierärztlichen Behandlung Ihrer Katze nicht einverstanden sind, steht es Ihnen natürlich immer frei, eine zweite Meinung einzuholen.

HÄUFIGE KRANKHEITEN

Katzen mögen neun Leben haben, aber sie sind wie Menschen und andere Geschöpfe gelegentlich nicht auf der Höhe und manchmal ernstlich krank. Das Studium feliner Krankheiten und ihrer Behandlung durch Medikamente oder chirurgische Eingriffe sind wichtige Bestandteile der tiermedizinischen Wissenschaft, und zum Teil gibt es auf diesem Gebiet viele wichtige neue Forschungsergebnisse — kürzlich wurde ein Virus (FIV) entdeckt, der bei Katzen ein Immunschwäche-Syndrom erzeugt, in mancher Hinsicht ähnlich dem Aids-Virus, das Menschen befällt. Dieses Virus ist aber auf Menschen nicht übertragbar. Wie gut Ihr Tierarzt auch sein mag, es liegt in der Verantwortung des Besitzers, sich einige Grundkenntnisse über die häufig auftretenden Katzenkrankheiten anzueignen. Der Besitzer ist normalerweise der erste, der bemerkt, daß mit dem Tier etwas nicht in Ordnung ist, und muß deshalb wissen, wenn es tierärztliche Hilfe braucht und was man zur Wiederherstellung der Gesundheit tun muß.

Dieses Kapitel beschreibt die Symptome der häufigsten Katzenkrankheiten und erklärt, was Sie dagegen tun sollen und welche Behandlung der Arzt anwenden kann. Es werden einfache, nützliche Ratschläge für die Erste Hilfe gegeben, doch im Vordergrund steht die tierärztliche Behandlung, die der jeweiligen Lage entsprechend, so sanft und kurz wie möglich ausgeführt werden sollte.

Der Mund

Symptome für Munderkrankungen sind Speichelfluß (Sabbern), Bepfoten des Mundes, übertriebene Kaubewegungen sowie vorsichtiges Kauen, so als habe die Katze eine heiße Kartoffel im Mund.

Den Mund sollten Sie von Zeit zu Zeit inspizieren, um festzustellen, ob alles in Ordnung ist. Zahnstein, eine braune, zementartige Substanz, verursacht zwar keine Löcher in den Zähnen, aber Schäden am Zahnfleisch. Dadurch können sich Bakterien einnisten, so daß es leicht zu Infektionen kommt, wodurch sich die Zähne lockern. (Bei Zahnstein treten immer auch Zahnfleischentzündungen auf.) Um der Bildung von Zahnstein vorzubeugen, bürsten Sie Ihrer Katze einmal wöchentlich die Zähne mit einer weichen Zahnbürste oder mit Baumwollwatte, die Sie vorher in Salzwasser getaucht haben. Bringen Sie die Katze einmal im Jahr zur Behandlung zum Tierarzt.

Schauen Sie nach, ob keine Fremdkörper zwischen den Zähnen stecken. Oft geraten Knochenreste zwischen die Zähne und den Gaumen, und manchmal lagern sich Fischgräten zwischen zwei benachbarten Backenzähnen im hinteren Teil des Mundes ab. Vielleicht können Sie einen Fremdkörper mit dem Griff eines Teelöffels oder einem ähnlichen Instrument beseitigen. Wenn kein Fremdkörper da ist, halten Sie Ausschau nach weichen, roten, vereiterten Stellen auf der Zunge. Diese können entstehen, wenn die Katze an einer Substanz geleckt hat, die Reizungen verursacht. Weit häufiger aber ist daran das Virus schuld, das zur Gruppe der Katzenschnupfen erzeugenden Viren gehört, und das die *Ulcerativa glossitis* verursacht. Geschwüre dieser Art gehen einher mit starkem Sabbern, mangelndem Appetit und Mattigkeit. Suchen Sie einen Tierarzt auf, da eine antibiotische Injektion erforderlich sein kann, um einer Sekundärinfektion vorzubeugen.

Vergewissern Sie sich, daß kein Zahn Ihrer Katze locker sitzt oder erkrankt ist, indem Sie sanft jeden Zahn mit dem Finger oder einem Bleistift berühren. Wenn ein Zahn wackelt oder die Katze zeigt, daß sie Schmerzen hat, bringen Sie sie zum Tierarzt. Geben Sie ihr kein Aspirin, um die Zahnschmerzen zu betäuben, denn Aspirin ist für Katzen giftig.

Machen Sie sich keine Sorgen, wenn einer älteren Katze viele Zähne gezogen werden müssen. Futter wie durchgedrehte gekochte Leber, Fisch und Getreidebrei mit Milch

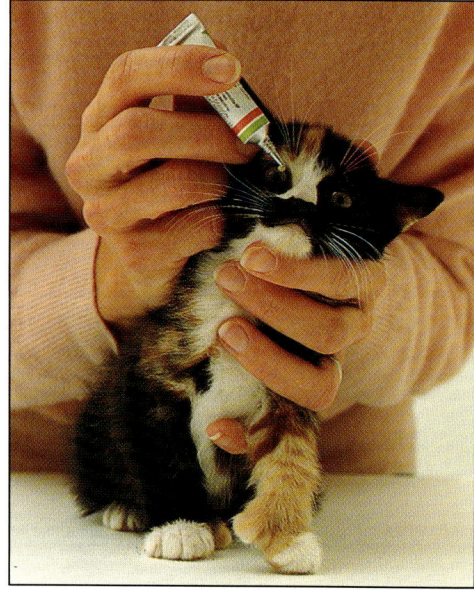

Eine Augensalbe können Sie auftragen, indem Sie die Tube parallel zum Auge halten und die Salbe auf die Augenoberfläche gleiten lassen.

Der Vorfall der »Nickhaut« zeigt immer eine Erkrankung an.

kann auch von einer zahnlosen Katze noch aufgenommen werden. Es ist immer noch besser, wenn sie keine Zähne hat, als wenn sie entzündetes Zahnfleisch und kranke Zähne hat, die weitere Leiden verursachen.

Die Augen

Entzündungen, Ausfluß, wässrige Augen oder bläuliche oder weiße Flecken auf der Augenoberfläche sind Anzeichen dafür, daß etwas mit den Augen der Katze nicht in Ordnung ist. Ein weiteres bekanntes Krankheitssymptom ist das Auftreten einer weißlichen Haut (Vorfall der Membrana nictatio, auch »Nickhaut« oder »drittes Augenlid« genannt) über einem Teil oder fast dem ganzen Auge, auf einer oder beiden Seiten, und zwar vom inneren Augenwinkel ausgehend.

Wenn das Auge offensichtlich entzündet ist, wenn auf dem Auge bläuliche oder weiße Flecke erkennbar sind oder wenn die Augenlider geschwollen sind, handelt es sich wahrscheinlich entweder um eine Infektion, um eine Verletzung oder um eine Irritation auf Grund von Fremdkörpern wie z. B. Grassamen. Solche Erscheinungen am Auge bedürfen einer tierärztlichen Behandlung, denn wenn sie unbehandelt bleiben, kann das Auge allmählich in Mitleidenschaft gezogen werden, was möglicherweise zum Verlust der Sehkraft führt.

Bläuliche oder weiße Flecken, die auf der normalerweise durchsichtigen Hornhaut (cornea) auftauchen, sind keine Katarakte (Grauer Star). Letztere sind undurchsichtig, befinden sich an der Linse hinter der Pupille und rufen gleichfalls einen bläulichen oder weißen Effekt hervor, aber tiefer im Auge. Bei wenig Licht, wenn die Pupille erweitert ist, ist ein größerer Teil der undurchsichtigen Linse zu erkennen, und der Katarakt erscheint größer. Bei hellem Licht ist es genau umgekehrt.

Die Augen alter Katzen sehen manchmal

so aus, als ob sie bläuliche Linsen hätten, aber das muß nicht unbedingt bedeuten, daß sie den Grauen Star haben. Ähnlich wie bei Menschen mittleren Alters wird dies vielfach durch eine Veränderung im Brechungsvermögen der Linsen bewirkt, die aber klar und transparent bleiben. Für solche Katzen besteht keine Gefahr, blind zu werden.

Die teilweise Bedeckung der Augen durch das »dritte Augenlid« ist ein bekanntes und sehr merkwürdiges Phänomen. Es ist kein Anzeichen für eine beginnende Erblindung und kommt sogar oft bei Katzen vor, die sonst offenbar gesund zu sein scheinen. Manchmal ist es auf eine Gewichtsabnahme zurückzuführen, bei der das Auge tiefer einsinkt, wenn die Fettschicht um das Auge abnimmt. Es kann aber auch ein frühes Symptom für einen Katzenschnupfen sein. Wenn es auftritt, beobachten Sie das Tier gut und gehen Sie mit ihm, wenn ein weiteres Symptom hinzukommen sollte, zum Tierarzt. Bleibt der Zustand konstant, ohne daß sich andere Symptome zeigen, versuchen Sie, der Katze mehr Futter zu geben und fügen Sie der Nahrung täglich 50 Mikrogramm Vitamin B 12 zu, oder geben Sie es der Katze in Tablettenform.

Der Tierarzt verfügt über viele Möglichkeiten, die verschiedenen Augenkrankheiten zu behandeln. Er kann eine Lokalanästhesie anwenden, um das Auge während der Entfernung von Fremdkörpern zu betäuben, er kann Medikamente nicht nur in Form von Salben und Tropfen verabreichen, sondern auch durch Injektionen unter die Konjunktiva (Bindehaut), die rosafarbene Membran um den Augapfel. Er kann das Augeninnere mit Hilfe eines Ophthalmoskops untersuchen, er kann Bakterien, die Infektionen bewirken, identifizieren, indem er einen Abstrich von der Tränenflüssigkeit macht. Augenleiden wie Schielen, verstopfte Tränenkanäle und Grauer Star können auf chirurgischem Wege behoben werden.

Die Nase

Die häufigsten Probleme, die eine Katze mit ihrer Nase haben kann, sind eine Laufnase, feuchte Nasenlöcher, Schniefen und Niesen. Symptome, die beim Menschen eine normale Erkältung anzeigen, bedeuten in der Regel den Ausbruch eines Katzenschnupfens, der tierärztlicher Behandlung bedarf. Nach einem überstandenen Katzenschnupfen bleiben viele Katzen noch monate-, ja jahrelang verschnupft.

Wenn Ihre Katze schnieft, waschen Sie ihr die empfindliche Nasenspitze mit warmem Wasser, entfernen Sie dabei den angetrockneten Schleim, und geben Sie ihr ein wenig Vaseline in die Nase.

Die Ohren

Wenn Ihre Katze anfängt, den Kopf zu schütteln, sich am Ohr zu kratzen oder ihren Kopf auf eine Seite zu neigen, was manchmal mit dem Verlust des Gleichgewichtes und einem torkeligen Gang einhergeht, dann sind dies Anzeichen für eine Ohrerkrankung. (In seltenen Fällen können die letztgenannten Symptome auch auf eine Gehirnerkrankung hinweisen, an der das Ohr selbst nicht beteiligt ist.) Andere Symptome schließen das plötzliche »Sich-Aufblähen« einer Ohrmuschel ein, die Anwesenheit winziger weißer »Insekten«, die sich langsam im äußeren Gehörgang be-

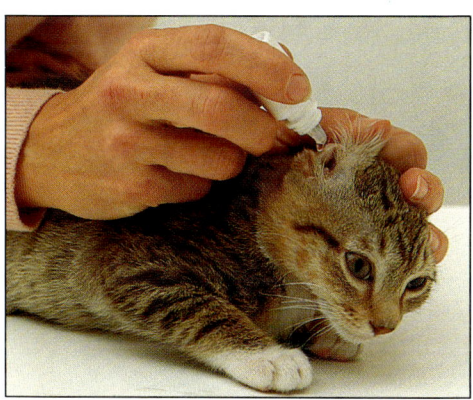

Nachdem Sie die Tropfen in das Ohr geträufelt haben, klappen Sie die Ohrmuschel darüber und massieren Sie das Ohr sanft.

wegen, sowie einen übelriechenden schokoladenfarbenen oder eitrigen Ausfluß.

Wenn ein Ohrenleiden plötzlich ausbricht, so träufeln Sie reichlich körperwarmes Paraffinöl in das betroffene Ohr. Machen Sie das lieber in der Garage als im Wohnzimmer, damit Sie nicht plötzlich ölbespritzte Chintzvorhänge an den Fenstern haben.

Das Schrägstellen des Kopfes und der Verlust des Gleichgewichtes können eine Mittelohrentzündung ankündigen. Das Mittelohr befindet sich hinter dem Trommelfell. Eine Infektion erreicht dieses Gebiet im allgemeinen über die Eustachische Röhre, die von der Kehle ausgeht, deshalb sind an der Infektion oft auch der Hals und die Atemwege beteiligt. Hier ist sofortige Hilfe durch den Tierarzt erforderlich. Moderne Medikamente wirken direkt auf die Entzündung im Mittelohr ein und können in den meisten Fällen einen dau-

Wiederholtes Kratzen am Ohr verlangt eine Untersuchung.

erhaften Schaden am Gleichgewichtsorgan sowie die Ausbreitung der Infektion auf das Gehirn verhindern.

Ein plötzlich aufgeblähter Ohrlappen ist die Folge einer Blutung und der Bildung einer großen Blutblase oder eines Hämatoms. Meistens entsteht er durch häufiges Kratzen am Ohr oder durch den Schlag oder Biß eines anderen Tieres. Die Katze ist dann beunruhigt, daß das Ohr so seltsam schwer wird, und sie schüttelt den Kopf, um das Gewicht zu verlagern. Das Hämatom ist jedoch nicht schmerzhaft wie etwa ein Abzeß, es sei denn, es kommt zu einer Sekundärinfektion, was aber nur selten geschieht. Es ist vergleichbar mit den angeschwollenen Stellen von Boxern, die »Treffer« einstecken mußten. Ohne Behandlung gerinnt das Blut im Hämatom und schrumpft zu einer knubbeligen Narbe zusammen, die den Ohrlappen schrumpeln läßt, so daß er an einen Blumenkohl erinnert.

Der Tierarzt kann verhindern, daß Ihre Katze wie ein Preisboxer aussieht, indem er unter Vollnarkose das Blut entfernt, und zwar meist durch einen Einschnitt. Anschließend näht er den Einschnitt, wobei er unter Umständen Stahlknöpfe verwendet, die etwa eine Woche lang an Ort und Stelle bleiben müssen. Dieser Eingriff ist keine allzu ernste Angelegenheit, und die Erfolgsquote ist sehr hoch. Trotzdem muß die Ursache für das Kratzen am Ohr untersucht werden, um eine Wiederholung zu vermeiden.

Wenn Ihre Katze häufig mit den Ohren zuckt, die Ohren trocken sind, aber »Insekten« aufweisen — es handelt sich um die Ohrräudemilben —, geben Sie ihr einige Tropfen gegen Ohrräude, die Sie in der Tierhandlung erhalten. Jede Art von Ohrausfluß bedeutet, daß die Katze Behandlung braucht.

Der Brustraum

Katzen können an Bronchitis, Lungenentzündung und Rippenfellentzündung erkranken. Die allgemeinen Anzeichen dafür sind Husten, Keuchen und schweres Atmen.

Husten und Niesen können aber auch Symptome eines Katzenschnupfens sein, der gleichfalls von einem Virus verursacht wird. Diese Erkrankung kann unterschiedlich verlaufen. Manchmal tritt zusätzlich eine sekundäre, bakterielle Lungeninfektion auf, die sogar zum Tod führen kann. Ein Katzenschnupfen ist keine typische Erkrankung bei kaltem, feuchtem Wetter. Im Gegenteil, vielfach bricht der Katzenschnupfen epidemieartig im Sommer aus — und besonders während der heißen Urlaubsmonate in Katzenheimen. Schützen Sie Ihre Katze vor dem Katzenschnupfen, indem Sie sich vergewissern, daß Sie dagegen geimpft worden ist und daß die Impfung regelmäßig wiederholt wird. Übrigens besteht zwischen dem Schnupfen beim Menschen und dem Katzenschnupfen kein Zusammenhang.

Schweres Atmen ohne die Symptome einer Erkältung kann ein Anzeichen für eine Rippenfellentzündung sein oder bei älteren Katzen auch auf eine Herzerkrankung hinweisen.

Halten Sie eine Katze mit einem Brustleiden warm und trocken. Sorgen Sie dafür, daß sie sich nicht anstrengt, und geben Sie ihr nahrhaftes Futter, entweder fein passiert oder in flüssiger Form. Auch ein Tropfen Brandy oder Whisky kann dazugegeben werden. Halten Sie die Nasenlöcher der Katze soweit möglich frei, indem Sie sie abwischen, und reiben Sie sie mit ein wenig Vaseline ein. In

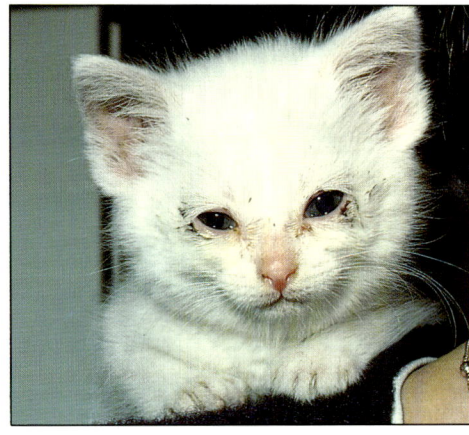

Dieses arme Kätzchen hat den typischen Gesichtsausdruck während eines Katzenschnupfens.

leichten Fällen, wenn die Katze weiterhin ihr Futter zu sich nimmt und die Atmung nicht allzu schlecht ist, kann man ihr teelöffelweise warmen Fenchel- oder Kamillentee einflößen.

Ernstere Fälle müssen vom Tierarzt behandelt werden, der Antibiotika, Medikamente, um den Schleim in der Lunge zu lösen, und wenn das Herz in Mitleidenschaft gezogen wurde, besondere Herzmittel verabreichen wird. Sammelt sich bei einer Rippenfellentzündung in der Brust Flüssigkeit an, so wird der Tierarzt die Katze unter Einfluß von Beruhigungsmitteln punktieren. Viele Katzen mit schwachem Herz können ein langes, glückliches Leben führen, wenn ihr Problem erkannt und sofort einer entsprechenden Behandlung unterzogen wurde.

Magen und Darm

Anzeichen für Störungen im Magen-Darm-Bereich sind Erbrechen, Durchfall, Verstopfung und Blut im Kot. Es gibt zahlreiche Ursachen für jedes dieser Symptome, und manchmal kommen mehrere zusammen. Hier werden die häufigsten Ursachen beschrieben, ohne jedoch alle Krankheiten der Verdauungsorgane aufzuzählen.

Erbrechen kann leicht und vorübergehend auftreten und auf eine harmlose Mageninfektion (Gastritis) oder einen Haarball zurückzuführen sein. Wenn es aber länger anhält und von anderen Symptomen begleitet wird, kann es eine schwere Erkrankung wie Katzenseuche, Tumore oder eine Blokkierung des Darms anzeigen.

Leichter Durchfall wird meist durch zu häufige Fütterung mit Leber verursacht oder durch eine Darminfektion. Er kann aber auch ernsthafte Ursachen haben wie z.B. Katzenseuche.

Verstopfung kann durch Alter oder eine falsche Ernährung bedingt oder auch Anzeichen einer Darmblockierung sein. Befindet sich Blut im Stuhl, so läßt dies verschluckte Knochensplitter vermuten, die die Darmwände verletzt haben. Es kann sich dabei aber auch um einen Nebeneffekt einer akuten Lebensmittelvergiftung handeln.

Verlassen Sie sich in solchen Situationen auf Ihren gesunden Menschenverstand. Wenn irgendeines dieser Symptome länger als ein paar Stunden anhält oder von großer Unpäßlichkeit und Schwäche der Katze begleitet wird, brauchen Sie fachkundige Hilfe. In leichten Fällen oder bevor der Tierarzt

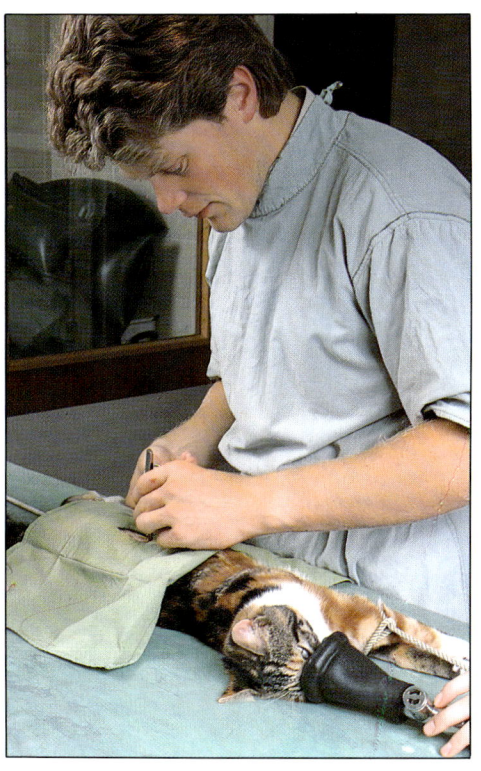

Dieses Weibchen wird unter Narkose kastriert.

eintrifft, denken Sie daran, daß der Verlust von Wasser und Salz durch Erbrechen oder Durchfall ernste Folgen haben kann. Um die Dehydrierung und Schwäche zu bekämpfen, geben Sie dem Tier löffelweise kleine Mengen von Wasser mit Glukose, die Sie nach Ihrem Geschmack mit Tafelsalz würzen, und zwar so häufig wie möglich. Wenn Erbrechen das Hauptsymptom ist, geben Sie kein festes Futter, sondern einen flüssigen Ersatz. Auch ein halber Teelöffel Lefax — ein Mittel für Babys, die Bauchschmerzen haben — kann gegeben werden, aber weder Milch noch Alkohol.

Ist das Hauptsymptom Durchfall, so beschränken Sie sich auf Flüssigkeitszufuhr. Ein sicheres Mittel ist etwa eine drittel Tasse starker, gesüßter Kaffee in Körpertemperatur, den man mit einer Einlaufspritze (ohne Nadel) für Menschen in den After einführt. Das muß man langsam und sanft machen. Ein Teelöffel Kaopektat kann man in den Mund flößen, aber nehmen Sie kein für Menschen bestimmtes Medikament gegen Durchfall, das Kaolin und Morphine enthält.

In den Anfangsstadien der Verstopfung können Sie versuchen, der Katze zwei oder drei Teelöffel Paraffinöl einzugeben. Ausgezeichnet geeignet dazu sind die kleinen, gebrauchsfertigen Einwegspritzen, die man beim Apotheker bekommt. Nehmen Sie die Menge, die für Menschen empfohlen wird,

circa ein halbes bis ganzes Röhrchen. Wenn die Verstopfung chronisch ist, fügen Sie der Nahrung Ballaststoffe zu (siehe Seite 162).

Ernste oder hartnäckige Fälle von Verstopfung müssen vom Tierarzt behandelt werden. Er kann den Verdauungstrakt mit den Fingern abtasten, mit Hilfe von Kontrastmitteln röntgen, oder aber mit dem Gastroskop untersuchen. Manchmal ist auch eine Operation notwendig, um eine Erkrankung diagnostizieren zu können.

Die Katzenseuche (Feline Enteritis), eine der gefährlichsten Viruserkrankungen bei Katzen, greift nicht nur den Darm an, sondern auch die Leber und die weißen Blutkörperchen. Sie kann in ein paar Stunden zum Tode führen. Die Symptome sind verschiedenartig und Durchfall gehört nicht unbedingt dazu.

Obwohl der Tierarzt das Virus nicht vernichten kann, wird er vermutlich Antibiotika einsetzen, und zwar gegen die sekundäre bakterielle Infektion. Er wird mit Sicherheit die Katze vor Dehydrierung durch Flüssigkeitsverlust bewahren, indem er ihr Kochsalz-Transfusionen unter die Haut gibt. Das beste Mittel gegen diese schreckliche Krankheit ist die Vorsorge. Lassen Sie Ihre Katze deshalb regelmäßig gegen Katzenseuche impfen.

Das Harnsystem

Erkrankungen des Harnsystems zeigen sich durch Schwierigkeiten beim Harnlassen, Blut im Urin, Gewichtsverlust und außergewöhnlich großen Durst.

Hat eine Katze Probleme, Urin zu lassen, könnte man irrtümlich annehmen, daß sie an Verstopfung leidet. Statt dessen kann sie aber ›Harngrieß‹ haben. Katzen, die vorwiegend Trockenfutter oder zu wenig Wasser bekommen, oder Kater, die sehr früh kastriert wurden, sind besonders anfällig für diesen ›Grieß‹, eine Ablagerung von Salzkristallen in der Blase, die unter Umständen die Harnröhre (Urethra) männlicher Tiere blockieren kann. Wenn die Blase übervoll ist und gespannt wie eine Trommel, leidet das Tier so sehr an Schmerzen, daß es sich weigert, sich anfassen zu lassen. Es dreht sich dann meist häufig um, um ärgerlich auf sein Hinterteil zu schauen und zu fauchen. Bringen Sie Ihre Katze zur Behandlung zum Tierarzt, und versuchen Sie nicht, die angeschwollene Blase selber auszudrücken, denn

sie ist sehr leicht verletzbar.

Blut im Urin zeigt im allgemeinen eine Blaseninfektion (Zystitis) an. Sie tritt häufiger bei Weibchen auf und verlangt gleichfalls eine tierärztliche Behandlung.

Gewichtsverlust und übermäßiger Durst, besonders bei alten Katzen, können eine Nierenerkrankung anzeigen, aber auch andere Krankheiten einschließlich Diabetes.

Zu den vorbeugenden Maßnahmen gegen Erkrankungen der Harnwege gehört, daß die Katze immer einen ausreichenden Anteil von Feuchtfutter aufnimmt und daß ihr reichlich frisches Wasser zur Verfügung steht. Ein Kater sollte nicht zu früh kastriert werden.

Der Tierarzt kann Erkrankungen des Harnsystems mit speziellen Antiseptika und Antibiotika behandeln. Er kann die Blase einer Katze schmerzlos katheterisieren, um Blockaden zu beseitigen und Urinproben für die Analyse zu entnehmen. Die Nieren können unter Anwendung eines Kontrastmittels geröngt werden und wenn nötig, können Blase und Harngang operiert werden.

Die Genitalien

Das häufigste Symptom für eine Infektion im Genitalbereich von Katzenweibchen ist ein eitriger Ausfluß aus der Vagina, der weiß, rosa, gelb oder braun sein kann. Katzen, von denen man weiß, daß sie trächtig sind, sollen dann sofort zum Tierarzt gebracht werden. Bei nicht trächtigen Weibchen kann es ein Zeichen für eine Infektion der Gebärmutter sein (im allgemeinen nach einer Geburt von Jungen) oder der Anfang der hormonell bedingten Krankheit Pyometra (Gebärmuttervereiterung). Diese kommt meist bei Weibchen vor, die nie oder nur ein einziges Mal Junge gehabt haben. Die Erkrankung gleicht einer septischen Infektion und kann das Tier durch die Absorption der eiterähnlichen Flüssigkeit, die die Gebärmutter ausdehnt, sehr schwächen. Glücklicherweise ist diese Flüssigkeit in vielen Fällen steril. Es handelt sich hierbei nicht um eine Infektionskrankheit, aber auch sekundäre bakterielle Erkrankungen bedeuten eine Gefahr.

Wenn Sie nicht die Absicht haben zu züchten, so lassen Sie das Weibchen kastrieren, wenn es noch jung ist. Wenn ein Ausfluß auftritt, reinigen Sie das Gebiet der Vulva mit warmem Wasser und einem milden

Antiseptikum, und bringen Sie die kleine Patientin zum Tierarzt.

Der Tierarzt verschreibt möglicherweise eine Hormonbehandlung in Kombination mit Medikamenten, die die Zunahme der Flüssigkeit in der Gebärmutter reduzieren, und Antibiotika, um andere Bakterien zu stoppen. Seine stärkste Waffe ist jedoch der chirurgische Eingriff: Die Entfernung der erkrankten Gebärmutter (Hysterektomie) durch einen Schnitt an der Seite oder in der Bauchmitte unter Vollnarkose. Befindet sich die Katze in einem schwachen und mitgenommenen Zustand, wird der Tierarzt die Operation zunächst zurückstellen und versuchen, die allgemeine Verfassung mit Vitaminen, antitoxischen Medikamenten und Antibiotika zu stärken.

Die Haut

Es gibt bei Katzen viele Arten von Hautkrankheiten. Verräterische Anzeichen dafür sind u. a. dünne oder kahle Stellen im Fell, Kratzen und nasse oder trockene Entzündungen.

Krätzeartige Lichtungen des Fells am Rumpf mit feuchtem, rotem Schorf gehören zu den bekanntesten Hautkrankheiten. Man nennt dieses Leiden oft »Fisch-Ekzem«, aber es hat nichts mit dem Verzehr von Fisch zu tun, sondern ist drüsenbedingt.

Hautparasiten — Flöhe, Läuse, Zecken und Milben — kommen am häufigsten bei heißen Temperaturen vor. Flöhe und die seltener auftretenden Läuse und Zecken können dem Fell Schaden zufügen. Ein einziger

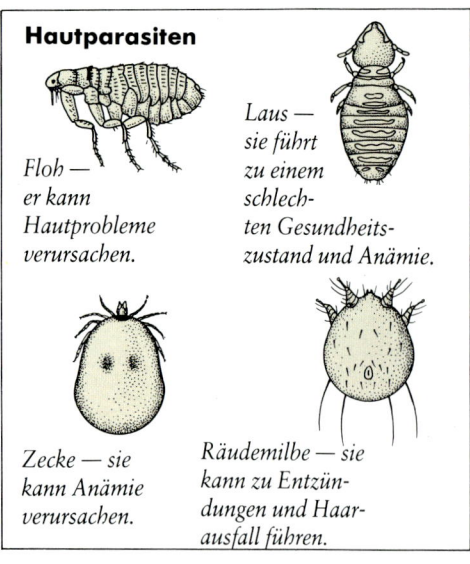

Hautparasiten

*Floh —
er kann
Hautprobleme
verursachen.*

*Laus —
sie führt
zu einem
schlechten Gesundheitszustand und Anämie.*

*Zecke — sie
kann Anämie
verursachen.*

*Räudemilbe — sie
kann zu Entzündungen und Haarausfall führen.*

Floh im Fell einer Katze — der sehr schwer zu fangen ist — kann eine umfangreiche jukkende Hautirritation als allergische Reaktion auf die Speichelabsonderung des Flohs hervorrufen, die der Katze injiziert wird, wenn der kleine Teufel saugt. Im Spätsommer zeigen orangefarbene Flecken im Kopffell und an den Ohren oder zwischen den Zehen einen Befall mit Herbstgrasmilben an. Die unangenehme Räude, die durch eine unsichtbare Milbe verursacht wird, kann zu trockenen Stellen an Kopf und Ohren führen, die aussehen, als seien sie durch Motten entstanden.

Wenn Sie bei Ihrer Katze Hautparasiten entdecken oder vermuten, verlangen Sie in der Zoohandlung oder Apotheke Puder oder Spray gegen Parasitenbefall speziell bei Katzen. Verwenden Sie bei Katzen niemals DDT.

Wenn nötig, lassen Sie die Ursache für die Hauterkrankung von einem Tierarzt klären. Er kann auf die Krankheit abgestimmte Medikamente verordnen, muß aber unter Umständen für die Analyse eine Probe entnehmen, um die Diagnose erstellen zu können. Bei der Ringflechte, die bei den Katzen, ähnlich wie bei Menschen und Rindern, sehr schwierige Formen annehmen kann, ist es z. B. erforderlich, eine Pilzkultur von zu untersuchenden Haaren unter ultraviolettem Licht zu prüfen. Ringflechte kann heute mit Hilfe von oral einzugebenden Medikamenten behandelt werden, Räude äußerlich durch Bäder, Cremes und Sprays oder auch durch Tabletten, die über die Blutbahn wirken. Das »Fisch-Ekzem« wird mit Hormontabletten behandelt.

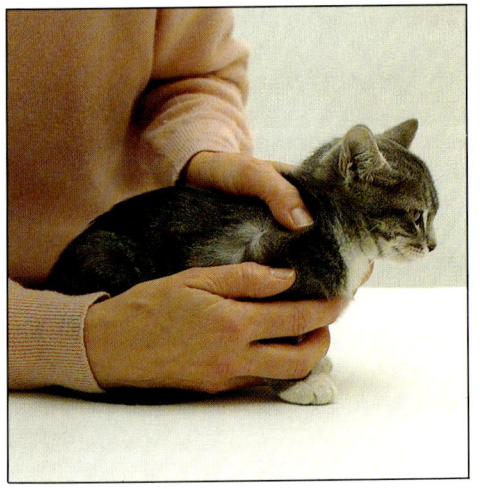

1 Wenn Sie genau hinsehen, werden Sie im Fell dieser Katze einen Floh entdecken.

2 Geben Sie einen Puder (oder ein Spray) gegen Hautparasiten auf das Fell. Augen, Nase und Mund werden ausgespart.

3 Streichen Sie den Puder sanft und »gegen den Strich« ins Fell ein.

4 Kämmen Sie den überschüssigen Puder aus dem Fell.

Spulwürmer

Diese können, besonders bei Kätzchen, Darmstörungen herbeiführen. Spulwürmer

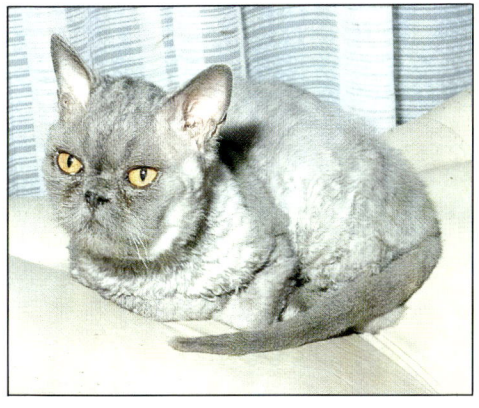

Ein fortgeschrittener Fall von Ringflechte. Die Katze mußte für die Behandlung stark geschoren werden. Die meisten Fälle verlaufen weniger dramatisch.

sind auf den Menschen übertragbar und können Babys ernsthaften Schaden zufügen.

Befreien Sie Ihre Katze von Spulwürmern, indem Sie ihr regelmäßig alle drei Monate ein Wurmmittel geben, und zwar ihr Leben lang.

Bandwürmer

Diese Würmer bereiten der Katze meistens keine großen Probleme, können aber gelegentlich auf den Menschen übertragen werden.

Um diesem Übel vorzubeugen, halten Sie Ihre Katze frei von Flöhen, weil diese als Zwischenwirt der Bandwurmlarven fungieren. Wenn Sie Bandwurmsegmente (sie sehen wie gekochte Reiskörner aus) im Stuhl oder im Fell um den After entdecken, geben Sie der Katze eine Dosis von einem Bandwurmmittel. Es gibt mittlerweile sehr gute Mittel, die gleichzeitig gegen Spulwürmer und Bandwürmer wirken und regelmäßig gegeben werden sollten. Sie sind in der Apotheke erhältlich.

Bisse und andere Wunden

Katzen werden oft gebissen, besonders unkastrierte Kater, die sich in »schlechte Gesellschaft« begeben. Bisse neigen dazu, sich zu entzünden, und können bösartige Formen annehmen wie z.B. Abzesse, die auf dem Rumpf großflächige leichte Schwellungen hervorrufen. Da sie durch das Fell verborgen bleiben, ist es nicht immer einfach, sie mit dem Finger ausfindig zu machen. Als einziger Anhaltspunkt dienen Anzeichen von Schmerzen, die die Katze erkennen läßt, wenn man sie anfaßt. An den Gliedmaßen und am Schwanz, wo die Knochen dicht unter der Oberfläche liegen, erreichen die Bakterien in der Regel die Knochenhaut, wenn der Fangzahn des Angreifers in die Haut eindringt. Wenn nicht rasch eine Behandlung erfolgt, kann bei Bissen in den Schwanz dieser gangränös werden. Entzündete Wunden an den Füßen können auffallend dicke Klump-

füße bewirken.

Sobald Sie eine Bißwunde entdecken, schneiden Sie das Haar ringsum mit einer Schere bis auf die Haut ab. Tragen Sie eine dreiprozentige Wasserstoffperoxyd-Lösung auf. Antiseptische Salben sind von wenig Nutzen, weil die Bakterien durch die Zähne des Beißenden bereits in die Blutbahn eingedrungen sind. Eine lang wirkende Penizillinspritze, vom Tierarzt verabreicht, ist hier das beste Mittel.

Wenn man feststellt, daß das Tier einen Abzeß hat, geschwollene Gliedmaßen oder einen entzündeten Schwanz, ist immer tierärztliche Hilfe erforderlich.

Andere Wunden, bei denen die Haut verletzt ist, sollten in leicht antiseptischem Wasser warm gebadet werden, dann abgetrocknet und mit einem antiseptischen Puder betäubt werden.

Tierärztliche Behandlung ist erforderlich bei Wunden, die so groß sind, daß sie genäht werden müssen. Für kleine schmutzige Wunden und besonders für ältere Verletzungen oder Stichwunden ist eine Behandlung mit Antibiotika wichtig.

Menschen, die von Katzen gebissen oder gekratzt wurden, sollten diese Wunden nie vernachlässigen, denn es besteht immer die Möglichkeit einer Infektion durch die Erreger des »Katzen-Kratz-Fiebers« oder von einer Bakterie, die oft im Mund von Katzen gefunden wird, der *Pasteurella septica*.

Geschwülste und Beulen

Möglicherweise entdecken Sie einmal irgendwo am Körper Ihrer Katze eine Wuche-

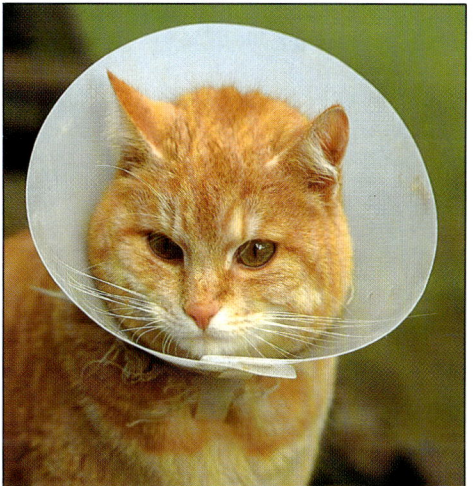

Ein »Kragen« hindert die Katze daran, den Heilungsprozeß von chirurgischen Wunden, entzündeten Ohren oder anderen Verletzungen am Kopf zu stören.

rung, eine Verdickung oder Schwellung, vielleicht an einem Bein, am Augenlid oder am Bäuchlein. In der Mehrheit der Fälle ist es unwahrscheinlich, daß es sich um einen Tumor handelt, egal ob er gut- oder bösartig ist. Es handelt sich eher um Blutblasen, Entzündungen oder verfilzte Haarbällchen.

Gelegentlich treten bei Katzen jedoch Tumore auf, und ein kleiner Prozentsatz von ihnen kann bösartig sein. Werden sie frühzeitig entdeckt, also wenn sie noch klein sind, ist es für den Tierarzt leichter, sie zu entfernen. Tumore neigen dazu, sich langsam zu entwickeln, während Entzündungen wie Abzesse im allgemeinen plötzlich auftreten.

DAS ALTER

Auch bei Katzen ist es unvermeidlich, daß sie älter werden. Sollte Ihre Katze länger als siebzehn Jahre leben, so hat sie ein hohes Alter erreicht. Sehr wenige nur erreichen das Alter von zwanzig Jahren; der Rekord liegt derzeit bei 34 Jahren, aufgestellt von einem Tabbyweibchen in Devon. Gewiß neigen Katzen dazu, länger zu leben als Hunde — der älteste Hund, von dem berichtet wurde, erreichte 27 Jahre, die meisten werden jedoch nicht älter als 16.

Alte Katzen brauchen besondere Aufmerksamkeit und viel Verständnis. Nach all den Jahren treuer Freundschaft müßte es schon ein sehr grobschlächtiger Besitzer sein, wenn er nicht einen Gedanken daran verschwendete, seiner Katze im Greisenalter beizustehen.

Der Körper einer Katze verändert sich mit zunehmendem Alter, und oft werden alte Katzen ziemlich dünn. Das kann Hand in Hand gehen mit einem abnehmenden oder sogar erhöhten Appetit. Und es kann sein, daß sie einen größeren Flüssigkeitsbedarf haben als in früheren Zeiten. Einige dieser Veränderungen sind das Ergebnis einer nachlassenden Leber- oder Nierenfunktion, die, wenn andere Symptome fehlen, vom Tierarzt nur schwer bekämpft werden können.

Zeigt Ihre Katze einen größeren Appetit als üblich, lassen Sie ihre Mahlzeiten etwas üppiger ausfallen oder noch besser, geben Sie ihr mehrere Mahlzeiten am Tag. Hochwertiges Eiweiß (Fisch, Fleisch und Geflügel) und ein reichliches Angebot von Gemüsen und Früchten sind für die Katzen-Pensionäre sehr wichtig. Geben Sie der Katze

Eine imposante, siebzehn Jahre alte Katze in einem noch immer ausgezeichneten Zustand.

mehr Wasser oder Milch, wenn sie danach verlangt, denn es kann gefährlich für sie sein, wenn ihr zunehmender Durst übergangen wird.

Das hohe Alter kann Probleme mit sich bringen, und ein größerer Bedarf an hochwertigem Protein kann zu Darmträgheit und Verstopfung führen, wie es bei einigen alten Menschen auch der Fall ist. Obgleich in Öl eingelegter Fisch, wie Sardinen in Dosen, die Darmtätigkeit unterstützt, besteht das Grundübel im allgemeinen darin, daß der Besitzer seinen alten Liebling zwar mit reichhaltigen und wohlschmeckenden Leckerbissen versorgt, ihm aber nicht genügend Ballaststoffe gibt, die die Darmtätigkeit anregen. Ein wenig Paraffinöl unters Futter gemischt kann gelegentlich als Laxativ verwendet werden (ein- bis zweimal in der Woche zwei Teelöffel). Regelmäßiger, täglicher Gebrauch von Paraffinöl ist dagegen schädlich, weil es die Absorption der Vitamine A, D und E im Futter verhindert.

Wenn Ihre Katze Faserstoffe wie zerbröseltes, getoastetes Vollkornbrot im Futter nicht annimmt, ist der tägliche Zusatz von einem ballaststoffreichen Granulat-Laxativ die Lösung. Ideal ist eines aus den Samenhülsen bestimmter Pflanzen. Mit Fleisch und Fisch vermischt, werden Laxative dieser Art im allgemeinen von Katzen akzeptiert. Einmal geschluckt, absorbieren die Samenhülsen Flüssigkeit und quellen auf, so daß sie genug Masse bekommen, um die Kontraktionen der erschlafften Darmmuskulatur anzuregen.

Im Alter sollte man besonders auf den Mund der Katze achten. Reinigen Sie die Zähne der Katze ein- bis zweimal wöchentlich (siehe Seite 156). Regelmäßige Untersuchungen beim Tierarzt sollten die Bildung von Zahnstein zwar verhindert haben, aber eine im Alter entwickelte Vorliebe für weiche Leckerbissen kann zu einer rapiden Zahnsteinbildung, sekundären Schäden am Gaumen, Entzündungen der Zahnhälse und lockeren Zähnen führen. Kümmern Sie sich frühzeitig um diese Probleme, weil entzündete Zonen im Mundbereich und schlechte Zähne die Degeneration von Nieren und Leber begünstigen. Eine Vollnarkose, die für größere Mundoperationen (Ziehen mehrerer Zähne usw.) erforderlich ist, kann in hohem Alter gefährlich sein. Deshalb sollten Sie die Mundpflege in frühen Jahren auf keinen Fall vernachlässigen.

Katzen, die die Blüte ihrer Jahre hinter sich haben, neigen dazu, ihr prächtiges Erscheinungsbild zu verlieren. Entweder vergißt die Mieze, sich zu putzen, oder es ist ihr zu beschwerlich geworden. Pflegen Sie ihr Fell daher täglich mit Kamm und Bürste, und achten Sie bei Langhaarkatzen auf Knoten, die sich im Fell bilden.

Einige alte Krieger verlieren zeitweise die Kontrolle über ihren Darm oder ihre Blase. Das kann Vergeßlichkeit sein, es kann aber auch daran liegen, daß die Nervenkontrolle über die entsprechenden Organe nachläßt. Wenn solche Zwischenfälle unangenehm oft auftreten, lassen Sie Ihre Katze vom Tierarzt untersuchen. Eine Entzündung der Harnblase (Zystitis) kann die Ursache von unfreiwilligem »Tropfen« sein. Sie sollte tierärztlich behandelt werden. Ein träger Darm hingegen braucht vielleicht nur mehr von den bereits erwähnten Ballaststoffen.

Taubheit oder nachlassende Sehkraft treten im allgemeinen, wenn überhaupt, schrittweise ein, und der Besitzer sollte in der Lage sein, den Verlust dieser Sinne kompensieren zu helfen. Denken Sie z. B. daran, daß eine taube Katze nicht hören kann, wenn Sie Möbel verrücken, den Teppich saugen oder einen fremden Hund ins Zimmer bringen — alles potentielle Gefahrenquellen in unmittelbarer Nähe, von denen eine Katze, die gut hört, sich schnell entfernt. Wenn Sie eine blinde Katze haben, lassen Sie ihre Futterschale am gewohnten Platz stehen, schützen Sie sie vor offenem Kaminfeuer und ähnlichen Gefahren und versuchen Sie auch, eine Umstellung der Möbel zu vermeiden.

Obwohl es kein Heilmittel gegen das Alter gibt, weder für Menschen noch für ihre Haustiere, gibt es doch einige Medikamente, die der Tierarzt verschreiben kann, die manchem Alterssymptom entgegenwirken können. Eines davon ist Sulfadiazin, das Senilität, glanzloses Fell, das Ergrauen des Haarkleides und einen allgemeinen Mangel an Interesse und Vitalität beheben soll, wenn diese Symptome allein auf hohes Alter zurückzuführen sind. Auch gibt es eine Reihe von Anabolika, die die Bildung von Zellgewebe anregen, dem Verlust von Körperprotein entgegenwirken, Heilungsprozesse beschleunigen und allgemein den Appetit, die Munterkeit und Aktivität steigern. Ob die Behandlung mit irgendeinem dieser Präparate für Ihre Katze geeignet ist, muß der Tierarzt entscheiden.

KRANKENPFLEGE

Ob die Erkrankung Ihrer Katze harmlos oder ernst ist, Sie müssen darauf vorbereitet sein, ein wenig Krankenpflege zu leisten. Es gibt einige wichtige Pflegeanleitungen, die man kennen muß.

Manchmal ist es notwendig, eine Katze ruhigzustellen, indem man sie in eine Decke oder ein Handtuch einwickelt.

Wie man eine Katze während der Untersuchung hält

1. Nehmen Sie das Tier in die Arme, wenn es ruhig und schmerzfrei ist.
2. Legen Sie die Katze mit dem Bauch nach unten auf einen Tisch, und halten Sie alle vier Pfoten so, daß sie ihre Krallen nicht benutzen kann.
3. Halten Sie sie an der Halskrause fest und drücken Sie sie so nach unten auf die glat-

te Oberfläche, um zu verhindern, daß sie Sie kratzt.

4. Stark widerspenstige Katzen wickelt man am besten in ein stabiles Netz.
5. Soll der Kopf untersucht werden, wickeln Sie die Katze in ein großes, festes Tuch oder in eine Decke.

Die Eingabe von Medikamenten

Obwohl der Tierarzt versuchen wird, Präparate auszuwählen, die für die Katze so angenehm wie möglich sind, entdeckt sie im allgemeinen sehr schnell Tropfen oder zerstoßene Tabletten im Futter. Sie stolziert dann aufgebracht davon und verzichtet lieber auf ihr Futter, als die Medizin zu nehmen.

Dieses Problem können Sie lösen, wenn Sie wissen, wie man den Kopf einer Katze hält, um ihr das Medikament direkt einzugeben: Biegen Sie ihn zurück, bis der Mund sich von selbst ein wenig öffnet. Dann halten Sie den Mund offen, indem Sie von beiden Mundwinkeln die Lippen mit Zeigefinger und Daumen zurückziehen. Wenn Sie eine Tablette geben, legen Sie sie genau auf die Kerbe hinten auf der Zunge und schubsen Sie mit dem Zeigefinger der anderen Hand (oder vorsichtig mit einem Bleistift, wenn Sie besorgt um Ihre Finger sind) rasch über das nach hinten gebogene Zungenende hinunter. Schließen Sie unmittelbar danach den Mund der Katze.

Mit dem gleichen Griff können Flüssigkeiten langsam eingeträufelt werden. Seien Sie dabei nicht ungeduldig, und überfluten Sie den Mund Ihrer Katze nicht mit der Flüssigkeit. Die Katze würde dann nur anfangen zu würgen, in Panik geraten und wütend spucken.

Injektionen

Injektionen werden vom Tierarzt verabreicht und sind normalerweise die einfachsten und am schnellsten wirkenden Mittel, die man der Katze geben kann.

Vorbeugende Beruhigungsmittel

Wenn Ihre Katze so wild ist wie ein Berglöwe, aus irgendeinem Grund aber zum Tierarzt gebracht werden muß, kann man dieses Verfahren oft für alle Beteiligten vereinfachen, indem man ihr Valium oder ein anderes vom Tierarzt empfohlenes Sedativum gibt, bevor man das Haus mit dem Tier verläßt.

Temperaturmessen

Die beste Methode, um die Temperatur zu messen, ist die Einführung des Thermometers in den After. Im allgemeinen ist der Versuch aber kaum der Mühe wert, weil die Katze sich gegen einen so unwürdigen Eingriff wehrt, sich aufregt und damit ein Ansteigen der Temperatur bewirkt. Wenn Sie es trotzdem probieren wollen: Die normale Temperatur liegt zwischen 38 und 39 Grad Celsius.

ERSTE HILFE

Manchmal hat es den Anschein, als ob Katzen neun Leben hätten. Ihre Körper sind so elastisch und drahtig, daß sie oft sogar das Überfahrenwerden von Autos überleben, ohne Knochenbrüche und ernsthafte Verletzungen davonzutragen. Trotzdem scheinen Katzen, die von Autos angefahren, von einer Luftgewehrkugel verletzt, von Steinen oder dem Stiefel eines Trunkenbolds verwundet, in eine Tür eingeklemmt oder von Hunden angefallen wurden oder Stürze aus großer Höhe überlebt haben, jedes einzelne ihrer neun Leben dringend zu brauchen. All diese ernsthaften »Unfälle« verursachen Verletzungen am Skelett und im weichen Muskelgewebe, und der Tierarzt muß sie operativ behandeln. Es ist wichtig zu wissen, wie man sinnvoll Erste Hilfe leistet, bis das Tier zum Tierarzt gebracht werden kann.

Zusammenbrüche und Unfälle

Ist eine Katze verletzt oder bewußtlos, bewegen Sie sie nicht, wenn sie sich nicht gerade an einer gefährlichen Stelle befinden. Müssen Sie eine verletzte Katze in Sicherheit bringen, so schieben Sie ein Laken unter sie und tragen Sie sie wie in einer Hängematte oder halten Sie sie mit einer Hand am Nackenfell fest. Legen Sie die Katze im Haus an einen warmen ruhigen Platz, und decken Sie sie leicht zu. Legen Sie eine heiße Wärmflasche, in ein Tuch gewickelt, neben sie. Geben Sie ihr nichts zu essen, Sie können aber versuchen, ihr ein paar Teelöffel warmen, süßen Tee einzuflößen. Geben Sie ihr weder Alkohol noch Aspirin.

Kontrollieren Sie den Puls der Katze, den Sie an der Innenseite des Oberschenkels finden, dort wo die Beine den Körper berühren. Wenn die Atmung unregelmäßig oder überhaupt nicht auszumachen ist, nehmen Sie das Halsband ab, öffnen Sie der Katze den Mund und entfernen Sie Fremdkörper, Speichel, Blut oder Erbrochenes. In ganz schweren Fällen wenden Sie die Mund-zu-Mund-Beatmung an.

Blutungen

Wenn die Katze an irgendeiner Stelle stark blutet, wickeln Sie einen dicken Bausch Baumwollwatte, Verbandsmull oder ein zusammengefaltetes sauberes Handtuch um die betreffende Stelle und drücken Sie fest darauf.

Ertrinken und Ersticken

In Fällen auf Leben und Tod müssen Sie, wenn Sie nicht sofort die Ursache für die Verstopfung der Atemwege entfernen können, die Katze buchstäblich hin- und herschwingen. Nehmen Sie sie an beiden Hinterbeinen hoch und wirbeln Sie sie herum. Das bewirkt, daß die Zentrifugalkraft die Luftwege von der Blockade befreit. Betrachten Sie dieses Vorgehen nicht von der sentimentalen Seite, schwingen Sie die Katze kräftig — es ist übrigens schwierig, einer Katze die Beine auszurenken. Wenn Sie damit keinen Erfolg haben, versuchen Sie es mit künstlicher Beatmung.

Vergewissern Sie sich zuerst, daß die Zunge nicht hinten im Mund liegt. Dann legen Sie beide Handflächen oberhalb der Rippen auf die Brust der Katze und drücken Sie sie fest herunter, um die Luft aus der Lunge zu entfernen. Pressen Sie aber nicht zu fest, sonst könnten Sie eine Verletzung hervorrufen. Bei der alternativen Mund-zu-Mund-Beatmung müssen Sie das ganze Maul der Katze in Ihren Mund nehmen und drei Sekunden lang ständig Luft hineinblasen, dann machen Sie eine Pause von zwei Sekunden und wiederholen den Vorgang.

Braucht eine Katze zusätzlich Wärme, dann ist eine heiße Wärmflasche, sicher verpackt in einer Decke, eine gute Lösung.

Die Fortpflanzung

Jeder oder doch beinahe jeder liebt Babys, und nur wenige Babys sind hübscher als die von Katzen — ob klein oder groß. Eine erfolgreiche Züchtung, wie z.B. von Schneeleoparden oder Ozeloten, ist ein bemerkenswertes Ereignis und höchst erfreulich — je zahlreicher, desto besser für solche vom Aussterben bedrohten Arten. Bei Hauskatzen aber trägt der Besitzer eine besondere Verantwortung. Nach Zuchtkätzchen besteht im allgemeinen eine Nachfrage, und man kann sie oft zu beachtlich hohen Preisen verkaufen, einfache Hauskätzchen hingegen sind bedauerlicherweise oft schwer an den Mann zu bringen.

Katzen pflanzen sich rasch fort und sind den größten Teil ihrer Lebenszeit fruchtbar. Mit einer relativ kurzen Trächtigkeit und einer durchschnittlichen Wurfzahl von fast vier Kätzchen können Katzen sich nahezu ebenso schnell vermehren wie Kaninchen. Es ist ziemlich verantwortungslos, einer Katze oder einem Kater zu erlauben, unerwünschte Kätzchen zu erzeugen, die letztendlich getötet werden.

Fruchtbare Kater gehen das Risiko ein, mehr Kampfverletzungen davonzutragen als ihre neutralisierten Geschlechtsgenossen, und bei Weibchen treten bei wiederholter Trächtigkeit Streß und Strapazen und möglicherweise auch Komplikationen auf. Wenn Sie nicht wollen, daß Ihre Katze Junge bekommt oder Ihr Kater Vater wird, oder wenn Sie nicht absolut sicher sind, für jedes Kätzchen einen guten Abnehmer zu finden, lassen Sie Ihr Weibchen oder Ihren Kater kastrieren oder sprechen Sie mit dem Tierarzt über die Pille.

Die Fortpflanzung bei Katzen findet im Prinzip genauso wie bei anderen Säugetieren statt. Es gibt aber einige interessante Abweichungen, und Besitzer von fruchtbaren Weibchen — Rassekatzen oder nicht — sollten mit den wesentlichen biologischen Fakten eines Katzenlebens vertraut sein.

Sexualverhalten

*Ein Weibchen
fängt an, sich zu wälzen und zu rollen.*

Weibchen werden
im Alter zwischen
sieben und zwölf Monaten geschlechtsreif.
Züchten Sie nicht mit einem Weibchen, das
nicht mindestens ein Jahr alt ist, denn in diesem Alter gebären sie außerordentlich
leicht. Kater erlangen ihre sexuelle Reife im
Alter zwischen zehn und vierzehn Monaten.

Der Paarungszyklus

Die Paarungsbereitschaft (Rolligkeit) des
Weibchens unterliegt einem jahreszeitli-
chen Rhythmus. Sie dauert zwei bis vier Tage und tritt in Intervallen von etwa zwei
Wochen auf. Der Zyklus wiederholt sich
im allgemeinen zwei- oder dreimal im
Frühling (März/April), dann wieder im
Sommer (Juni/Juli), manchmal tritt auch
eine dritte Rolligkeitsperiode im September ein. Da Katzenweibchen keine Maschi-
nen sind, weichen einige ein wenig von diesem Schema ab und erleben ihre Zyklen et-

was außerhalb die-
ser üblichen Haupt-
paarungszeiten. Wenn
ein Weibchen paarungsbereit
ist, nimmt sie eine charakteristische Stellung ein: Das Vorderteil liegt flach am Boden, das Hinterteil ragt in die Luft, und die
Hinterbeine scheinen die Pedale eines un-
sichtbaren Fahrrads zu betätigen.

Vorbeugung gegen Trächtigkeit

Ein guter Zeitpunkt für die Kastration eines weiblichen Kätzchens, mit dem sie
nicht züchten wollen, ist die Vollendung
des vierten Lebensmonats. Die Operation
wird von einem qualifizierten Tierarzt unter Vollnarkose durchgeführt. Beide Eierstöcke und ein Teil vom Gebärmutterhorn
werden dabei entfernt. Der Einschnitt erfolgt im allgemeinen an einer der beiden
Flanken. Diese Operation birgt nur sehr
wenige Risiken, und das Kätzchen springt
24 Stunden nach dem Eingriff wieder herum. Im allgemeinen werden die Fäden sieben Tage nach der Operation gezogen. Irgendwelche Nachwirkungen treten nur
sehr selten auf.

Männliche Kätzchen kann man kastrieren, wenn sie vier Monate alt sind. Ich bin
allerdings der Meinung, daß man damit
warten sollte, bis sie zwei Monate älter
sind. Denn in dieser Zeit kann sich der
Durchmesser des Penis' noch vergrößern,
wodurch spätere Harnwegsverstopfungen
durch Ansammlungen im Urin vermieden
werden können. Bei der Kastration werden
die Hoden durch einen Tierarzt schmerzlos

entfernt.
Bis zum Alter von
sechs Monaten kann sie unter Lokalanästhesie durchgeführt werden, danach ist immer eine Vollnarkose erforderlich. Kastrierte Kater werden sanfter, und ihr Urin
verliert den scharfen Geruch. Das bedeutet
aber keineswegs, daß sie fett, träge und
faul werden müssen.

Manche Leute halten die Kastration für
eine gewaltsame Unterdrückung der natürlichen Bedürfnisse einer Katze und empfinden sie daher als grausam. In der Praxis
werden dem kastrierten Kater aber Bisse,
Abszesse und andere unangenehme Folgen
von mitternächtlichen Schlachten auf dem
Hausdach erspart. Außerdem ist die Kastration eine humane Maßnahme, eine unerwünschte Trächtigkeit zu vermeiden.

Die Kastration kann, wenn erforderlich,
in jedem Alter durchgeführt werden; der
Tierarzt wird jedoch im allgemeinen kein
Weibchen kastrieren, das schon länger als
zwei Wochen trächtig ist. Auch sollte der
Eingriff nicht vorgenommen werden, wenn
die Katze rollig ist, denn während dieser
Zeit verlangsamt der hohe Anteil von Se-
xualhormonen im Blut die Blutgerinnung.

Eine Alternative zum chirurgischen Eingriff bei Weibchen ist die Pille. Empfäng-
nisverhütende Maßnahmen können auf
zwei verschiedene Weisen angewendet
werden: Entweder gibt man zwei Monate
lang während der Fortpflanzungsperiode
täglich die Hälfte einer 5-Milligramm-Ta-
blette, oder man gibt dieselbe Menge wöchentlich bis zu eineinhalb Jahren, und
zwar außerhalb des Fortpflanzungszyklus.
Manche Katzen, besonders die, die an Diabetes leiden, sollten keine Pille bekommen.
Sprechen Sie deshalb mit Ihrem Tierarzt.

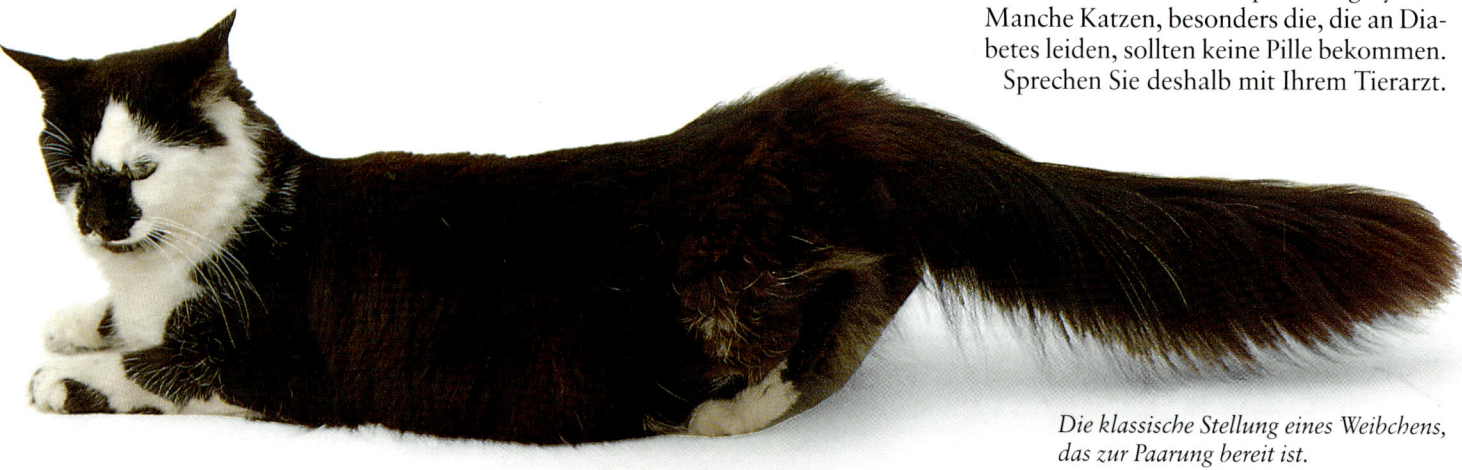

*Die klassische Stellung eines Weibchens,
das zur Paarung bereit ist.*

Paarung

So lange man der Katze die Haare versengte,
so lange würde sie auf dem Feuerherd sitzen und gern zu Hause bleiben;
wenn aber ihre Haut einmal glatt wäre, so würde sie ihren Winkel verlassen,
mit ihrem Schwanz spielen, und in der Sonne Muthwillen treiben;
dann leckete sie ihr schönes rundes Gesicht, und sprünge draussen umher,
um ihren Pelz zu zeigen, und zu bolzen.

Alexander Pope, *Die Badefrau*

Der erste Kontakt zwischen Kater und Katze.

Die Wahl eines Katers

Wenn Sie mit Ihrer weiblichen Zuchtkatze weiterzüchten wollen, müssen Sie, wenn Sie nicht einen Kater vom gleichen blauen Blut besitzen, einen angesehenen Züchter finden. Sie können einen ausfindig machen, indem Sie sich bei einem Katzenverein, auf einer Katzenausstellung oder bei Ihrem Tierarzt erkundigen. Ein erstklassiger Züchter, wie Sie ihn suchen, wird über großzügige, sichere, hygienische und warme Räume für den Kater und Ihr Weibchen verfügen. Alle Tiere, die bei dem Kater leben, sollten frei sein vom Virus der Katzenleukämie. Sie sollten sich die tierärztlichen Bescheinigungen darüber zeigen lassen und Ihrerseits zusammen mit den Impfzeugnissen Ihrer Katze auch eine vorlegen. Die Gebühr für den Kater wird sich im Rahmen halten. Wenn die erste Paarung nicht erfolgreich verlaufen sollte, ist ein zweiter Versuch im allgemeinen gebührenfrei.

Vereinbaren Sie mit dem Züchter den nächstmöglichen Termin, an dem Sie Ihre Katze bringen könnten (obwohl dieses Datum natürlich nie mit völliger Sicherheit vorherzuschen ist).

Die Anzeichen von Rolligkeit

Wie erkennen Sie, wann ein Weibchen rollig ist? Bevor die Paarungsbereitschaft tatsächlich einsetzt, verhält das Tier sich anhänglicher als sonst, es reibt und rollt sich mit übertrieben großer Begeisterung. Ist es dann soweit, fängt die Katze an zu »rufen« — sie jault in einer sehr lockenden Art und Weise, legt eine deutlich erkennbare Ruhelosigkeit an den Tag und will nach draußen, um sich einen Katzen-Don-Juan zu suchen.

Ihr Ruf kann ein leises, klagendes Liebeslied sein oder, wie z. B. bei Siamkatzen, eine mächtige Arie, die einer Callas Ehre machen würde. Am meisten müssen Sie auf die Stellung der paarungsbereiten Katze achten, wie sie auf der gegenüberliegenden Seite beschrieben und gezeigt ist. Sobald das Weibchen anfängt zu rufen, sollten Sie mit dem Züchter telefonisch das Stelldichein vereinbaren, vorausgesetzt, beide Katzen sind völlig in Ordnung.

Der Zyklus des Weibchens

Paarungsbereitschaft
1 2 3 4 5 6 7 8 9 10 11 12 13 14 15 16 17 18 19 20

Nach 2–4 Wochen der Entwöhnung beginnt erneut die Paarungsbereitschaft

Trächtigkeit: 58 bis 71 Tage

Periode des Säugens: 6—8 Wochen

Geburt von ein bis zehn Kätzchen

Wenn Ihr Weibchen trächtig wird, dauert der Zyklus von Paarungsbereitschaft über Trächtigkeit, Geburt und Säugen bis zur erneuten Paarungsbereitschaft im Durchschnitt zwanzig Wochen. Die Zyklenphasen der Katze sind jahreszeitlich bedingt und beginnen meist im Januar. In jeder Phase treten zwei oder drei Zyklen von ungefähr zwei Wochen auf. Die Paarungsbereitschaft dauert jeweils zwei bis vier Tage.

Der Koitus

Beim Züchter wird das Weibchen in einem Raum untergebracht, der an den des Katers grenzt und nur durch einen Maschendraht abgetrennt ist. Die beiden dürfen zusammenkommen, wenn das Weibchen anfängt, dem Kater Avancen zu machen. Man gestattet dem Pärchen, sich drei- oder viermal zu paaren, und läßt die beiden dann vielleicht noch weitere zwei oder drei Tage zusammen. Dann können Sie Ihre hoffentlich trächtige Katze wieder abholen.

Wenn Sie nach Hause zurückkehren, kann das Weibchen immer noch rollig sein. Lassen Sie es deshalb ein paar Tage lang nicht aus dem Haus. Es kann passieren, daß eine zweite Befruchtung stattfindet — in diesem Fall empfängt die Katze (fast) gleichzeitig Nachwuchs von zwei verschiedenen Katern, von denen der eine vielleicht der schielende Kater ohne Stammbaum ist, der in der Nachbarschaft das Regiment führt. Der Wurf besteht dann aus einer Mischung von Zuchtkätzchen und nichtgezüchteten Jungen.

Trifft eine Katze auf einen Kater — ob in dem sorgsam überwachten Katzenheim des Züchters oder auf einem Hausdach —, vollzieht sich, wie bei vielen Säugetieren, das Ritual von Werbung und Paarung durch eine Reihe von klar abgegrenzten Phasen, wie sie auf der folgenden Seite beschrieben werden.

Die Paarung

1 Das aufreizende Umherrollen des Weibchens fesselt das Interesse des Katers.

2 Das Weibchen nimmt die klassische Paarungshaltung ein. Ihr Körper ist an den Boden gepreßt, der Rücken hohl und das Hinterteil angehoben.

3 Der Kater besteigt das Weibchen und packt ihr Nackenfell mit den Zähnen.

4 Der Kater vollführt oft unmittelbar vor dem kurzen Koitus »Radfahrerbewegungen« mit den Hinterfüßen.

5 Das Zusammenwirken von Nackenbiß und Reizung durch den knochigen, stacheligen Penis gibt Nervensignale an die Hypophyse im Gehirn, wodurch ein Eisprung ausgelöst wird.

6 Die Ejakulation erfolgt unmittelbar nach der Einführung des Penis in die Vagina und kann beim Weibchen von einem Schrei begleitet werden.

7 Der Kater trennt sich vom Weibchen und geht ein Stück beiseite. Manchmal beobachtet er sie im Liegen oder Sitzen. Hier putzt er sich.

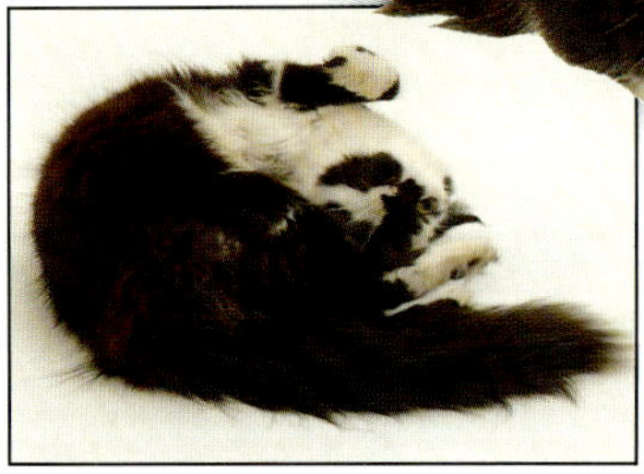

8 Das Weibchen geht oft gleichfalls beiseite. Es kann auch eine wollüstige Vorstellung geben mit Umherrollen, Sichreiben und Strecken.

9 Die oben gezeigte Abfolge wiederholt sich nach fünf oder zehn Minuten — einmal oder noch viele Male.

Trächtigkeit

Die Dauer der Trächtigkeit beträgt bei einer Katze zwischen 56 und 71 Tagen, im Durchschnitt sind es 65 Tage. Die mittlere Wurfgröße bei Hauskatzen in den USA beträgt 3,88 Kätzchen (nur eine Statistik hat jemals 0,88 von einem Kätzchen gesehen!). Größere Katzen neigen dazu, mehr Kätzchen in einem Wurf zur Welt zu bringen.

Man weiß, daß beim Eisprung mehr Eier freigesetzt und danach wahrscheinlich auch befruchtet werden, als Kätzchen zur Welt kommen. Der Grund liegt darin, daß der Tod und die Rückbildung junger Feten bei Katzen üblich sind. Dies geschieht ohne irgendwelche erkennbaren Symptome.

Kätzchen, die vor dem 58. Tag der Trächtigkeit zur Welt kommen, sind entweder tot oder sehr schwach. Werden sie erst nach 71 Tagen geboren, sind sie im allgemeinen größer als normal und können gleichfalls tot sein. Solche späten, großen Kätzchen verursachen manchmal Komplikationen bei der Geburt — reden Sie mit Ihrem Tierarzt, wenn der 71. Tag der Trächtigkeit kommt und keine Anzeichen einer beginnenden Geburtstätigkeit festzustellen sind. Ältere Weibchen neigen dazu, kleinere Würfe hervorzubringen, und gegen Ende ihres Lebens gebären sie vielleicht nur noch ein Kätzchen, das dann oft ziemlich groß ist. Solche sehr reifen Katzenmütter können ebenfalls Schwierigkeiten beim Gebären haben.

Den Rekord hält eine Perserkatze in Wellington, Südafrika, die 1978 einen Wurf mit vierzehn Kätzchen zur Welt gebracht hat. Zwei Jahre zuvor hatte eine Calicokatze in Seneca, Missouri, gleichfalls vierzehn Kätz-

Das Anheben eines hochträchtigen Weibchens sollte noch vorsichtiger geschehen als sonst bei Katzen — mit einem Minimum an Druck auf das Bäuchlein.

chen geboren, von denen aber fünf tot waren. Die ideale Wurfgröße sind jedoch drei oder vier Junge. Mit ihnen kann die Mutter bequem fertig werden, bei fünf oder sechs Kätzchen hingegen braucht sie schon manchmal Hilfe.

Anzeichen für Trächtigkeit

Ist die Paarung erfolgreich verlaufen, so wird das Weibchen im allgemeinen nicht wieder rollig. Wenn sie nicht erfolgreich war, wird die Katze zwei oder drei Wochen später erneut paarungsbereit sein. Gelegentlich treten bei trächtigen Weibchen einige Anzeichen von Rolligkeit und paarungsbereitem Verhalten auf, und zwar etwa um den 21. und 42. Tag herum — also genau zu den Zeiten, in denen sie gemäß ihres normalen Zyklus rollig wäre.

Wichtige Hinweise

● Um die dritte Woche der Trächtigkeit tritt eine Rötung der Zitzen auf.

● Allmähliche Gewichtszunahme — ein bis zwei Kilo, je nach Wurfgröße.

● Ein gewölbter Bauch, in den Sie nicht stoßen und puffen dürfen, um die sich darin entwickelnden Kätzchen zu fühlen. Sie könnten sonst einen ernsthaften Schaden anrichten.

● Eine Änderung des Verhaltens — das Weibchen fängt an, »mütterlich« zu werden.

Was vor der Geburt zu erledigen ist

● Sprechen Sie mit Ihrem Tierarzt über die bevorstehende Geburt.

● Verlangen Sie von Ihrem Tierarzt ein zuverlässiges Wurmmittel, und geben Sie es dem trächtigen Weibchen.

● Geben Sie ein nahrhaftes und ausgewogenes Futter mit zusätzlichen Vitaminen und Mineralstoffen. Sprechen Sie auch darüber mit Ihrem Tierarzt.

● Im späten Stadium der Trächtigkeit können die in der Gebärmutter wachsenden Kätzchen eine Verstopfung verursachen. Wenn das vorkommt, mischen Sie ein paar Tropfen Paraffinöl unter das Katzenfutter.

● Bereiten Sie rechtzeitig eine Wurfkiste für das Weibchen vor. Sie sollte an einem ruhigen warmen Platz stehen und aus Holz oder Karton sein, oben und an einer Seite offen. Legen Sie sie mit Zeitungspapier aus (das ist bei Verschmutzung leicht zu wechseln und sorgt für eine wirksame Isolation). Decken und Laken werden schnell schmutzig, und die Jungen können sich in den Stoffalten verfangen. Hängen Sie in einem Mindestabstand von einem Meter eine Infrarotlampe darüber. Wenn die Katze sich weigert, die von Ihnen bereitgestellte Kiste zu benutzen, und sich einen anderen Platz aussucht, legen Sie dort Zeitungspapier aus und hängen Sie die Infrarotlampe darüber.

● In den letzten zwei Wochen der Trächtigkeit muß die Katze im Haus gehalten werden.

Vorausberechnung der Niederkunft

Wenn Sie das Datum der Paarung kennen, rechnen Sie neun Wochen hinzu. Für den Fall, daß Sie es nicht kennen, rechnen Sie mit sechs Wochen nach dem ersten Auftreten der Rötung der Zitzen.

Diese tragende Katze mit ihrem mächtig gewölbten Bauch und den roten Zitzen wird wahrscheinlich ihre Kätzchen in den nächsten Tagen zur Welt bringen.

Geburt

Die Trächtigkeit endet mit dem Zeitpunkt, zu dem spezielle Hormone, die von der Hypophyse ausgesandt werden, die Geburt in Gang setzen.

Bis zu einem Drittel aller Kätzchen kommen mit dem Schwanzende voran auf die Welt. Das ist vollkommen normal, und es handelt sich dabei *nicht* um Steißgeburten. Der Begriff »Steißgeburt« bezeichnet eine Geburtsstellung, bei der das Hinterteil der Kätzchen zuerst durch die Vagina kommt, wobei die Hinterfüße zum Kopf zeigen. Die Körper der Kätzchen sind so biegsam, daß sogar gelegentlich auftretende echte Steißgeburten im allgemeinen ohne Komplikationen vonstatten gehen.

Die erste Phase der Wehen kann bis zu sechs Stunden dauern. Sie fängt damit an, daß sich der Gebärmutterhals öffnet und ein »Keil« von Plazentagewebe eintritt. Anschließend beginnen die unwillkürlichen Kontraktionen der Gebärmutter, durch die die Kätzchen hinausbefördert werden. Wenn diese Kontraktionen einsetzen, wird das Katzenweibchen wahrscheinlich sein Wurflager aufsuchen. Es kann anfangen, schnell zu atmen, zu keuchen und zu schnurren, aber nicht vor Schmerz. Ein klarer Ausfluß aus der Vagina kann einsetzen.

Das zweite Stadium sollte etwa zehn bis dreißig Minuten dauern, jedoch nicht länger als neunzig Minuten. Es fängt an, wenn der austretende Fetus in seiner Fruchtblase die Mutter zur Unterstützung der unwillkürlichen Kontraktionen zu absichtlichen Kontraktionen der Bauchmuskeln stimuliert. Dieser Vorgang wird auch Pressen genannt. Es findet einmal innerhalb von fünfzehn bis dreißig Minuten statt. Bald erscheint eine trübe graue Blase in der Öffnung der Vulva — das erste Anzeichen der Fruchtblase, die das Kätzchen umschließt. Der Zeitabstand zwischen den Preßwehen wird immer kürzer, bis alle fünfzehn bis dreißig Sekunden eine Preßwehe erfolgt. Der herausgetretene Teil der Fruchtblase wird größer, und vielleicht kann man schon einen Teil des Kätzchens darin sehen. Mit wenigen letzten Kontraktionen stößt das Weibchen das Kätzchen aus.

Das dritte Stadium, das auf die Geburt folgt, besteht in dem Ausstoßen der Plazenta. Jedes Kätzchen besitzt eine eigene Fruchtblase und Plazenta; eine Ausnahme sind lediglich eineiige Zwillinge, wo die Kätzchen beides teilen.

Sobald ein Kätzchen geboren ist, fängt die Katzenmutter an, es abzulecken. Sie beißt die Nabelschnur zwei bis vier Zentimeter von seinem Nabel entfernt durch. Machen Sie sich keine Sorge, wenn sie versucht, die Plazenta nach ihrem Ausstoß aufzuessen — das ist bei vielen Säugetieren ein instinktiver Vorgang.

Wenn alle Kätzchen auf die Welt gekommen sind, sollten sie bereit sein zu saugen. Vergewissern Sie sich, daß jedes eine Zitze erreicht, um seine erste Ration an frischer Milch zu erhalten (Kolostralmilch), die mit wichtigen Antikörpern und Nährstoffen angereichert ist.

Hilfe für ein schwaches Kätzchen

Wenn ein Kätzchen bei der Geburt sehr kalt und schwach ist, tauchen Sie es bis zum Hals in eine Schale mit körperwarmen Wasser. Halten Sie es vorsichtig am Kopf und streicheln und massieren Sie sanft den unter Wasser befindlichen Körper. Nach zwei oder drei Minuten sollte es lebhafter werden. Nehmen Sie das Kätzchen aus dem Wasser und trocknen Sie es in warmen Handtüchern.

Die Abstände zwischen den einzelnen Geburten

Zwischen den Geburten der einzelnen Kätzchen können fünf Minuten bis zwei Stunden vergehen. Manchmal bringt die Katze den halben Wurf zur Welt und ruht sich dann zwölf oder vierundzwanzig Stunden lang aus, bevor sie die anderen gebiert.

Sollte man in solchen Fällen den Tierarzt rufen? Wenn die ersten Kätzchen normal

Die Fruchtblase um das Kätzchen wird sichtbar.

1 Nach einiger Zeit des Pressens erscheint eine trübe Blase. Das ist das erste Anzeichen für das Ausstoßen der Kätzchen.

2 Das Kätzchen ist nun schon in seiner Fruchtblase zu erkennen, und nach ein paar weiteren Kontraktionen ist die Geburt vollendet. In etwa einem von drei Fällen kommt das Kätzchen zuerst mit den Hinterbeinen auf die Welt, aber das stellt nur selten ein Problem dar.

Das Kätzchen ist in seiner Fruchtblase zu erkennen.

3 Das Kätzchen ist geboren. Die Plazenta wird im allgemeinen kurz danach ausgestoßen.

Ein Kätzchen ist geboren.

und in kurzen Abständen ausgestoßen wurden und die Katzenmutter einen zufriedenen Eindruck macht, ihre Kätzchen säugt und Futter annimmt, gibt es eigentlich keinen Grund zur Beunruhigung.

Eine Verzögerung dieser Art kann aber unglücklicherweise auch mit einer »Inertia uteri«, einer primären Wehenschwäche, zusammenhängen, bei der die Kontraktio-

*Das Weibchen beißt die Nabel-
schnur eines neugeborenen
Kätzchens durch.*

4 Die Mutter leckt das Kätzchen sauber, reißt die halbdurchsichtige Fruchtblase auf, falls sie noch intakt ist, und entfernt die Flüssigkeit aus der Fruchtblase vom Gesicht des Kätzchens. Dieses hartnäckige Lecken stimuliert die Atmungsreflexe des Kätzchens.

*Indem sie ihre Kätzchen ableckt, stimuliert
die Mutter die Atmung und
die Blutzirkulation.*

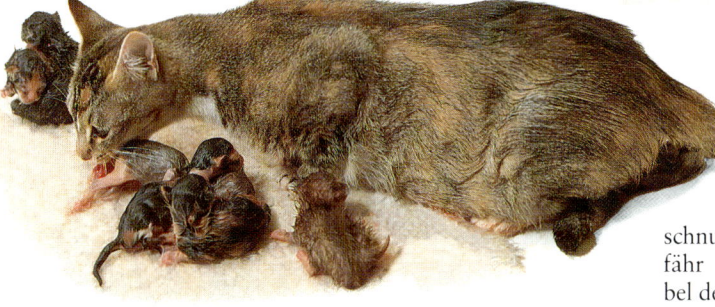

5 Unmittelbar nach der Geburt eines Kätzchens durchtrennt die Mutter mit der Geschicklichkeit eines erfahrenen Geburtshelfers die Nabelschnur mit ihren Zähnen — ungefähr zwei Zentimeter vom Nabel des Jungen entfernt.

*Die Wärme, Zuwendung und die durch das
Schnurren erzeugten Vibrationen der
Mutter sind für ihren Nachwuchs
außerordentlich wohl-
tuend.*

6 Fast sofort findet das Kätzchen eine Zitze und beginnt zu saugen. Ebenso schnell erwachen die mütterlichen Instinkte der Katze, und sie fängt an, viel Aufhebens um ihren Nachwuchs zu machen.

die Nasenlöcher und der Mund frei sind.

● Wenn das Kätzchen atmet, feine, quitschende Geräusche von sich gibt und zappelt, ist das das Zeichen, daß Sie sich um die Nabelschnur kümmern sollten. Sterilisieren Sie ein langes Stück Baumwolltuch und eine Schere in einer antiseptischen Lösung. Wikkeln Sie den Baumwollstreifen in einem Abstand von drei Zentimetern zum Nabel um die Nabelschnur. Machen Sie einen Doppelknoten in den Baumwollstreifen, und schneiden Sie dann die Nabelschnur einen halben Zentimeter unterhalb des Knotens, auf der Seite der Plazenta, durch.

● Legen Sie das Kätzchen in die Wurfkiste unter die Infrarotlampe.

Probleme bei den Wehen

Solche Probleme sind ungewöhnlich, wenn sie aber auftreten, versuchen Sie den Tierarzt zu einem Hausbesuch zu bewegen oder bringen Sie ihm die Katze in die Praxis. Zeit wird dann zum lebenswichtigen Faktor. Versuchen Sie nicht, den Finger in die Vagina der Katze zu stecken. Setzen Sie das Tier in eine gut ausgepolsterte Kiste und bringen Sie es im warmen Auto zum Tierarzt.

**Tierärztliche Hilfe während der
Geburt ist erforderlich,**

● wenn das Weibchen zwei Stunden lang gepreßt hat, ohne ein Kätzchen auszustoßen;

● wenn sechs Stunden, nachdem Blut oder ein gefärbter Ausfluß aus der Vulva gekommen ist, immer noch keine Preßwehen einsetzen;

● wenn das Pressen für länger als zwei Stunden aufgehört hat, obwohl die Katze offensichtlich immer noch ein oder mehrere Kätzchen trägt.

**Tierärztliche Hilfe nach der Geburt
ist erforderlich,**

● wenn die Katzenmutter auffallend stark aus der Vagina blutet (mehr als etwa zwei Teelöffel);

● wenn Sie einen weißen oder faulig riechenden Ausfluß aus der Vagina bemerken;

● wenn die Katze lethargisch oder schwerfällig wirkt;

● wenn sie nach zwölf Stunden nicht wieder anfängt, normal zu fressen;

● wenn das Weibchen nach der Geburt des letzten Kätzchens und dem Ausstoßen seiner Plazenta immer noch preßt;

● wenn die Katze ungewöhnlich ruhelos oder fiebrig wirkt;

● wenn die Katze kein Interesse an ihren Kätzchen zeigt.

nen allmählich abklingen, die Katze vom Pressen erschöpft ist und es möglicherweise aufgibt. Das ist *nicht* normal, und hier ist die Hilfe eines Tierarztes erforderlich. Weibchen, die an einer Trägheit des Uterus leiden, wirken müder und uninteressierter als Katzen, die sich nur ausruhen. Da der Unterschied nicht leicht festzustellen ist, informieren Sie zwei Stunden nach der Geburt des letzten Kätzchens den Tierarzt, wenn Ihre Katze offensichtlich noch nicht alle Jungen zur Welt gebracht hat.

Wann Hilfe nötig ist

Wenn ein Weibchen unerfahren ist und nicht weiß, was es mit den Kätzchen anfangen soll, wenn es die Fruchtblase nicht aufreißt, wie es notwendig ist, und die Nabelschnur nicht durchtrennt, müssen Sie die Rolle einer Hebamme spielen.

● Wenn das Kätzchen noch in seiner Fruchtblase steckt, reißen Sie sie einfach mit den Fingern auf.

● Trocknen Sie das Kätzchen mit warmen Tüchern, und vergewissern Sie sich, daß

Mütterliches Verhalten

Das neugeborene Kätzchen ist elf bis fünfzehn Zentimeter lang und wiegt zwischen 70 und 135 Gramm. Es ist zunächst ein ziemlich hilfloses Geschöpf, denn wegen der geschlossenen Augenlider sieht es nichts, und da die Ohren nach hinten gefaltet sind, hört es auch nichts. Es kann zwar zappeln und sich winden, aber nicht laufen.

In den nächsten zwei bis drei Monaten bringt die Mutterkatze ihren Kätzchen schrittweise alles bei, was sie wissen müssen, um für sich selber sorgen zu können.

Brüder und Schwestern schmiegen sich instinktiv aneinander, um sich warm zu halten.

Die Bindung

In den ersten paar Lebenstagen ist die Katzenmutter lebenswichtig für die Kätzchen, nicht zuletzt deshalb, weil sie sie schützt, da sie körperlich außerordentlich verletzlich sind. Das Weibchen weiß instinktiv, was es zu tun hat, selbst wenn es sich um den ersten Wurf handelt. Will sie eines ihrer Jungen wegtragen, packt sie es vorsichtig, aber bestimmt am Genick.

Zwischen der Mutter und ihren Jungen entsteht schnell eine feste Bindung. Obwohl ein Weibchen kurz nach der Geburt auch fremde Kätzchen akzeptiert, werden diese, sobald die Bindung zu den eigenen hergestellt ist, nicht mehr sofort angenommen. Dabei spielt der Geruchssinn eine große Rolle. Mutter und Kinder erkennen gegenseitig den jeweiligen Eigengeruch der Hautdrüsensekretionen. Das gilt besonders für die Drüsen, die sich am Kopf befinden. Das beliebte Reiben des Kopfes überträgt diesen charakteristischen Geruch.

Es ist möglich, daß die Katzenmutter sich in den ersten paar Tagen nach der Geburt entschließt, ihre Kätzchen in eine neue

Das Lecken der Mutter stimuliert die Atmung, die Blutzirkulation und die Muskeln ihres Nachwuchses.

»Höhle« zu bringen. Das kommt bei Wildkatzen oft vor und ist eine Instinkthandlung. Die Babys sollen dadurch in Sicherheit gebracht werden, denn die bei der Geburt ausgetretene Flüssigkeit könnte Raubtiere anlocken. Wenn Ihre Katze sich zu Hause so verhält, stellen Sie die Wurfkiste einfach an eine andere Stelle.

Das Säugen

Die Kätzchen sind vor allem wegen ihres Bedarfs an Milch auf die Mutter angewiesen. Jedes Kätzchen nimmt seine eigene, individuelle Zitze in Beschlag, ein Wechsel kommt selten vor. Während des Saugens stoßen die Kätzchen mit ihren Vorderpfoten gegen den Bauch der Mutter, was einen Reflex auslöst, der die Milch zum Fließen bringt. Rastlose, gereizte Kätzchen,

Obwohl die Mutter ihre Kätzchen oft gnadenlos packt, macht sie das immer vorsichtig und ohne ihnen Schaden zuzufügen.

Diese Katzenamme sorgt so gut für die Kätzchen, als wären es ihre eigenen.

Das Putzen des Hinterteils bewirkt bei den Kätzchen eine regelmäßige Darm- und Blasentätigkeit und hält die heikle Stelle blitzsauber.

die viel schreien, können ein Zeichen dafür sein, daß die Milch nicht fließt oder, was seltener vorkommt, daß die Mutter einfach nicht genügend Milch produzieren kann. Ist der »Fließ«-Mechanismus gestört, muß der Tierarzt möglicherweise ein Hormon der Hypophyse injizieren, was fast augenblicklich das Problem behebt. Wenn die Katzenmutter nicht genügend Milch produzieren kann, ist entweder eine Amme oder eine künstliche Aufzucht der Kätzchen erforderlich.

Manchmal scheint nur eines der Kätzchen an der Milchquelle zu kurz zu kommen. In diesem Fall sollte der Tierarzt es untersuchen und feststellen, ob ein Geburtsfehler vorliegt, wie z. B. ein Wolfsrachen oder irgendein anderes Problem.

Die Verständigung

Eine Katzenmutter schleckt ihre Kätzchen oft ab. Das stimuliert ihre Atmung und die Blutzirkulation und regt den Muskeltonus an. Es ist wichtig, daß sie ihnen auch das Hinterteil leckt, um sie damit zu ermuntern, regelmäßig Kot und Urin abzugeben.

Die Mutter verständigt sich mit den Kätzchen anfangs vorwiegend durch unterschiedliche Laute. Je nach Tonlage und Intensität begrüßt, beschimpft, besänftigt und warnt sie ihre Jungen oder ruft sie nur herbei. Wenn die Kätzchen größer sind und ein Familienspaziergang unternommen wird, kommen visuelle Signale ins Spiel. Alle bleiben beieinander, da die Jungen der »Fahne« folgen, die die Mutter aufsteckt, indem sie den Schwanz hochhält, mit nach rückwärts gebogener Spitze.

Schritte zur Selbständigkeit

Die Kätzchen lernen zwar, indem sie ihre Mutter und andere Katzen beobachten, aber einiges »wissen« sie instinktiv. Bereits vor der Öffnung der Augen reagieren sie auf bestimmte Reize — zum Beispiel spucken und zischen sie, wenn sie gestört werden. Sie neigen auch dazu, nur zusammen mit den Wurfgeschwistern zu schlafen. Dieses instinktive Verhalten verhindert, daß einzelne von der Gruppe getrennt werden, und gleichzeitig halten sich die Kätzchen gegenseitig warm. Die Geborgenheit und das Geräusch ihres eigenen Herzschlages ist wahrscheinlich ein sehr angenehmes Gefühl für sie und erinnert sie an das Leben in der Gebärmutter.

Der erste größere Schritt in Richtung Selbständigkeit ist die Öffnung der Augen. Dies geschieht, wenn die Kätzchen zwischen fünf und zehn Tage alt sind. Ganz öffnen sie sich zwischen dem achten und zwanzigsten Tag. Mit sechzehn bis zwanzig Tagen beginnen die Kätzchen zu krabbeln, mit drei bis vier Wochen fangen sie an, feste Nahrung zu sich zu nehmen, und mit zwei Monaten sind sie in der Regel entwöhnt. Wenn die Entwöhnung beginnt, wird ihre Bindung an die Mutter schwächer, bis sie selber aufhört, zwischen ihren eigenen und fremden Jungen zu unterscheiden. In diesem Stadium können die Kätzchen für sich selber sorgen.

Dieser Katzenwurf ist offensichtlich gutgenährt, wohlgepflegt und rundum zufrieden.

Entwicklung der Kätzchen

Kampfspiele können mit einem Spielzeugvogel anfangen.

Die Entwicklung der Kätzchen von blinden und hilflosen Neugeborenen zu völlig selbständigen Wesen dauert etwa sechs Monate. Während dieser Zeit entwickeln sich die physischen und geistigen Fähigkeiten. Zugleich wird das instinktive, angeborene Wissen der Kätzchen durch Erfahrungen bereichert, die es aus Beobachtungen, Nachahmung und Spielen sammelt. Im Spiel findet der Lernprozeß statt — das Leben eines spezialisierten, natürlichen Jägers wird im Spielgeschehen erprobt und vervollkommnet.

Ein einsames, künstlich aufgezogenes Kätzchen, das keine Rollenträger um sich hat, die es kopieren und denen es nacheifern kann, wird nie das ganze Repertoire feliner Jagdgeschicklichkeit erlernen. Was in den prägenden ersten Wochen des Lebens nicht erlernt wird, kann später nicht mehr nachgeholt werden. Kätzchen, die ihre Mutter beobachten und in der vollen Be-deutung des Wortes von ihr unterrichtet werden, lernen schneller als solche, die nur irgendwelche nichtverwandten, erwachsenen Katzen zum Vorbild haben.

Sie müssen deshalb keine Sorge haben, wenn Ihre Kätzchen sich in regelrechte Kampfspiele verwickeln. Spiele dieser Art enden fast nie mit Wunden oder auch nur dem Verlust eines einzigen Blutstropfens. Sie trainieren die physischen und geistigen Fähigkeiten, die der Katze später, wenn sie erwachsen ist, nützlich sein werden, und bereiten dem Kätzchen darüber hinaus großen Spaß. Ähnlich wie beim menschlichen Kind fördert das Spiel mit Gleichaltrigen das soziale Verhalten und die Geselligkeit des Kätzchens. Ein Kätzchen, dem die Gelegenheit zum Spielen fehlt, wächst isoliert auf und kann dadurch später vielleicht neurotisch werden.

Ein Kampf wird ausgefochten, aber keiner nimmt Schaden.

Unter normalen Bedingungen lernt das Kätzchen innerhalb eines halben Jahres sehr viel und wächst dabei auch körperlich beträchtlich heran. Diese Entwicklung entspricht der des Menschen bis etwa zum zehnten Lebensjahr. Wie beim Menschen auch, erfolgt die perfekte Aufzucht einer Katze am besten in der familiären Umgebung (dabei handelt es sich im Fall der Hauskatze normalerweise um eine Familie mit nur einem Elternteil). Für das Heranwachsen einer starken und klugen Katze gibt es nichts besseres als die Milch und die stetige Aufmerksamkeit der Katzenmutter, das endlose Spielen und der Wettbewerb mit den Geschwistern und die Möglichkeit, vom Beispiel der Mutter und anderer kluger, erwachsener Katzen zu lernen und das Gelernte zu verarbeiten.

Dasselbe gilt für die Jungen von Wildkatzen. Ich habe Hunderte von jungen Löwen, Tigern, Leoparden und anderen Katzenarten in Gefangenschaft behandelt, die von Menschen aufgezogen werden mußten, ohne jeden Einfluß von felinen Artverwandten. Solche Tiere sind meiner Meinung nach nie so ausgeglichen wie diejenigen, die natürlich aufgezogen wurden. Ihre Rückführung in ein natürlich aufgezogenes Rudel oder eine Gruppe ist oft schwierig.

Um seine natürliche Geschicklichkeit bei der Jagd entwickeln zu können, ist es lebenswichtig für ein Kätzchen, bestimmte Techniken von der Mutter zu lernen.

Der erste Tag

Es kann für ein Weibchen sehr anstrengend sein, eine große Anzahl von Kätzchen zur Welt zu bringen. Sie muß sich deshalb nach den Wehen etwa zwölf bis vierundzwanzig Stunden ausruhen. Unter normalen Bedingungen sollten die Kätzchen bei ihr bleiben.

Neugeborene Kätzchen sind vollkommen hilflos.

Der zweite Tag

Am zweiten Tag sollte die Katzenmutter sich gut erholt haben, normal fressen und trinken und sich glücklich der Aufzucht ihrer Jungen widmen.

Blinde Kätzchen im Alter von zwei Tagen reagieren auf Berührung, Wärme und die durch Schnurren erzeugten Vibrationen ihrer Mutter.

Der achte Tag

Jetzt wiegen die Kätzchen je nach Rasse und den körperlichen Merkmalen ihrer Eltern, zwischen 110 und 250 Gramm. Die Augen können sich jetzt jeden Augenblick öffnen, spätestens jedoch am 20. Tag.

Nach acht Tagen sieht dieses Kätzchen zum erstenmal die Welt.

Der 16. Tag

Das Gewicht der Kätzchen liegt jetzt zwischen 180 und 340 Gramm. Innerhalb der nächsten vier Tage beginnt das Krabbeln.

Dieses Kätzchen ist gerade zwei Wochen alt und im Begriff, ziemlich wackelig die ersten Krabbelversuche zu unternehmen.

Der 21. Tag

Das Gewicht liegt jetzt zwischen 215 und 420 Gramm. Zu diesem Zeitpunkt kann, nach einer normalen Aufzucht, die Entwöhnung beginnen. Geben Sie einen Katzenmilchersatz in Pulverform oder, wie für menschliche Babys, Dosenmilch mit Wasser verdünnt, aber doppelt so stark konzentriert. Bieten Sie den Jungen diese Flüssigkeit viermal am Tag auf einem Teelöffel an.

Jetzt sollte auch die Gewöhnung an die Katzentoilette beginnen. Stellen Sie das Katzenklo an einen ruhigen und leicht zu erreichenden Platz. Beim ersten Anzeichen

Die Gewöhnung an das Katzenklo sollte frühzeitig beginnen, wie bei diesen drei Wochen alten Kätzchen.

dafür, daß ein Kätzchen darüber nachdenkt, ob es ein großes oder kleines Geschäft machen soll, setzen Sie es hinein. Wenn Sie mehr als ein Kätzchen haben, sorgen Sie dafür, daß die Toilette groß genug ist für gemeinsame Sitzungen, und wenn Sie nur ein einziges, etwas nervöses Kätzchen haben, besorgen Sie ihm ein geschlossenes Katzenklo.

Vier Wochen

Ein Kätzchen im Alter von einem Monat wiegt 250 bis 500 Gramm und macht — buchstäblich — große Schritte. Im Alter von vier bis fünf Wochen fängt es an zu laufen und zu spielen. Und zur gleichen Zeit beginnt es, sich zum erstenmal selber zu putzen. Spielzeug sollte bereitgestellt werden, entweder spezielles Katzenspielzeug oder einfache Haushaltsgegenstände wie leere Garnrollen oder auch Pingpong-Bälle. Geben Sie aber Rassekatzen wie Burmesen und Siamesen keine Wollknäuel.

Ein Babybrei, pürierte Babynahrung oder solche aus der Dose oder Flasche (Fisch, Fleisch oder Käse) können der Milchmischung jetzt zugefügt werden.

Einen Monat alt, und das Putzen beginnt.

Fünf Wochen

Das Gewicht liegt nun zwischen 290 und 620 Gramm. Jetzt ist es an der Zeit, Zuchtkätzchen registrieren zu lassen.

Fein gehacktes Fleisch, zerdrücktes Dosenfutter für Katzen oder zerdrückter, gekochter oder im Milch gegarter Fisch sollte jetzt eine der vier Milchmahlzeiten ersetzen. Füllen Sie das Futter in ein flaches Schälchen oder eine Untertasse, und geben Sie den Kätzchen so viel davon, wie sie bei einer Mahlzeit essen wollen, aber füllen Sie nicht zuviel auf einmal auf.

Vier Wochen: Jetzt fängt das Spielalter an.

Heranwachsende Kätzchen haben einen steigenden Bedarf an Muttermilch.

Wenn das Kätzchen vier Wochen alt ist, sollte man ihm langsam Spielzeug besorgen.

Sechs Wochen

Das Gewicht der Kätzchen hat nun zwischen 315 und 700 Gramm erreicht. Im Alter zwischen sechs und acht Wochen unternehmen die Jungen die ersten Versuche, das Jagen zu lernen.

Obwohl es am besten ist, wenn ein Kätzchen bis zur vollkommenen Entwöhnung bei der Mutter bleibt, kann man es auch schon ab der sechsten Woche von der Mutter trennen.

Erhöhen Sie den Anteil von festem, zerkleinertem Futter in der Nahrung, indem Sie zwei weitere Milchmahlzeiten durch ein ausgewogenes Dosenfutter für Katzen ersetzen.

Acht Wochen

Das Kätzchen hat jetzt ein Gewicht von 400 bis 900 Gramm, ist vollständig entwöhnt und hat alle Milchzähne. Das Futter sollte aus zwei bis drei festen Mahlzeiten pro Tag bestehen und einer Untertasse voll Kuhmilch — die, wenn die Kätzchen sechs Monate alt sind, durch frisches Wasser ersetzt werden kann. Es sollte immer Milch oder Wasser bereitstehen, aber wechseln Sie beides mindestens zweimal am Tag.

Mit sechs Wochen setzt normalerweise der Jagdtrieb ein.

Neun Wochen

Im Alter von acht bis neun Wochen erhalten die Kätzchen ihre erste Impfung gegen die Viruskrankheiten Katzenschnupfen und Katzenseuche. Eine zweite Injektion erfolgt drei bis vier Wochen später. Versäumen Sie niemals, Kätzchen gegen diese möglicherweise tödlichen Krankheiten zu schützen, und auch später, wenn sie erwachsen sind, sollten Sie dafür sorgen, daß sie jedes Jahr eine Nachimpfung erhalten. In besonderen Fällen, wenn ein hohes Infektionsrisiko besteht, kann der Tierarzt die Impfung von Kätzchen empfehlen, die jünger als acht oder neun Wochen sind.

Doch normalerweise wird diese Impfung vor diesem Alter nicht vorgenommen, denn die von der Mutter auf die Kätzchen übertragenen Antikörper zirkulieren noch in deren Blut und könnten die Wirkung der Impfung neutralisieren.

Die ersten neun Wochen von Theodor

Theodor ist ein typisches junges Kätzchen, und die ersten neun Wochen seines Lebens sind voll wichtiger und spannender Ereignisse.

Eine Minute alt.

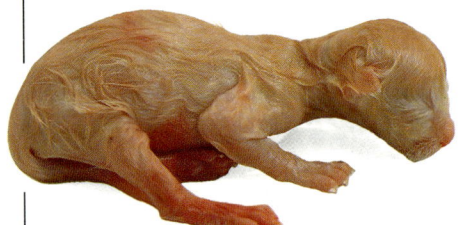

Fünf Tage alt, und Theo macht sich lautstark bemerkbar, wenn er hungrig ist.

Zehn Tage — er öffnet die Augen.

Nach fünfzehn Tagen macht Theo erste Krabbelversuche.

Diese neun Wochen alten Kätzchen haben gerade ihre erste Schutzimpfung bekommen.

Woran Sie denken sollten

● Impfungen sind nicht gefährlich und rufen nur selten Nebenwirkungen hervor. Sollten jedoch welche auftreten, so kann sie der Tierarzt leicht in den Griff kriegen.

● Der Impfschutz tritt erst zehn Tage nach der ersten Impfung ein; während dieses Zeitraums sollte man die Kätzchen nicht ins Freie lassen.

● Trächtige Katzen dürfen nur tote oder inaktivierte Vakzine bekommen, niemals lebende.

● Nur gesunde Kätzchen dürfen geimpft werden.

● Vergessen Sie nicht, die Kätzchen zum vereinbarten Termin zur zweiten Impfung zu bringen. Kätzchen, die auf tierärztlichen Rat vor der achten Lebenswoche geimpft wurden, erhalten normalerweise die zweite Impfung im Alter von ungefähr zwölf Wochen oder auch wiederholte Injektionen im Abstand von drei bis vier Wochen, bis sie zwölf Wochen alt sind. Der Tierarzt wird Ihnen sagen, was für Ihr Kätzchen das beste ist.

● Vergewissern Sie sich, daß Sie ein handschriftlich unterzeichnetes Impfzeugnis vom Tierarzt bekommen. Nehmen Sie es mit, wenn Sie Ihre Katze zu den jährlichen Auffrischungsimpfungen bringen, zu einem Züchter oder in ein Katzenheim.

● Wenn Sie im Zweifel sind, ob ein Kätzchen, das Sie gekauft haben, bereits geimpft ist, gehen Sie auf Nummer Sicher und lassen Sie es impfen. Eine zusätzliche Impfung ist unschädlich.

Zwölf Wochen

In diesem Alter ändert sich die Augenfarbe der Kätzchen und nimmt ihre bleibende Tönung an. Innerhalb der nächsten sechs Wochen kommen die zweiten Zähne durch. Ihr Kätzchen erhält seine zweite Impfung gegen Katzenschnupfen und Katzenseuche.

16 Wochen

Wenn Sie nicht die Absicht haben, mit einem Weibchen zu züchten, vereinbaren Sie mit Ihrem Tierarzt einen Termin, um es kastrieren zu lassen. Bei der Kastration werden beide Eierstöcke und ein Großteil des Uterus unter Vollnarkose entfernt. Es handelt sich um eine Operation, deren Folgen nicht rückgängig gemacht werden können und die keine Nachwirkungen hat. Da eine Vollnarkose notwendig ist, dürfen Sie der Katze zwölf Stunden vorher weder Futter noch etwas zu trinken geben.

Die Operationswunde wird anschließend genäht — entweder mit einem Material, das sich später selbst auflöst oder mit einem, das man wieder entfernen muß. Wenn die Fäden gezogen werden müssen, macht das der Tierarzt fünf bis zehn Tage nach dem Eingriff.

24 Wochen

Jetzt ist das Kätzchen vollständig unabhängig von der Katzenmutter.

Dieses sechzehn Wochen alte Weibchen ist gerade kastriert worden.

36 Wochen

Das ist ein gutes Alter, um einen Kater kastrieren zu lassen. Die Operation ist sicher, einfach und wird schmerzlos unter Vollnarkose ausgeführt. Geben Sie dem Tier zwölf Stunden vorher kein Futter und keine Flüssigkeit mehr. Man kann den kleinen Kater am selben Tag wieder abholen. Er braucht keine besondere Pflege, außer Ruhe, Wärme, leichtem Futter und Zuwendung. Normalerweise müssen keine Fäden gezogen werden.

21 Tage: Er zottelt zu seinem Katzenklo.

Mit einem Monat kann er schon laufen.

Der neun Wochen alte Theo ist bereits eine rundum hübsche Katze.

Aufzucht und Pflege

Wenn eine Katzenmutter stirbt oder nicht genug Milch hat, kann es sein, daß Sie sich um die Aufzucht der Kätzchen kümmern müssen. (Sollten Sie die Kätzchen in einer solchen Situation töten wollen, denken Sie bitte nicht daran, sie zu

Eine Katzenamme ist einer künstlichen Aufzucht immer vorzuziehen.

ertränken. Die Euthanasie bei Tieren darf nur von einem Tierarzt oder in einer Tierklinik durchgeführt werden. In der Bundesrepublik Deutschland ist es laut Tierschutzgesetz vom 1. 1. 1987 verboten, gesunde Tiere ohne vernünftigen Grund zu töten.)

Sie haben zwei Möglichkeiten: Entweder lassen Sie das Tier von einer Katzenamme ernähren, oder Sie ziehen es künstlich auf.

Adoption

Ein Tierarzt, eine Tierhandlung, ein Züchter oder ein Katzenverein kann Ihnen vielleicht eine Adresse von dem Besitzer einer Katze

vermitteln, die kürzlich Junge zur Welt gebracht hat und in der Lage ist, noch weitere zu ernähren. Im Idealfall sollte eine solche Adoption so rasch wie möglich nach der Geburt der Kätzchen erfolgen, bevor die Bindung der Adoptivmutter an ihren eigenen Nachwuchs schon zu eng geworden ist.

Um ihr ein fremdes Kätzchen »unterzuschieben«, streichen Sie ihm ein wenig Butter aufs Fell. Die Katze wird sie abschlecken und dabei den Neuling als ihr eigenes Kind annehmen. Um die Entwicklung eines Adoptivkätzchens zu kontrollieren und sicherzugehen, daß es tatsächlich genügend Milch er-

Um seine Entwicklung zu kontrollieren, ist es wichtig, ein Kätzchen regelmäßig zu wiegen.

hält, sollten Sie es regelmäßig wiegen. Es sollte jeden Tag einige zehn Gramm zunehmen.

Künstliche Aufzucht

Es ist nicht schwierig, Kätzchen mit der Flasche aufzuziehen, aber gehen Sie sicher, daß es wenigstens einige Tropfen der ersten Muttermilch (Kolostralmilch) erhält. Drücken Sie sanft an den Zitzen und flößen Sie die abgegebene Milch dem neugeborenen Kätzchen mit einer Pipette ein. Die Kolostralmilch enthält wertvolle Antikörper gegen Krankheiten.

Welche Milch ist geeignet?

Reine Kuh- oder Ziegenmilch ist für Kätzchen zu wässerig, und den noch ganz jungen sollte man nie Kuhmilch geben. Statt dessen können Sie zwischen zwei Möglichkeiten wählen: Entweder Sie verwenden ein spezielles Katzenmilchpulver, das man beim Tierarzt oder im Zoogeschäft erhält; es wird entsprechend der beiliegenden Anweisungen mit Wasser angerührt. Oder aber Sie geben Milchpulver für Säuglinge (oder evaporierte Dosenmilch), rühren aber nur mit halb soviel Wasser an wie für Babys.

Das »Fläschchen«

Die üblichen Fläschchen für Säuglinge sind natürlich für kleine Kätzchen viel zu groß. Es gibt zwar spezielle Fläschchen zur Fütterung von Kätzchen, aber Babyfläschchen für menschliche Frühgeburten erfüllen ihren Zweck ebenso gut. Auch Pipetten oder Ein-

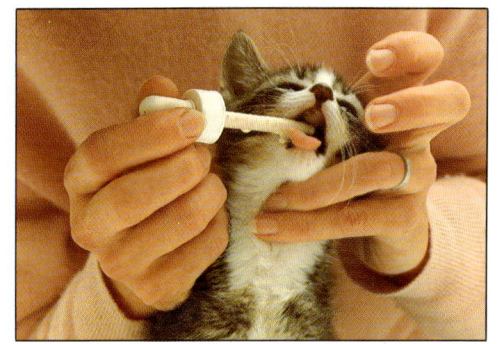

Junge oder schwache Kätzchen, die nicht richtig saugen, sollten mit einer Pipette gefüttert werden.

»Flaschenkätzchen« gedeihen am besten, wenn Sie wenigstens einige Tropfen von der ersten Milch (Kolostralmilch) ihrer Mutter erhalten haben.

wegspritzen ohne Nadeln können verwendet werden. Zwischen den einzelnen Fütterungen müssen alle »Fläschchen« ausgewaschen und sterilisiert werden.

Die Fütterungsmethoden

Das Fläschchen ist für die meisten Kätzchen am besten, aber bei solchen, die sehr schwach sind oder zuerst nicht so recht saugen und schlucken wollen, haben die Pipette und die Einwegspritze Vorteile. Ein zwei Zentimeter langes Plastikröhrchen über der Einwegspritze befördert die Milch in den Mund, während ein längeres Röhrchen von fünf Zentimetern es Ihnen ermöglicht, die Milch direkt in den Magen zu bringen, indem man es sanft über den Zungenrücken in den Schlund schiebt. Dieses Verfahren ist sehr erfolgversprechend, sollte aber nur nach Anweisungen des Tierarztes ausgeführt werden. Wenn das Plastikröhrchen falsch aufgesteckt ist oder in die Luftröhre gerät, kann ein Schock oder eine böse Pneumonie auf Grund von Milchfett die Folge sein. Nehmen Sie sich grundsätzlich für die Fütterung genügend Zeit, damit Sie nicht die Menge, die das Kätzchen aufnehmen kann, überschreiten.

Welche Methode Sie auch anwenden, die Milch sollte immer Körpertemperatur haben, also 37 Grad Celsius. Bis zum Alter von sieben Tagen geben Sie alle zwei Stunden drei bis sechs Milliliter. Zwischen sieben und fünfzehn Tagen erhöhen

Sie die Ration auf sechs bis acht Milliliter alle zwei Stunden am Tag und alle vier Stunden in der Nacht. Vom 14. bis zum 21. Tag sollte die Ration noch einmal erhöht werden auf acht bis zehn Milliliter alle zwei Stunden am Tag und einmal in der Nacht zwischen 22.00 Uhr und 8.00 Uhr morgens. Wenn ein Kätzchen gefüttert wurde, sollte man es dazu anhalten, die Blase und den Darm zu leeren. Dafür müssen Sie das Lecken der Katzenmutter imitieren, indem Sie etwas mit warmem Wasser angefeuchtete Baumwollwatte nehmen und das Analgebiet damit abwischen. Streicheln Sie dabei sanft das Bäuchlein mit den Fingern. Wenn das Kätzchen entsprechend reagiert hat, reinigen und trocknen Sie die Stelle unter dem Schwanz und cremen sie mit ein wenig Babycreme ein.

Zwischen den Fütterungen halten Sie das Kätzchen in einer warmen, sauberen Kiste mit einem Schlafplatz, einem Heizkissen und einer Infrarotlampe. Als Mutterersatz dient am besten eine Wärmflasche, die in ein Wolltuch eingewickelt wird. Die Temperatur in der Kiste sollte in den ersten zwei Wochen zwischen 25 und 30 Grad Celsius liegen und bis zur sechsten Woche schrittweise auf 20 Grad Celsius gesenkt werden.

Die Entwöhnung

Die Entwöhnung eines Flaschenkätzchens beginnt, wenn es drei Wochen alt ist. Fügen Sie zunächst einige Tage lang dem Flascheninhalt etwa einen halben Teelöffel feinsten Babybrei hinzu, feine pürierte Babynahrung (Fleisch, Fisch oder Käse) oder auch Kalbfußgelee. Dann entwöhnen Sie das Kätzchen genauso wie natürlich aufgezogene Junge.

Allgemeine Ratschläge für die Aufzucht

● Nehmen Sie junge Kätzchen nie am Nackenfell hoch.

● Wenn die Kätzchen drei Wochen alt sind, sprechen Sie mit Ihrem Tierarzt über die Entwurmung.

● Halten Sie alle Kätzchen und ihre Mütter wenn möglich bis zu einer Woche nach der Impfung der Jungen im Alter von etwa neun Wochen im Haus. Verhindern Sie, daß die Katzenmutter sich vor der Entwöhnung ihrer Kätzchen mit Katern trifft, weil viele Katzen schon wenige Tage nach der Geburt wieder paarungsbereit sind.

● Wenn Kätzchen ihre Mutter nach der vollständigen Entwöhnung immer noch plagen und Milch bei ihr trinken wollen, wird sie dünn und schwach werden. Während der Säugezeit und auch noch einige Tage danach, müssen Sie dafür sorgen, daß die Katzenmutter genügend qualitativ hochwertiges Futter bekommt. Halten Sie bereits entwöhnte Kätzchen vom Saugen ab, indem Sie die Zitzen der Mutter mit einem nichtgiftigen, abstoßenden Aerosol aus einer Zoohandlung oder vom Tierarzt einreiben.

Es ist nicht gut, wenn bereits entwickelte Kätzchen bei ihrer Mutter immer noch saugen wollen.

Die Katzen-Shows

Katzenfreunde können sich heute an einer großen Palette von Züchtungen erfreuen. Zum Großteil verdanken sie diese den Ausstellungen von Zuchtkatzen im vergangenen Jahrhundert. Züchter fühlten sich angespornt, extra für die Ausstellungen neue Katzenarten zu entwickeln und sie dort zu zeigen.

Natürlich ist die künstliche, von Züchtern durchgeführte Auslese völlig auf das menschliche Idealbild von einer schönen Katze ausgerichtet — niemand hat je daran gedacht, eine Katze nach ihrer Meinung zu fragen! Man war derart darauf fixiert, Katzen zu züchten, die das menschliche Auge erfreuen sollten, daß die damit verbundenen möglichen physischen Nachteile völlig in Vergessenheit gerieten. Aber glücklicherweise hat die genetische Beeinflussung bei Zuchtkatzen weniger schädliche Nebenwirkungen hervorgebracht als auf manchen Gebieten der Hundezüchtung.

Sollten Sie sich entschließen, ernsthaft für Katzenausstellungen zu züchten, müssen Sie bereit sein, viel Zeit und Geld zu investieren. Als Lohn erwartet Sie jedoch eine sehr reizvolle und aufregende Aufgabe.

Wenn Sie eine Zuchtkatze besitzen — und nicht nur dann —, besuchen Sie eine oder zwei Katzenausstellungen. Sie werden dort viel Spaß haben, auch wenn Sie danach feststellen müssen, daß der treue alte Kater, den Sie dösend am Kamin zu Hause gelassen haben, nicht die vollkommenste Katze ist!

Vererbung und Züchtung

Grundlegende Mechanismen der Vererbung

Ein Zuchtergebnis ist sowohl von genau berechenbaren als auch zufälligen Gegebenheiten abhängig. Jede Zelle eines Tieres oder einer Pflanze enthält die sogenannten Chromosomen. Sie sehen wie mikroskopisch kleine »Perlenschnüre« aus, die die Gene enthalten. Jedes Gen eines Chromosomenstrangs ist für das Aussehen und die Beschaffenheit eines bestimmten Teils des Körpers verantwortlich — einige Gene legen die Augenfarbe fest, andere die Fellfarbe usw. Die Gene sind in einer bestimmten Reihenfolge in den Chromosomen angeordnet. Ein Chromosom enthält den gesamten Entwurf für das Aussehen eines Individuums.

Die Zellen von domestizierten Katzen besitzen 38 Chromosomen, die zu 19 Paaren angeordnet sind. 18 davon sind fast identisch. Ein Paar unterscheidet sich jedoch geringfügig von den übrigen — dieses entscheidet über das Geschlecht des Kätzchens. Weibchen besitzen ein Paar von sogenannten XX-Chromosomen, während Männchen ein Paar XY-Chromosomen haben. Ein Kätzchen erbt von der Mutter eines ihrer X-Chromosomen und vom Vater entweder ein X- oder ein Y-Chromosom. Auf diese Weise wird das Geschlecht festgelegt.

Jedes Kätzchen eines Wurfs erbt von Vater und Mutter gleich viele Gene, aber sie sind in den Chromosomen ein wenig unterschiedlich angeordnet. Diese unterschiedliche Anordnung verleiht jedem Kätzchen seine eigene Individualität.

Gelegentlich können äußere Faktoren wie z. B. Röntgenstrahlen die Gene beeinflussen. Die Veränderungen, die dadurch hervorgerufen werden, nennt man Mutationen. Manchmal, allerdings sehr selten, kommt es zu spontanen Gen-Mutationen, die zum plötzlichen Auftreten von neuen Rassen, Farbschlägen und Typen führen.

Miteinander verbundene Gene

Einige Gene neigen dazu, zusammenzubleiben und »Arm in Arm« von einer Generation zur nächsten zu wandern. Dies sind miteinander verbundene Gene, und wo sie nur in einem einzigen Chromosomenpaar gefunden werden, handelt es sich um »geschlechtsgebundene Gene«. Ein gutes Beispiel für geschlechtsgebundene Vererbung sind Schildpattkatzen, die immer weiblich sind. Das Schildpattfell wird von einer Kombination von Genen bestimmt, die mit den weiblichen Chromosomen verknüpft sind, weshalb es kein männliches Tier erben kann.

Dominante und rezessive Gene

Dominante Gene sind stärker und setzen sich meistens durch, während die rezessiven eher zurückhaltend und dezent sind. Wenn sich zwei farbbestimmende Gene in einem gerade befruchteten Ei begegnen, legt das dominante Gen die Farbe des Kätzchens fest. Die Gene für das Tabbyfell (agouti) sind z. B. dominant, während die Gene für einfarbiges Fell (nicht-agouti) rezessiv sind.

Der Stammbaum zeigt zwei Generationen von Zuchtkatzen in einer typischen Katzenfamilie, mit einem Vater in Ginger (Rotbraun) und einer Mutter in Schildpatt. Als Ergebnis der Vererbungsregeln weist ihr Nachwuchs eine Vielfalt von Farben auf.

Ginger

Schildpatt

Schildpatt

Colourpoint mit Weiß

Creme

Braun-Tabby

Schildpatt-Tabby

Blau-Tabby mit Weiß

Braun-Tabby

Cornish Rex

Devon Rex

Unerwünschte genetische Auswirkungen

Ein dominantes Gen für die Farbe Weiß führt häufig zu einem Schwund der Innenohrstrukturen. Deshalb haben weiße Katzen, und zwar besonders solche mit blauen Augen, eine Neigung zu Taubheit.

Das Gen, das die Schwanzlosigkeit bei den Manxkatzen verursacht, ähnelt demjenigen, das bei Menschen Spaltwirbel (Spina bifida) hervorruft. Wenn diese Gene von beiden Elternteilen weitergegeben werden, sterben die Kätzchen bereits im Uterus. Deshalb sind Manxkatzen keine echten Zuchtkatzen. Damit sie überleben können, darf in jedem Chromosomenpaar nur ein Manx-Gen vorhanden sein.

Das Siam-Gen kann einen Defekt am Sehnerv hervorrufen, der das Auge mit dem Gehirn verbindet. Das führt zu einer Störung des beidseitigen Sehens und in gewissem Maß zur Doppelsichtigkeit, was die Katze durch Schielen auszugleichen sucht.

Einige andere unerwünschte, genetisch bedingte Folgen sind Haarlosigkeit (manchmal verbunden mit Genen für rotes Fell), Hodenhochstand, schlechte Ohrenstellung, zusätzliche Zehen (Polydaktylie) und ein Spalt im Vorderfuß (Spaltfuß).

Das Manx-Gen trägt die vererbliche Deformation der Schwanzlosigkeit. Wenn Katzen von beiden Elternteilen Manx-Gene erben, sterben sie im allgemeinen noch vor der Geburt.

Mimikry-Gene: Gelegentlich können ganz verschiedene Gene die gleichen körperlichen Merkmale erzeugen. Man nennt sie »Mimikry-Gene«. Zwei bekannte Rexkatzen sind auf solche Mimikry-Gene zurückzuführen: Cornish Rex und Devon Rex. Beide Züchtungen sehen sehr ähnlich aus, haben sich aber genetisch getrennt voneinander entwickelt.

Das Schielen der Siamkatzen wird von einem erblichen Sehfehler verursacht.

Maskierung

Ein als Maskierung bekannt gewordenes Phänomen tritt auf, wenn einige Gene so stark sind, daß sie die von anderen Genen bestimmten Charakteristika überlagern. Das beste Beispiel dafür ist das Nicht-agouti-Gen, das die verschiedenen Tabby-Gene »maskiert«. Das erklärt, weshalb eine schwarze Katze mit Tabby-Genen im allgemeinen keine Tabby-Merkmale aufweist — das Nicht-agouti-Gen hat das

Zusätzliche Zehen sind genetisch bedingt.

Das Creme dieses Britisch-Kurzhaar-Kätzchens zeigt ein zartes Tabby-Muster, das von einem »maskierten« Gen herrührt.

agouti-Ticking aus dem Fell eliminiert und einen einheitlich schwarzen Pelz erzeugt. Manchmal kommt auch eine teilweise Maskierung vor. Das ist die Erklärung dafür, daß man im Fell von jungen, einfarbigen Katzen oft ein feines Tabby-Muster erkennen kann.

Selektive Zucht

Ein Züchter von Ausstellungskatzen muß bei seiner Arbeit in das Labyrinth von geheimnisvollen Naturprozessen eingreifen. Für eine genetische Steuerung gibt es heute noch wenig Möglichkeiten, aber eines Tages können wir vielleicht tatsächlich genau die Katzen »produzieren«, die wir haben wollen. Der Züchter muß diejenigen Merkmale, die er fördern will, auswählen und durch einen sorgfältig aufgestellten Zuchtplan verstärken. Er kann unerwünschte Merkmale unterdrükken (schielende Siamkatzen wurden bereits mit gutem Erfolg »herausgezüchtet«), und er kann durch Kreuzung von Katzen verschiedenen Körperbaus, unterschiedlicher Farbe, Haarlänge usw. experimentieren.

Um auf einer Katzenausstellung einen Preis zu gewinnen, muß das Endprodukt natürlich optimal dem Standard entsprechen, der für diese Zuchtkatzen gerade Mode ist.

Gezüchtete Birmakätzchen.

Ausstellungskatzen

Auf Katzenausstellungen werden Zuchtkatzen nach einer für jede Rasse aufgestellten Punkteskala bewertet. Die höchste Punktzahl ist 100. Davon werden für alle Merkmale, die nicht dem Zuchtstandard entsprechen, Punkte abgezogen. Wenn Ihre Katze für Ausstellungen nicht geeignet ist, überlegen Sie, ob Sie ein gutes Zuchtkätzchen erwerben wollen. Lassen Sie es registrieren, oder wenn es das bereits ist, lassen Sie den Wechsel des Besitzers eintragen. Wenn man Katzen für Ausstellungen züchten will, empfiehlt es sich, mit einem oder zwei weiblichen Kätzchen anzufangen, statt einen unkastrierten Kater zu kaufen. Denken Sie aber daran, daß es schwierig sein könnte, einen geeigneten Kater zu finden, wenn Sie mit einer seltenen Rasse beginnen wollen.

● Lassen Sie sich von einem erfahrenen Katzenzüchter beraten und treten Sie einem Züchterverein bei, bevor Sie mit einer Züchtung beginnen.

● Warten Sie, bis Ihr Weibchen ein Jahr alt ist, bevor Sie anfangen, mit ihr zu züchten.

● Vergleichen Sie verschiedene Zuchtkater, und wählen Sie den für Ihr Weibchen am besten geeigneten aus. Ihr Ziel sollte es sein, die Merkmale Ihrer Katze zu verbessern.

● Besuchen Sie Katzenausstellungen, um die in Frage kommenden jungen Kater auszusuchen, und achten Sie darauf, wie sie bewertet werden.

Machen Sie sich nichts daraus, wenn Sie keine Zuchtkatze besitzen. Bei vielen Ausstellungen gibt es eine Sonderklasse für Hauskatzen, in der die hübschesten und charaktervollsten Tiere Preise gewinnen können.

Ausstellungen

Die erste Katzenausstellung, von der berichtet wird, wurde bereits 1598 in England im Rahmen einer Messe abgehalten. Doch die erste große offizielle Ausstellung fand erst 1871 im Londoner Kristallpalast statt. Es wurden ausschließlich Britisch Kurzhaar und Perserkatzen gezeigt. Etwa um die gleiche Zeit veranstaltete man die erste amerikanische Katzenausstellung in Neuengland, und zwar für Maine-Coon-Katzen. Die englischen Ausstellungen verlaufen heute immer noch nach denselben Spielregeln wie vor hundert Jahren, wobei der Richter jede Katze in ihrem Käfig besichtigt. Später kam bei einigen Ausstellungen ein Ring hinzu, in dem die Katzen gleichzeitig von ihren Besitzern an Leinen herumgeführt wurden. Man kann sich das Spektakel, das dabei oft entstand, lebhaft vorstellen. Heute werden bei amerikanischen und auch bei deutschen Ausstellungen die Katzen aus ihren Käfigen herausgenommen und von einem Richter auf dem Prüftisch bewertet, wobei das Publikum zusehen kann.

Wie Ausstellungen organisiert werden

Jedes Land hat ein Kontrollorgan, das für alle Katzenklubs und -vereine zuständig ist. In England ist es der Governing Council of the Cat Fancy (GCCF). In den USA ist die größte Körperschaft die Cat Fanciers Association (CFA). Für die Bundesrepublik Deutschland ist die Fédération Internationale Féline (F.I.Fé) zuständig. Diese Dachverbände legen die anerkannten Standards für alle Rassen fest, sorgen für die Eintragung von Zuchtkat-

Mrs. W. Eame Colburn, die berühmteste Katzenzüchterin Amerikas, im Jahre 1901 mit ihrem Champion Paris.

zen und des Wechsels der Besitzer und genehmigen die Ausstellungstermine.

Wenn Sie Ihre Katze in England zu einer Ausstellung anmelden wollen, wird man Ihnen Unterlagen mit den Einzelheiten über die Ausstellungsregeln und die Klassen und ein Anmeldeformular zusenden. Die Ausstellungsregeln wurden festgelegt, um einen fairen Verlauf zu garantieren und die Tiere zu schützen. So dürfen in England keine Katzen und Kätzchen ausgestellt werden, die nicht gegen Katzenseuche geimpft sind. Auch darf eine Katze, die ausgestellt wurde, erst frühestens vierzehn Tage später erneut ausgestellt werden. Verboten ist die Anwendung von ir-

gendwelchen Färbemitteln, die das Aussehen der Katze verändern könnten.

In den USA erhält man Anmeldungsformulare für Ausstellungen bei den Sekretariaten der Veranstalter. Die Adressen werden in folgenden Publikationen aufgeführt: »To Show and Go« im Katzenmagazin *Cats*, im monatlich erscheinenden Periodikum der CFA *The Almanac*, im TICA *Trend*, im CFF *Newsletter* und im ACFA *Bulletin*. Sie erhalten eine schriftliche Bestätigung über den Eingang Ihres Anmeldeformulars, das gleichzeitig auch die Einzelheiten auflistet, die später im Katalog enthalten sein werden. Diese sollte man überprüfen und eventuelle Fehler, wenn noch genügend Zeit bis zum Druck des Katalogs vorhanden ist, dem Sekretariat und sonst dem Ausstellungsleiter melden. Solche Irrtümer können nämlich zur Disqualifikation von Siegern führen.

Ausstellungsarten und -klassen

In England gibt es drei verschiedene Arten von Ausstellungen: Championship, Sanction und Exemption.

Championship: Dies sind die wichtigsten Ausstellungen, und sie ziehen die Besitzer der edelsten Katzen an. Die wahrscheinlich größte Championship-Ausstellung in der Welt ist die »National Cat Club Show« in London mit mehr als 2000 Teilnehmern. Gewinner in der Open Class werden mit Wanderpreisen ausgezeichnet. Eine Katze mit drei Preisen kommt als Champion in der Champion-Klasse in Frage. Wer in dieser Klasse dreimal Sieger war, wird Grand Champion (kastrierte Katzen werden Premiers).

Sanction: Bei diesen Ausstellungen gelten die gleichen Regeln wie bei Championships, aber es werden keine Wanderpreise verliehen.

Exemption: Bei diesen Ausstellungen sind die Regeln nicht so streng, sie sind deshalb ein idealer Start für Anfänger.

Bei englischen Ausstellungen gibt es in der Regel vier Kategorien: Open Class, Side Class, Club Class und Household Pet Class.

Open Class: Dies ist die wichtigste Klasse. Sie steht allen registrierten Zuchtkatzen offen, auch den Kastraten und Jungkätzchen. Wenn Ihre Katze bereits qualifiziert ist, muß sie in der Open Class angemeldet werden.

Side Class: Die Ausstellungskatzen sollten im allgemeinen für mindestens vier Klassen angemeldet werden, dazu können auch die vielfältig gestaffelten Side Classes gehören. Wenn Ihre Katze z. B. noch nie zuvor bei einer

Eine Katzenausstellung, wie sie früher abgehalten wurde. Diese fand in Richmond statt.

Bewertung einer Ausstellungskatze

Zuchtkatzen werden nach einer 100-Punkte-Skala bewertet. Die einzelnen Punkte werden für Merkmale erteilt, die dem Zuchtstandard entsprechen. Hier die Punktsysteme für Champion Perser Blau und Champion Siam.

Siam

Kopf
Typus und Form:
25 Punkte

Augen
Farbe und Schnitt:
20 Punkte

Perser Blau

Schwanz
10 Punkte

Kondition
10 Punkte

Fell
20 Punkte

Körper
15 Punkte

Augen
Form und Schnitt:
5 Punkte, Farbe:
15 Punkte

Kopf
Form und Schnitt:
15 Punkte

Fell
Struktur: 10 Punkte,
Farbe und Abzeichen:
10 Punkte, Farbe des
Körpers: 10 Punkte

Kondition
5 Punkte

Ohren
Form und Schnitt:
5 Punkte

Schwanz
Typus und Form:
5 Punkte

Beine und Füße
Typus und Form:
5 Punkte

Körper
Typus und Form:
15 Punkte

Ausstellung Sieger war, könnten Sie sie für die »Maiden« Class anmelden.

Club Class: Diese Klasse wird von bestimmten Katzenklubs gesponsert und steht nur Mitgliedern offen.

Household Pet Class: In dieser Klasse können nur kastrierte Tiere von unbekannten oder nicht registrierten Eltern mitmachen.

Die Vorbereitung Ihrer Katze für eine Ausstellung

● Vergewissern Sie sich, daß Ihre Katze rechtzeitig vor der Ausstellung geimpft wurde oder ihre jährliche Wiederholungsimpfung erhielt. Bringen Sie Ihre Katze nicht zu einer Ausstellung, wenn sie nicht in guter Verfassung ist.

● Gewöhnen Sie Ihre Katze an den Ausstellungskäfig und daran, sich anfassen zu lassen. Setzen Sie sie zu Beginn für ein paar Minuten täglich in den Käfig, und verlängern Sie allmählich den Zeitraum. Lassen Sie andere Familienmitglieder und Fremde die Katze regelmäßig anfassen, um peinliche Ausbrüche von Aggression oder Panik zu vermeiden, wenn der Ausstellungsrichter sie anfaßt.

● Gewöhnen Sie Ihre Katze an Autofahrten. Reisekrankheit bei der Katze kann den Eindruck erwecken, daß sie ernstlich krank ist,

und dazu führen, daß die Katze bei der Ausstellung nicht zugelassen wird.

● Pflegen Sie regelmäßig das Fell und inspizieren Sie dabei Augen, Ohren, Mund, Hinterteil und Füße.

Die Pflege

Das Fell einer Langhaarkatze sollte voll und flauschig sein (siehe Seite 154). Benutzen Sie keinen Pflegepuder, wenn die Ausstellung an einem Ort stattfindet, der weniger als zwei Tagesreisen entfernt ist, weil Puderspuren im Fell Strafpunkte bringen. Wenn das Fell Ihrer Katze weiß ist oder viel Weiß aufweist, können Sie einen Puder auf Kreidebasis einbürsten, um das Weiß zu verstärken, aber entfernen Sie sorgfältig alle Reste. Wenn das Fell Ihrer Katze schwarz ist, schildpattfarben oder irgendeine andere dunkle Farbkombination aufweist, benutzen Sie keinen weißen Puder, weil er schwer wieder zu entfernen ist und die Farben dämpft. Wenn Sie es für erforderlich halten, verwenden Sie Fullererde und dann Bayrum.

Kurzhaarkatzen pflegen Sie in gewohnter Weise (siehe Seite 153), wobei Sie gleichfalls Bayrum anstelle von Puder nehmen. Um das Fell auf Hochglanz zu bringen, polieren Sie es mit Samt oder Sämischleder.

Was mitzunehmen ist

Sie werden folgende Dinge benötigen:
eine weiße Katzentoilette,
Zeitungspapier und Streu,
eine weiße Ausstellungsdecke,
weiße Futterschalen,
eine weiße Wasserschale,
eine Flasche mit Trinkwasser,
eine Marke (eine kleine weiße Scheibe mit der Anmeldungsnummer Ihrer Katze),
ein weißes Band, um die Marke am Hals der Katze zu befestigen,
einen Reisebehälter,
eine Reisedecke,
Katzenfutter,
Desinfektionsmittel und Tücher,
Bürsten und Kämme,
das Anmeldungsformular für die angegebenen Klassen,
das Eintrittsbillet und eine Ausgangserlaubnis,
die Karte für die Vorstellung beim Tierarzt,
ein Impfzeugnis (gegen Katzenseuche).

Fütterung

Füttern Sie Ihr Kätzchen entweder bevor Sie sich auf den Weg machen oder warten Sie damit bis nach der Ausstellung. Wenn Sie Ihre Katze füttern wollen, geben Sie ihr Fleisch oder Dosenfutter, keine Milchprodukte.

BRITISCHE AUSSTELLUNGEN

Auf der Ausstellung werden die Katzen zuerst sorgfältig von einem Tierarzt untersucht. Besteht Ihre Katze aus irgendeinem Grund, z. B. wegen tränender Augen, Flöhen oder wundem Zahnfleisch, diese Prüfung nicht, so müssen Sie sie wieder nach Hause bringen, und die von Ihnen entrichtete Gebühr verfällt. Halten Sie das Impfzeugnis bereit, vielleicht müssen Sie es dem Tierarzt zeigen.

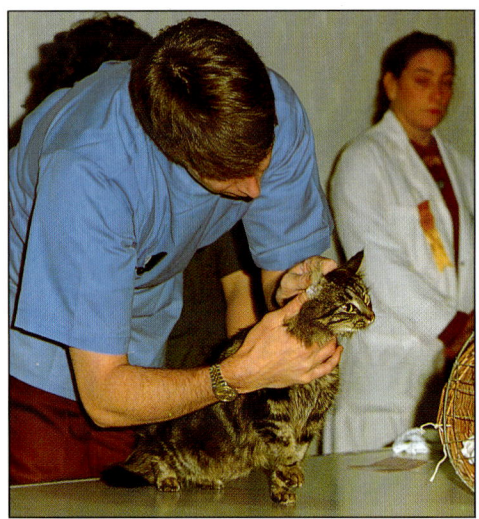

Die Vorstellung beim Tierarzt wurde in den USA allgemein aufgegeben, in Deutschland und Großbritannien ist sie jedoch nach wie vor erforderlich.

Die Katze in ihrem Ausstellungskäfig
Nach der Vorstellung beim Tierarzt bringen Sie Ihre Katze an ihren Platz in der Ausstellungshalle — einem Metallkäfig, der die gleiche Nummer wie die Marke Ihrer Katze hat. Obwohl die Veranstalter dafür sorgen, daß die Käfige sauber sind, ist es besser, auf Nummer Sicher zu gehen und die Stäbe mit einem ungiftigen Desinfektionsmittel abzuwischen. Ausstellungsdecke, Katzentoilette und eine gefüllte Wasserschale sind in England die einzigen Gegenstände, die man zur Katze in den Käfig geben darf.

Letzte Kontrolle
1. Kontrollieren Sie, ob die Marke sicher am Hals der Katze befestigt ist.
2. Pflegen Sie die Katze ein letztes Mal.
3. Kontrollieren Sie ihre Augenwinkel und, wenn nötig, säubern Sie sie.
4. Wenn Sie die Katze im Käfig gefüttert haben, entfernen Sie die Futterschale und erneuern Sie die Einstreu in der Toilette.
5. Stellen Sie den Transportbehälter unter die Bank, und zwar so, daß das Namensschild nicht zu lesen ist.

Die Bewertung
Vor der Bewertung richtet ein Steward den fahrbaren Tisch des Richters her und sorgt dafür, daß eine gefüllte Sprayflasche mit einem Desinfektionsmittel und Papiertücher zur Hand sind. Danach wird er kontrollieren, ob die Katzen sich in den richtigen Käfigen befinden. Zur Bewertung nimmt der Steward die erste Katze aus ihrem Käfig und stellt sie auf den Tisch, damit der Preisrichter seine Einschätzung vornehmen kann. Bevor die nächste Katze an die Reihe kommt, wird der Tisch desinfiziert.

Für alle Zuchtkatzen gibt es einen Standard von Punkten, nach dem die Katze bewertet wird (siehe Seite 185). Hauskatzen, für die es keine Punkteskala gibt, werden nach ihrer Allgemeinverfassung und dem Temperament, das sie bei dieser Prozedur entwickeln, bewertet.

Nach jeder Prüfung schreibt der Preisrichter oder die Preisrichterin einen Kommentar in das Bewertungsbuch. Ein Zettel mit der Bewertung wird dann auf einer großen Anschlagtafel befestigt. Wenn alle Tiere geprüft worden sind, wird jeder Richter aus denen, die er bewertet hat, eine Katze, einen Kastraten und ein Kätzchen auswählen und nominieren. Anschließend wird über die »Beste Katze«, das »Beste kastrierte Tier«, das »Beste Kätzchen« und die »Beste Katze der Ausstellung« entschieden.

Eine Siegerkatze bekommt eine Gewinnerkarte, die an ihrem Käfig angebracht wird. Als Preise werden kleinere Geldbeträge oder auch Rosetten gegeben.

AMERIKANISCHE AUSSTELLUNGEN
Während die Organisatoren englischer Ausstellungen pedantisch auf Vorsichtsmaßnah-

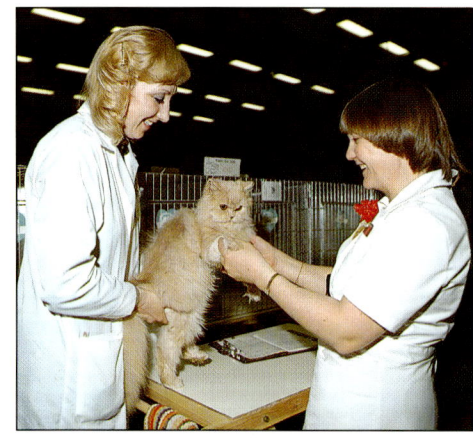

Auf englischen Katzenausstellungen hält ein Steward die Katze, während der Richter sie bewertet. Die Punkte hält der Steward schriftlich fest.

Rosetten schmücken den Käfig einer Siegerin auf einer englischen Ausstellung.

men bestehen, wurde bei Ausstellungen in Nordamerika die Vorstellung beim Tierarzt allgemein aufgegeben. Das liegt hauptsächlich daran, daß die Organisatoren festgestellt haben, daß die Besitzer von Zuchtkatzen viel zu sehr um ihre Katzen besorgt sind, als daß sie ein offensichtlich krankes Tier mitbrächten. Außerdem kann der Tierarzt Infektionskrankheiten im Frühstadium ohnehin nicht erkennen. Impfungen sind deshalb der beste Schutz gegen die Ausbreitung von Infektionskrankheiten.

Wird trotzdem eine kranke Katze zur Ausstellung gebracht, so kann der Manager den Besitzer auffordern, die Ausstellung zu verlassen und das Tier, zusammen mit allen anderen Katzen aus demselben Haus, zu einem Tierarzt zu bringen. Solche Katzen können in die Ausstellung zurückgebracht werden, wenn der Besitzer ein von einem Tierarzt unterschriebenes Gesundheitszeugnis vorlegen kann. Die Richter suchen die Katzen nicht an ihren Käfigen auf, die die Besitzer ausstatten und schmücken dürfen. Einige Enthusiasten betreiben förmlich einen Kult, wenn es um die Innenausstattung der Käfige geht. Man kann maßgearbeitete Auskleidungen in Goldlamé, Spitze, Satin, Samt und sogar Straußenfedern kaufen.

Um Katzen vor Schäden oder sogar böswilligen Verletzungen durch eifersüchtige Rivalen zu schützen, benutzen einige Besitzer Sicherheitskäfige mit eingebautem Ventilator und Luftfiltern.

Der Ablauf
Wenn Sie bei der Ausstellung ankommen, müssen Sie sich als erstes am Eingang anmelden. Dort erhalten Sie einen Umschlag, in dem sich die Käfig- und Katalognummer Ihrer Katze sowie ein Katalog befinden. Dieser ist meistens kostenlos, aber manchmal wird für ihn auch eine Gebühr von zwei bis vier Dollar erhoben. An einer Anschlagtafel finden Sie ei-

nen Lageplan, auf dem innerhalb der verschiedenen Bankreihen die Namen der Katzenbesitzer bei dem ihnen zugewiesenen Platz aufgeführt werden.

Die Ausstellung ist normalerweise so angelegt, daß sich Kurzhaarkatzen und Langhaarkatzen in verschiedenen Abteilungen befinden. Für die Aussteller werden Stühle zur Verfügung gestellt.

Die Bewertung

Wenn Sie den Bewertungsplan zu Rate ziehen, können Sie grob überschlagen, wann Sie aufgerufen werden. Jeder Richter und jede Richterin hat einen eigenen Ring mit eigenen Käfigen (oft über zehn), einen Tisch mit einem Podest aus einem abwaschbaren Material, um die zu bewertende Katze auf eine bequemere Ebene zu bringen, sowie einen Vorrat an Papiertüchern, Desinfektionsmitteln und Ausstellungs-Halsbändern. Außerdem hat jeder Richter ein Bewertungsbuch, in das die Zuchtrasse, das Geschlecht, das Geburtsdatum, der Farbschlag, die Farbe und der Status (Open, Champion, Grand) der Katze eingetragen werden.

Ein Sekretär, der oft von einem Assistenten unterstützt wird, vergleicht die Daten mit denen des betreffenden Tieres in den Katalogen, die der Richter nicht einsehen darf, bevor die Ausstellung vorüber ist, und er wirft die Nummer für jede Katze oben in den Schlitz des Käfigs im Ring, und zwar so, daß die Nummer anschließend für alle sichtbar ist. Die Käfige sind so angeordnet, daß Kater und Weibchen einander abwechselnd oder zwei Kater wenigstens durch einen leeren Käfig getrennt sind.

Bei der National Cat Club Show in Großbritannien gehen die Richter von Käfig zu Käfig, um jeden Bewerber zu bewerten, wobei sie einen fahrbaren Tisch mit sich führen. Die Ergebnisse werden auf einer Anschlagtafel bekanntgegeben.

Ein amerikanischer Richter benutzt eine Feder, um eine Katze dazu zu ermutigen, sich von ihrer besten Seite zu zeigen.

Ringstewards wischen und desinfizieren die Käfige vor jeder neuen Besetzung.

Im allgemeinen steht auf jedem Richtertisch ein Mikrophon, über das der Sekretär die einzelnen Katzen in den Ring ruft. Wenn Sie nach der dritten Durchsage nicht eintreffen, wird die Nummer abgenommen und Ihre Katze wird als »abwesend« registriert. Wenn Sie aufgerufen werden, tragen Sie Ihre Katze zum Ring und setzen sie in den Käfig, der ihre Nummer trägt. Der Richter soll nicht wissen, welche Katze wem gehört, und die Besitzer sollen ihn nicht ansprechen. Wenn Sie irgend etwas mitzuteilen haben, reden Sie mit dem Sekretär oder geben Sie ihm eine Notiz.

Die Katze wird von dem Richter aus dem Käfig genommen und für die Bewertung auf das Podest auf seinem Tisch gestellt. Die Richter verwenden oft eine Feder, um die Katze in bestimmte Richtungen zu dirigieren. In Amerika öffnen die Richter nicht die Kiefer der Katze, um das Gebiß zu kontrollieren (die Anordnung der Zähne); bei einigen Verbänden ist dies sogar verboten. Manchmal wird der

Besitzer gerufen, damit er die Katze aus dem Käfig nimmt, auf den Tisch stellt und in den Käfig zurückbringt, um zu vermeiden, daß sie den Richter beißt. Geschieht dies trotzdem, kann der Richter sie disqualifizieren.

DEUTSCHE AUSSTELLUNGEN

Jede Ausstellungskatze muß zu Beginn einer tierärztlichen Kontrolle unterzogen werden. Selbstverständlich werden nur gesunde Tiere, die auch frei von Parasiten sind, angenommen.

Die Ausstellungskäfige, in die die Tiere vom Besitzer gesetzt werden, dürfen ausgeschmückt werden. Die Katze bekommt die gleiche Nummer wie der Käfig. Zur Bewertung nimmt ein Steward die Katze aus dem Käfig und bringt sie auf die Bühne zum Richter. Dort findet eine öffentliche Bewertung durch den Richter statt, bei der alle zuschauen können. Die Bewertung wird in ein Buch eingetragen, und in der Regel begründet der Richter seine Entscheidung auch. Als Preise werden Kokarden und Pokale verliehen.

Anmeldungen für Ausstellungen sind nur für Mitglieder von Edelkatzenzuchtvereinen möglich. Diese finden in ihrer Mitgliederzeitschrift, z. B. *die edelkatze,* die entsprechenden Anmeldungsformulare, oder sie können sie direkt beim 1. Deutschen Edelkatzenzüchterverband (1. DEKZV) auffordern. Anmelde- und Käfiggebühren fallen pro Katze an und sind meistens im voraus zu bezahlen. Die Ausstellungen finden stets an Wochenenden statt. Der Kauf und Verkauf von den Ausstellungstieren ist erlaubt, und nicht selten wechselt eine Zuchtkatze am Ende der Ausstellung ihren Besitzer.

Auf einer amerikanischen Ausstellung: Die Katze wird, wenn ihre Nummer aufgerufen wird, zum Ring des betreffenden Richters gebracht, wo dieser sie öffentlich prüft und bewertet.

Die Katze und das Gesetz

Es ist ein großes Privileg, von einer Katze als Besitzer akzeptiert zu werden. Obwohl viele Hauskatzen unerwünscht sind und von Uneingeweihten für wertlos gehalten werden, ist jedes Lebewesen wertvoll und der Achtung würdig, die wir allen lebenden Geschöpfen schuldig sind. Obwohl ihnen das Gesetz weniger Schutz zugesteht als den Hunden, besitzen auch Katzen einige unveräußerliche Rechte, und wir Besitzer nehmen auch rechtswirksame Verantwortung auf uns, wenn wir unser Leben mit Katzen teilen.

Die Vernachlässigung einer Katze oder die Zufügung von Leiden können in England zu einer gesetzlichen Verfolgung führen (aufgrund des Gesetzes gegen Grausamkeit an Tieren). Zur »Vernachlässigung« und »Zufügung von Leiden« zählen z. B. auch die nicht erfolgte medizinische Behandlung einer kranken oder verletzten Katze, die fehlende Vorsorge für eine Katze, wenn man in Urlaub fährt, und die Haltung von Katzen unter schlechten Bedingungen. In Deutschland gibt es ein Gesetz gegen Tierquälerei, das Geldstrafen vorsieht bei Aussetzung einer Katze; schlechtgehaltene Tiere können dem Tierschutzverein übergeben werden.

Kauf und Verkauf einer Katze
In England und Deutschland ist gegenwärtig keine Lizenz für das Züchten, Verkaufen und Kaufen von Katzen erforderlich. Es gibt jedoch einige Vorschriften für den Verkauf von Katzen: Zuchtkatzen müssen der Beschreibung in ihren Registrierungsunterlagen entsprechen und dürfen zum Zeitpunkt des Verkaufs keine ernste Krankheit haben, sonst kann der Käufer vom Verkäufer Schadensersatz verlangen. In Deutschland muß man einem anerkannten Zuchtverband angehören, wenn man eine Katze mit Stammbaum verkaufen will. Züchter, die an Tierhandlungen Katzen verkaufen, werden vom 1. Deutschen Edelkatzenzüchterverband (1. DEKZV) ausgeschlossen.

Von Katzen verursachte Schäden
In England sind Sie weder für Übergriffe Ihrer Katze haftbar noch für Schäden, die als Ergebnis ihres normalen Verhaltens oder durch Provokation entstehen. Sie müssen dort z. B. nicht dafür aufkommen,

wenn Ihre Katze die frischbepflanzten Beete des Nachbarn »umgräbt«, um sich eine Freilufttoilette anzulegen. In Deutschland hingegen können Sie für die von Ihrer Katze verursachten Schäden haftbar gemacht werden. In dem geschilderten Fall kann der Besitzer dazu verurteilt werden, die Katze nur noch im Haus zu halten.

Unfälle auf der Straße
Je nach Größe des entstandenen Schadens sollte man bei Unfällen auf der Straße die Polizei verständigen. Unterläßt man nachweislich die Hilfeleistung bei einer verletzten Katze, so kann dafür eine Geldstrafe verhängt werden.

Reisen mit einer Katze
Falls Sie vorhaben, mit Ihrer Katze im Auto auf Reisen zu gehen, so muß sie dort sicher verwahrt werden, da Sie sonst gegen die Straßenverkehrsordnung verstoßen. Für Reisen mit allen anderen Verkehrsmitteln gelten die Vorschriften der jeweiligen Unternehmer. Die Aus- und Einfuhr von Katzen verlangt die strikte Einhaltung der Gesundheitsbestimmungen und Quarantäne-Regelungen der jeweiligen Länder. In Deutschland genügt ein gültiges Impf- und Gesundheitszeugnis.

Katzendiebstahl
Der Diebstahl von Katzen und die Übernahme gestohlener Katzen ist strafbar. Ja, Katzen werden noch immer gestohlen, nicht so sehr für Versuche, als vielmehr wegen ihres wertvollen Fells und sogar, um an ahnungslose Metzger verkauft zu werden, nachdem der Rumpf des toten Tieres als Wildkaninchen »frisiert« wurde. Selbst »die Adoption« einer Katze kann als Diebstahl betrachtet werden, deshalb seien Sie vorsichtig, wenn Sie sich entschließen, eine Katze zu behalten, die Ihnen regelmäßig Besuche abstattet — sie kann das legale Eigentum eines anderen sein. Der Katzenbesitzer kann eine solche Katze bis zu einem halben Jahr nach ihrem Verschwinden wieder zurückverlangen. Erkundigen Sie sich deshalb gründlich in der Nachbarschaft, bevor Sie eine »streunende« Katze aufnehmen.

Nützliche Adressen

Organisation für Katzenzuchtvereine in aller Welt:
Fédération Internationale Féline (F.I.Fé)
Sekretariat R. van Haeringen, Boerhaavelaan 23, 5644 BB, Eindhoven, Niederlande.

Dachverband Großbritannien:
The Governing Council of the Cat Fancy (GCCF)
4–6 Penel Orlieu, Bridgewater, Somerset TA6 3PG, England.

Deutschland:
1. Deutscher Edelkatzenzüchterverband (1. DEKZV), Humboldtstr. 9,
65189 Wiesbaden, Tel. 06 11/30 00 16.

Dieser größte deutsche Züchterverband unterhält insgesamt 53 Gruppen in Deutschland. Er ist Mitglied der Fédération Internationale Féline (F.I.Fé), die zahlreiche große Katzenzuchtvereine in aller Welt zu ihren Mitgliedern zählt. Aus jedem Land kann immer nur ein großer Verein Mitglied der F.I.Fé werden. Der europäische Bewertungsstandard für Ausstellungen, der auch für Deutschland verbindlich ist, wird von der F.I.Fé festgelegt. Er weicht etwas von dem englischen und amerikanischen Standard ab. Außerdem gibt es in Deutschland noch eine Reihe kleinerer Verbände, die nicht der F.I.Fé angehören.

Katzenschutzvereine, die sich der armen heimatlosen Hauskatzen annehmen, gibt es in vielen deutschen Städten. In den örtlichen Tierheimen, deren Anschrift man im örtlichen Telefonbuch findet, warten viele hübsche Katzen in allen Farben und Altersstufen auf ein gutes Zuhause. Dort gibt man Ihnen auch gern Auskunft über Fragen zur Haltung von Katzen.

Register

Danksagungen

Danksagung des Autors

Vielen Dank an die Lektorin Maria Pal, die Designerin Liz Black und an die hervorragenden Mitarbeiter des Dorling-Kindersley-Verlages. Sie müssen nach der Monate dauernden Arbeit an diesem Buch alles, was mit Katzen zu tun hat, verinnerlicht haben. Meinen Dank auch an Diane Wilkins, meine beste und geduldigste Sekretärin, meine Kollegen von der tierärztlichen Abteilung des International Zoo, die mir oft mit wertvollem Rat zur Seite standen, und an meine Familie, die mit mir zusammen schon früh morgens an die Arbeit für dieses Buch ging. Dank gebührt auch allen Katzenliebhabern, die ich kenne – und das sind mehrere Hundert – und die mich ermutigten. Ihre Anforderungen zu erfüllen, stellte für mich eine Aufgabe dar, die die Mühe wert war. Dank auch an alle Katzen, mit denen ich die Ehre hatte, zusammenzuarbeiten – von »Buck Tooth«, der tragisch in einem Feuer im Hinterhof meiner alten Praxis in Rochdale umkam, bis zu den Tigern im Windsor Safari Park und den Berberlöwen im Zoo de la Casa de Campo in Madrid.

Der Verlag Dorling Kindersley dankt Daphne Negus, Herausgeberin von Cat World ™ International, für die sachkundige Beratung über die amerikanische Katzenszene, Margaret Stephenson, stellvertretender Vorstand der Royal Agricultural Society Cat Control, für ihre Informationen über den australischen Bereich, Karen Tanner von Intellectual Animals für ihre Hilfe im Fotostudio und ihre Sachkenntnis, Jan Beaumont, Eileen Fryer, Kim Taylor, Carolyn Woods, Ann und Arabella Grinsted, Georgina Parker und ihrer Familie, dem Covent Garden Pat Centre und P. E. Hatch für die Bereitstellung des Katzenzubehörs, Jan Croot und Anne Lyons für die Bildbeschaffung und Ella Skene für das Erstellen des Registers.

Bildnachweis

l = links, m = mitte, o = oben, r = rechts, u = unten

Agence Nature/NHPA: S. 13 r

Animals Unlimited/Paddy Cutts: S. 17 o, 18 r, 21 o, 43 ur, 50 l, 58 o, 61 or, 62 ul, 65 ur, 67 ur, 72 o, 73 mr, 87 ur, 107 ur, 108 or, 109 ol, 113 om, 117 or, 119 o, ur, 131 or, ul, 151 o, 186 l, o, u, 187 ul

Ardea London: S. 146 u, 156 l, 159 t, u

Mit freundlicher Genehmigung der British Library: S. 184

Jane Burton: S. 5, 6, 7, 10 l, o, u, 11 or, 12, 13 l, u, 14, 15, 17 r, u, 18 l, o, 19 l, 20 ul, ur, 21 u, 22 o, 23, 25, 26, 27 o, 136–140, 144, 145 u, 146 o, 148 o, 152 or, 156 r, 157 u, 158 o, 160, 164–182, 183 u

Chanan Photography: S. 133 ol, or

Bruce Coleman: S. 8 (außer u m), 118 ul

Jane Burton/Bruce Coleman: S. 11 ol, 16 o, 24 l, 147 u, 157 o, 162 u

Hans Reinhard/Bruce Coleman: S. 22 u, 24 r, 26 o, 53 or, 76 mr, o, 84 ur, 129 m, 149 ur, 161 u

Kim Taylor und Jane Burton/Bruce Coleman: S. 16 r

Geoscience Features Picture Library: S. 148 u

Marc Henrie ASC, London: S. 26 l, 47 ul, 49 mr, 61 ur, 64 ul, 65 or, 66 ul, 70 ur, 76 or, 79 ur, 90 o, 91 ur, 95 ur, 97 ol, 99 ur, 101 or, 108 ul, 113 ol, 117 mr, 124 m, ul, 125 ol, 161 o, 162 o, 183 m

Dorothy Holby: S. 40 o, 103 u, 104 ul, 105 mr, ur, 120 ur, 121 ur, 130 m, 134 or

Pete Turner/Image Bank: S. 27 u

Vicky Jackson: S. 104 r, 105 ol, or

Eric Jenkins: S. 47 m, 68 ul, ur, 116 ul

Larry Johnson: S. 123 ul, 187 o, ur

Dave King: S. 1, 2, 3, 8 u m, 16 r, 19 r, 25 or, 28–39, 40 m, u, 41, 42, 43 l, or, 44, 45, 46 u, o, 47 l, o, 48, 49 o, ul, 50 r, 51, 52, 53 l, 54–57, 59, 60, 61 ol, 62 r, 63, 64 o, 65 l, 66 o, 67 l, or, 68 o, 69, 70 o, ul, 71, 72 u, 73 o, u, 74, 75 ol, 77 o, u, 79 l, or, 80–83, 84 o, ul, 85, 86, 87 o, 88, 89, 90 u, 91 o, 92–94, 95 or, 96, 97 m, r, 98, 99 o, ul, 100, 101 ol, u, 102, 106, 107 o, ul, 108 mr, 109 or, 110–112, 113 or, u, 114, 115 o, ur, 116, 117 ol, 120 l, or, 121 or, ul, 122, 123, 124 or, ur, 125 mr, or, ur, 126–128, 129 ol, 130 or, u, 134 u, 135, 141, 142, 143, 145 o, 146 m, 147 o, 149 ul, 150 l, 151 u, 152 ol, om, 153–155, 183 l, o, 185

Robert Pearcy: S. 79 mr, 87 m, 103 o, 115 ul, 117 ur, 118 ol, ur, 131 m, mr, 133 mr, u

Spectrum Colour Library: S. 148 l, 150 r

Carol Thompson: S. 119 ul

Carl J. Widmar: S. 132

Zefa: S. 20 o, 46 m, 78 o, 118 or, 129 or

Schutzumschlag: Dave King

Karte: Swanston Graphics, Derby

Strichzeichnungen: Sandra Pond

Graphische Gestaltung: Fred'k Ford und Mike Pilley von Radius

Abgebildete Katzen